山东省商务厅
山东省商务发展研究院编

2018山东省商务发展调研报告

2018 ANNUAL REPORT ON SHANDONG COMMERCIAL DEVELOPMENT RESEARCH

山东大学出版社

《2018 山东省商务发展调研报告》
编委会

前　言

善弈者谋势。当前国际国内形势复杂多变，新情况、新问题层出不穷，商务工作处于对外开放的最前沿，加强商务研究的任务更加艰巨而光荣。

2018 年是全面贯彻党的十九大精神的开局之年，是改革开放 40 周年，也是山东新旧动能转换重大工程全面起势之年。全厅以习近平总书记视察山东重要讲话、重要指示批示精神为指导，按照省委、省政府“大学习、大调研、大提升”要求，着力加强调查研究，形成各类调研成果 70 多篇，在服务领导决策和推动商务工作发展上发挥了重要作用。

现结集出版的《2018 山东省商务发展调研报告》，凝结了过去一年部分优秀成果，希望在对外交流、展示我省商务工作成果和助力商务研究方面，能为商务战线的同志们提供素材和借鉴。对各有关方面的指导支持，在此一并表示诚挚的感谢！

编　者

2019 年 3 月

目 录

综合篇

对外开放篇

国际贸易篇

投资促进篇

内贸流通篇

国际合作篇

综合篇

2018山东省商务发展调研报告

2018 ANNUAL REPORT ON SHANDONG COMMERCIAL DEVELOPMENT RESEARCH

在省商务厅“担当作为、狠抓落实”暨党风廉政建设工作会议上的讲话

张德平

（2019 年 4 月 29 日）

2018 年以来，省商务厅在省委、省政府的坚强领导下，深入贯彻落实习近平总书记视察山东重要讲话、重要指示批示精神，坚持把抓好党建作为最大政绩，牢固树立“四个意识”，坚定“四个自信”，做到“两个维护”，以党风廉政建设促进了各项工作的健康发展。在从严治党上，厅党组出台了《关于落实全面从严治党主体责任的实施意见》，深入推进“两学一做”学习教育常态化制度化，实施标准支部创建三年行动计划，启动直属单位巡察工作，开展好人主义、圈子文化、码头文化等问题专项治理，营造了风清气正的政治生态。在作风建设上，出台了《关于进一步激励担当作为干事创业加强干部队伍建设的意见》，开展了“大学习、大调研、大改进”活动，2018 年我厅 5 篇调研报告获得省政府优秀调研成果奖。认真落实“一次办好”改革，行政许可事项全部进驻省级政务大厅。在服务大局上，把“双招双引”作为牵动全局的中心工作，先后举办了儒商大会、香港山东周、欧洲山东周等重大活动，制定了重大外资项目奖励政策、总部机构奖励办法，配合开展“双招双引”考核工作。争取创办跨国公司领导人青岛峰会、申建自贸试验区、创建上合组织地方经贸合作示范区，均取得了积极进展。在商务发展上，克服中美经贸摩擦影响，全省出口突破万亿大关，增长 6.1%。在全国商务工作会议上交流了我省服务贸易工作经验。利用外资质量提升，引进 27 家世界 500 强投资项目 51 个，新设外资企业首次突破 2000 家，实际使用外资达到 123.9 亿美元，增长 6.5%。对外投资合作有序发展。开发区载体平台作用进一步增强。商贸流通各类国家

试点扎实推进，社会消费品零售总额实现了8.8%的稳定增长。这是全厅上下共同努力的结果，也是党风廉政建设成效的体现。但也应看到，当前商务发展“稳”的基础还不牢固，“进”的成效还没有充分显现出来，国际形势风云变幻，国内经济深刻调整，商务发展任务更加艰巨。我们要按照中央和省委的要求，重点突出“担当作为、狠抓落实”，全面推进党风廉政建设，抓党风、转作风、带政风，促进全省商务稳中有进、实现高质量发展。下面，我代表厅党组讲三点意见。

一、提高政治站位、牢记使命责任，形成担当作为、狠抓落实的思想行动自觉

讲政治从来都是具体的，不是抽象的，树牢“四个意识”，坚定“两个维护”，不能仅仅停留在脑子里、口号上，更要落实到具体行动。习近平总书记反复强调“空谈误国、实干兴邦”，要求我们“在常学常新中加强理论修养，在知行合一中主动担当作为”“做起而行之的行动者、不做坐而论道的清谈客，当攻坚克难的奋斗者、不当怕见风雨的泥菩萨”“对作出的决策、部署的工作、定下的事情，要雷厉风行、紧抓快办，扭住不放、一抓到底”。为了落实好总书记对山东工作的一系列重要指示批示，省委、省政府按照“走在前列、全面开创”的要求，谋划部署了“八大发展战略”，组织高规格党政代表团赴广东、江苏、浙江考察学习，并在春节后第一天召开了全省“担当作为、狠抓落实”工作动员大会。全厅党员干部要从讲政治的高度，充分认识“担当作为、狠抓落实”的重要性、紧迫性，增强思想和行动的自觉性、坚定性。

习近平总书记一直高度关注、非常关心山东开放工作。2018年3月，总书记参加十三届全国人大一次会议山东代表团审议时，要求山东“加大改革开放力度，重塑开放型经济发展新优势”。6月视察山东时，要求山东“积极融入全球开放格局，服务‘一带一路’建设，实施高质量招商引资，打造对外开放新高地”。这是总书记对我省的嘱托和期望，更是鞭策和压力。虽然近年来我省商务工作取得了很大成绩，但与广东、江苏相比还有较大差距。从总量指标看，2018年，我省1亿人口，面积是15.8万平方公里，广东是1.1亿人，17.9万平方公里，江苏是8000万人，10.7万平方公里。应该讲，人口、面积相当，而我省进出口分别是广东、江苏的27%、44.1%，实际使用外资我省分别是广东、江苏的56.3%、55.6%。从质量结构看，我省机电产品、高新技术产品出口占比分别为37.7%、9.6%，广东为69.1%、39.6%，江苏为66.1%、38%，差距都在30个百分点左右。我省外商投资企业出口比重仅为32.2%，低于广东的45.4%、

江苏的55.6%。实际使用外资中，山东房地产占比达到32.4%，江苏占24.4%，广东只有16.2%。从业态模式看，我省与广东同时启动国家第三批市场采购贸易试点，去年广东市场采购贸易出口2446.3亿元，我省仅73.4亿元。我省有两个国家级跨境电商综合试验区，去年全省跨境电商进出口27.5亿元，增长39.2%，占全国的2%；广东达到759.7亿元，增长71.9%，占全国的56.4%。电子商务网络零售额，我省为3294亿元，广东、江苏达到2.3万亿元、1.1万亿元，我省只有他们的14.4%、26.7%。从园区平台看，去年江苏19家海关特殊监管区实现进出口9830.6亿元，是我省的5.3倍。全省开发区进出口，我省与江苏相差2.5万亿元。全省开发区实际利用外资，我省比江苏少103亿美元。全省开发区一般预算收入，我省比江苏少2406亿元。

在2018年的全省"双招双引"工作会议上，刘家义书记指出："对外开放新高地是体制机制的高地、制度创新的高地、法治保障的高地、科教发育的高地、营商环境的高地、人才集聚的高地、产业转型的高地、创业创新的高地、文化涵养的高地，是产业链、资本链、人才链集聚优化、强化的高地。"对照"打造对外开放新高地"的要求，我们要经常审视评判自身，看有没有境界不够、格局不大、视野不宽、标准不高问题，有没有"慢半拍"问题，有没有"时差"问题，做到落细落小，见人见事，在干中求"齐"、在干中补"齐"。正视问题、正式差距是态度、是方法，更是党性、是担当。最近，各处都与江苏进行了对比分析。找不到问题就是最大的问题，看不到差距也是最大的差距。此次对标活动不是运动，只喊喊口号、报报材料、提提要求就过关了，要真心实意"拜师学艺"，分管领导要率相关处室到对标省市学习，定出切实可行的实现路径和目标任务，以实际行动诠释"两个维护"，在寻标、对标、达标、创标中"走在前列"。

二、紧紧抓住重点、扭住关键，推动担当作为、狠抓落实向实处延伸深度拓展

"美好蓝图不是喊出来的、等出来的，而是干出来的、拼出来的。"习总书记给我们指明了方向，省委、省政府对我们提出了明确要求，我们要牢记自己的责任所在、使命所在，以想担当的自觉、敢担当的勇气、能担当的本领，努力做出人民群众满意的工作实绩。

（一）要立足一个"拼"字，振奋精神，激发斗志，在应对挑战、攻坚克难中推动全省商务平稳发展

俗话说"爱拼才会赢"。在全省上下改革攻坚、动能转换的关键时期，

我们要头拱地、向前冲,“咬定青山不放松”,勇往直前、敢于拼搏、苦干实干,推动各项工作落地见效。

眼睛要盯在项目上。“双招双引”是事关经济全局的生命线,当前最大的问题就是项目落地转化率不高,“2018 香港山东周”签约项目调度情况显示,36 个签约项目备案注册项目 21 个,占项目数的 60%;156.5 亿美元签约合同外资金额中到位 5.33 亿美元,占 3.4%。当前,我省加快新旧动能转换,关键是产业,核心是项目,特别是好项目、大项目,只有引来新增量,才能培植新优势。我们要逐个企业分析、逐个项目调度,建立“施工图”“任务书”“计程表”,安排专人“一对一”跟进,就像威海为了引进惠普而拆解打印机 8000 个零部件一样,找准制约项目落地的难点、痛点、堵点,有针对性的予以解决。

精力要放到一线上。今年全省上下都在实行“一线工作法”,要求问题在一线发现、措施在一线实施,工作在一线推进。抓落实的战场不在办公室、会议室,不在文件堆、资料堆里,也不在网络和“微信群”里,在基层一线。我经常对研究室说“好材料不是写出来的,是业务处室干出来的”,每次分析商务运行情况,光指望海关、商务部提供数据,分析来分析去,没有鲜活生动的案例是不行的。各个业务处室都要深入基层企业,听听企业经营怎么样、困难在哪里,需要政府干什么,这才是真正的“店小二”,掌握真实情况才能心中有数。不能光简单的发通知,下面提报什么就是什么,人云亦云,没有主心骨就有可能跑偏路。

政策要点到穴位上。4 月 15 日,省政府网站发布了《关于基层企业反映政策落实中突出问题的办理意见》,从基层反应看,很多政策出台了,但是企业群众不知道如何操作,比如支持实体经济高质量发展的意见中明确“为企业急需的外国人才提供更便利的来华工作许可管理服务”,基层就问了,什么叫“更便利”,怎么申报、向谁申报,没有实施细则、没有操作办法,只能是一头雾水。2019 年,为了做好“六稳”工作,省政府出台了 30 条政策举措,我们也联合有关部门制定了“稳外贸”25 条和“稳外资”21 条具体工作措施,开展了“外贸政策送万企”系列活动,对于企业反映的问题,要逐项梳理反馈,自身不能解决的,要及时向上请示汇报,不能没有“回音”,辜负了企业群众的信任和期望,否则长此以往就会变成“塔西佗陷阱”。

工作要放到重点上。抓工作要抓主要矛盾,抓关键点、突破口,精准发力,才能纲举目张、事半功倍。今年厅里多项工作列入了省委、省政府重要议事日程,一季度全省经济形势分析会上,龚正省长明确近期重点抓的7项工作，4项由商务厅牵头，自贸试验区申建、跨国公司领导人峰会筹办、重大项目落地每一项工作任务都很重。我们要发挥好“抓总”的作用，把关定向、调度协调、统筹推进，保质保量按时完成好任务。省委、省政府交办的任务是我们开展工作的“指挥棒”，不能随着自己的想法、由着自己的性子来干。

（二）突出一个“新”字，加大思想理念、方法路径、体制机制的创新力度，激发商务发展的动力活力

商务工作要想“走在前列”，创新是第一动力，也是唯一路径。我省正处在爬坡过坎、滚石上山的关键时期，国际国内竞争激烈，守成是永远守不住的，逆水行舟不进则退，我们必须沉下心来研究新思路、新举措，不断加大创新工作力度。我作为商务战线的一个新兵，将会虚心向大家学习请教。大家也要有终身学习的精神，不能有惯性思维，老拿过去的思路想事、用过去的办法干事。面对新形势、新变化，因循守旧、墨守成规不行。

首先，抓好思想创新。刘家义书记要求“广大党员干部特别是领导干部必须在思想深处来一场深刻的自我革命，在严守纪律底线的前提下，把主观能动性发挥到极致，创造性地做好工作”。前面分析了山东与广东、江苏的差距，数据只是表象，根子还在思想上。说起来我们方案不少、举措不少、成绩也很大，但指标为什么上不去，反而与广东、江苏越拉越大，就是因为没有触及问题本质，影响高质量发展最根本的“结”没打开，思想解放不彻底，发展不可能有真突破，就像“凤岐事件”一样，“四位省领导先后批示，凤岐模式在山东落地推广仍阻碍重重”。境界标准决定着谋事干事的格局，决定着思维的宽度。我们想问题，做事情，不能只盯着自己的“一亩三分地”，而要看看中央要求是什么、全国一流标准是什么、世界先进水平是什么，树立世界眼光、国际标准、山东特色。

其次，抓好制度创新。家义书记在去年赴南方三省学习交流会上讲到“我省最大的短板就是有效制度供给严重不足，而无效制度约束极其严重”“制度创新是补齐我们的短板、加固我们的底板最根本、最关键、最基础、最核心的东西”。比如开发区体制机制创新工作，家义书记非常关心，去年在烟台进行了专题座谈，省委常委会也进行了专题研究。按照省委安排部署，最近分管省长带队赴省内外密集调研。我们要按照省委、省政府要求，探索“管委会＋公司”的新模式。要坚持去行政化改革方向，通过剥离行政审批、综合执法、社会服务职能，推动管委会“瘦身”，突出主责、放下包袱、轻装上阵，促进开发区提速增效。各地情况不一、特色不同，不能“一刀切”，既要有“规定动作”，也可以列出“自选动作”，因地制宜、稳步推进，进一步激发开发区发展动力和活力。

再次，抓好方式创新。在“双招双引”上，要立足产业链招商、市场化招商、社会化招商，探索公司化招商的新模式；找准“十强”产业与全球先进技术、高端产品、国际资本、顶尖人才、多元市场的对接点；探索建立与日韩地方经贸合作机制，通过“四港联动”加强港口、机场、物流和跨境电商领域合作；强化与欧美高端对接，加强与欧美中小企业合作平台建设；创新提升与港澳合作模式，完成好省委赋予的创新任务。今天各驻外代表处也都在这里，目前厅里正在研究《驻外代表处绩效考核实施办法》，目的就是希望大家能够加强与国外企业的联系，在推动项目、邀请客户、宣传推介和信息调研上，更好地发挥代表处作用。在应对中美经贸摩擦上，尽管目前中美经贸磋商进展顺利，有望近期达成中美经贸协议，但从中长期来看，中美存在结构性矛盾，美国对中国逐步由战略合作转为战略遏制。要利用国际市场倒逼机制，坚持适应性调整和战略性调整相结合，引导企业加快寻找替代市场、开拓“一带一路”市场、调整国际市场布局。现在企业产能转移现象很严重，我们不能就业没了、税收没了，造成产业“空心化”，相关处室不能听之任之，要认真研究对策，提出管用的实招真招，当好省委、省政府的参谋助手。在扩大消费上，汽车、手机、家电等传统消费热点持续降温，特别是汽车销售额出现了近20年来首次下降。实体零售行业转型缓慢，传统电商对消费的拉动走弱，且已接近饱和状态。抓好内贸流通、促进消费升级是我们的职责。要围绕促进消费体制机制、激发居民消费潜力，在推进供应链应用与创新、商贸流通主体培育、电子商务等具体工作中，要发挥好基层企业创新经验的引领、示范、带动作用，建立典型发现、培育、总结、完善、推广等工作机制。下一步，各处室、各板块都要认真谋划今年的重点工作及创新点。

（三）抓住一个“早”字，雷厉风行、不等不靠，通过早谋划、早推动、早落实争取工作主动权

人勤春来早，万事日相催。当前形势发展不等人，工作任务不等人，看准的事、议定的事，不能等，要早打算、早动手，这样才能在发展变化中抢占先机，争取主动。

工作要早筹划、早推进。习近平总书记强调“要大力提倡‘马上就办’的工作精神，讲求工作时效，提高办事效率”。工作早干、晚干都是干，应该是主动地干、表扬着干，不能催促着干、批评着干，否则既影响心情、又降低效率。早一步海阔天空，一些工作领先一步就可能时时领先、处处领先。当前我们面临的任务繁重艰巨，时效性要求高，大家决不能在任务面前推诿扯皮、斤斤计较，更不能接受了任务，行动迟缓，半天没有动静，催一催动一动，拖拖拉拉，应付了事，这是典型的不担当不作为，耽误的有时不仅是工作，更是推动商务发展的大好机遇。

活动要早安排、早衔接。毛泽东同志讲“不打无准备之仗，不打无把握之仗”，2019 年厅里大事要事多，重大活动多，一方面，要留好“提前量”，准备时间越充分，活动效果就越好，仓促上阵就可能出纰漏、临时安排就可能打乱仗。比如，中美经贸摩擦是长期的，加快外贸转型升级、优化进出口结构是必然的、早晚的事，未雨绸缪好过亡羊补牢，居安思危才能行稳致远。另一方面，要注重细节，细节决定成败，现在厅里还有不少同志以“做完了”代替“做好了”，一字之差但本质不同，反应的是价值取向、敬业精神、负责态度，99.9％与 100％，虽然看似差不多，但付出和成效差多了，没有成效的事等于没做，有时还不如不做。我们出台政策、组织活动、谋划推进工作，要有精准、精细、精致、精品的理念，看政策是否紧贴企业诉求，活动是否衔接紧凑，工作是否科学合理，凡事考虑深一层、措施制定细一分，这样干起来才会胸有成竹，工作才会事半功倍。

资金要早划拨、早收获。今年年初，省政府连续发文明确预算执行和绩效管理要求，很严肃也很严格，明确对支出进度慢、存量资金规模大的部门，相应压减下年度预算，对省级部门结余资金和结转两年以上的存量资金，一律收回省财政统筹使用。省审计厅对我厅的审计意见主要集中在预算执行、重大经济决策和项目绩效上。资金花出去才见成效。各处室要在资金使用上，结合工作进展，及早谋划、统筹考虑、规范实施、跟进问效。财务处也要优化资金使用流程，重督促、重指导、重绩效，对执行慢的调整使用方向，对绩效差的一律不再支持，切实把资金花到点子上、用到刀刃上。

三、加强干部队伍和党风廉政建设，营造担当作为、狠抓落实的良好发展环境

来厅里工作已经一个多月了，总的感受是，省商务厅的同志们的综合素质很高，工作能力也很强，具有风清气正的政治生态、干事创业的浓厚氛围，良好局面是大家共同努力的结果，我们要以“作风建设永远在路上”的执着，不断强化干部队伍和党风廉政建设，为商务发展提供坚强支撑。

一方面，树立担当实干的选人用人导向，最大限度地激发大家的积极性、主动性。毛泽东同志说过，“政治路线确定之后，干部就是决定的因素”。推进商务事业高质量发展需要一大批政治上过得硬、靠得住、能打

仗、打胜仗的干部，我们必须树立正确的选人用人导向，把商务发展需要的好干部精心培养起来、及时发现出来、合理使用起来。

要在培养干部上注重干事创业的导向。邓小平同志曾讲："世界上的事情都是干出来的，不干，半点马克思主义也没有。"习近平总书记指出："干部干部，干是当头的，既要想干愿干积极干，又要能干会干善于干。"当今国内外形势复杂多变，商务事业面临的任务与挑战更加艰巨，我们担负着推进全省高水平开放和高质量"双招双引"的重任，只有树立事业为上、担当作为的鲜明导向，才能保证干部队伍拥有持之以恒的发展动力和凝聚力量，为商务事业发展提供有力保障。"玉不琢不成器"，我们要让干部在真刀真枪的实干中增长本领，敢于应对各种风险挑战考验，主动去当"热锅上的蚂蚁"，多经历一些"热锅"上的煎熬，多经受一些实战的摔打，在实践实干实效中锤炼本领，增长才干，砥砺品质，切实做到善学、善谋、善作、善成，打造想干事、敢干事、会干事、干成事的高素质商务干部队伍。

要在发现干部上坚持赛马不相马原则。鱼不激不跃，人不激不奋。干部是要干事的，要把敢不敢扛事、愿不愿做事、善不善干事、能不能成事作为识别和使用干部的重要标准。组织开展各类"大竞赛、大比武"活动，以比促学、以赛促干，提高干事创业的专业素质技能。在全厅形成"以工作论英雄，用成绩比高低，按成果行奖惩"的浓厚氛围，做到"赛马不相马"。通过"赛马"，真正发现那些在基层扎实历练，在吃劲岗位经受磨练、表现优秀的干部，准确识别那些在关键时刻、重大任务、突发事件、斗争一线豁得出来、冲得上去的干部。幸福是奋斗出来的，我们要让担当作为的干部有平台、有空间、有盼头、有奔头，使"李云龙式"的干部脱颖而出。

要在使用干部上严格奖惩分明的标准。全面落实"信念坚定、为民服务、勤政务实、敢于担当、清正廉洁"好干部标准，努力打造忠诚干净担当的高素质干部队伍。坚持激励约束并重、严管厚爱结合，扭住"区分优劣、奖优罚劣、激励担当、鞭策后进"这个基本任务，进一步完善考核评价机制，把真干假干、干多干少、干好干坏区别开来。要突出人岗相适、人事相宜，打破论资排辈常规，不看谁"资历深"，而看谁"有作为"，不看该"轮到谁"，而看谁"更合适"，大胆选拔使用敢于负责、勇于担当、善于作为、实绩突出的实力干将，优先选拔使用在吃劲部门、艰苦岗位、基层一线经过实践检验的优秀干部，特别是要做好年轻干部的培养使用工作。要做到奖罚分明，对任何工作都要有功论功、有过追过，对在推动重点工作、重大项目中做出突出贡献的，要给予精神上的激励和一定的物质奖励；对于不敢担当、不抓落实、贻误发展的干部，就要像刘家义书记讲的那样"不换思想就换人，不负责就问责，不担当就挪位，不作为就撤职”。

另一方面，进一步加强党风廉政建设，确保大家既要干成事，也要不出事，守住干事创业的底线。习近平总书记在中纪委三次全会上强调，以党的政治建设为统领全面推进党的建设，取得全面从严治党更大战略性成果，为下一步党风廉政建设指明了方向。国务院第二次廉政工作会议明确，坚持推动发展和反腐倡廉两手抓、两促进，坚决把各项重大政策落实到位。省纪委四次全会要求，严明党的政治纪律和政治规矩，坚持党中央重大决策部署到哪里，监督检查就跟进到哪里；坚持纪严于法、纪在法前，执纪执法贯通、有效衔接司法；保持高压反腐政治定力，全面从严不松劲，持之以恒抓下去。我们要牢固树立抓好党建就是最大政绩的思想，以党的政治建设为统领，强化责任担当，建设政治机关，确保全厅上下统一行动、步调一致向前进。

要从工作上加强党的全面领导。贯彻新修订的党组工作条例，不断改进党组工作，落实管党治党和廉政建设的主体责任，更好发挥党总揽全局、协调各方的领导核心作用，形成一级抓一级、层层抓落实的工作机制，确保各项重大工作任务落实到位。要从分工上强化分管领导责任。落实“一岗双责”，班子成员和分管领导要对分管领域的党建和业务工作全面负责，看好自己的门、管好自己的人、干好自己的事，对省委、省政府关注的重点工作，要做到在其位、谋其政、尽其责，带头研究推动，经常督促指导，以上率下，抓好落实。

要从组织上增强支部堡垒作用。目前，省委已经批准了厅机关“三定”方案和事业单位改革方案，下一步机构改革将陆续推开，希望在调整过程中，各党支部要强化政治引领，发挥作用，做到人心不散、队伍不乱、工作不断。继续签订党风廉政建设责任书，做好标准化党支部创建工作，规范落实“三会一课”、民主生活会、组织生活会、谈心谈话、民主评议党员等组织生活制度，把每一个党支部培养成攻坚克难、干事创业的坚强堡垒，确保党的路线方针政策不折不扣落地见效。

要从思想上拧紧遵规守纪发条。扎实开展“不忘初心、牢记使命”主题教育。通过正面宣传、反面警示，开展行之有效的廉政教育，引导党员干部筑牢信仰之基、补足精神之钙、把稳思想之舵，培养正确的生活态度、健康的生活方式，做到守住底线，不踩红线，不碰高压线。锲而不舍落实中央八项规定及其实施细则精神，深入整治形式主义、官僚主义，为工作扎实推进提供坚强保障。

要从纪律上查处违法违纪行为。针对各项业务存在的廉政风险，查找漏洞，完善机制，围绕钱、权两个重点，与时俱进完善各项制度，强化制度的执行力和约束力。全力支持驻厅纪检监察组开展监督执纪问责，厅党组对核实确有问题的绝不姑息。对因改革创新引起的问题，分清“为公”还是“为私”，“无心”还是“有意”，“失误错误”还是“违法违纪”，建立健全容错纠错机制，旗帜鲜明地为担当者担当，为负责者负责。

同志们，一转眼全年 1/3 的时间就要过去了，我们要以这次会议为契机，按照省委、省政府决策部署，担当作为、狠抓落实，为全省经济社会发展做出新的更大贡献。

对外开放篇

2018山东省商务发展调研报告

2018 ANNUAL REPORT ON SHANDONG
COMMERCIAL DEVELOPMENT RESEARCH

贯彻落实习近平总书记视察山东重要讲话精神　全力打造对外开放新高地*

近年来，省委、省政府坚决贯彻落实习近平总书记关于山东要"充分利用沿海的独特地理位置，努力塑造开放型经济发展新优势""加大改革开放力度，重塑开放型经济发展新优势""主动融入国家开放大局，提高开放水平，扩大高质量招商引资，深度融入'一带一路'建设，把山东打造成为对外开放新高地"重要指示、重要批示精神，始终把扩大开放作为经济工作的主抓手、作为新旧动能转换的原动力，抢抓机遇、趋利避害、创新发展，不断提升对外开放层次水平，全省开放型经济发展向更高水平、更宽领域、更深层次、更大范围推进。

一、主动融入国家开放大局，着力推进新一轮高水平对外开放

坚持把开放工作放到世界经济格局和全省经济发展全局中去谋划，以开放促改革促创新促发展，全面推进开放型经济上水平。

（一）加强顶层谋划设计，形成开放发展合力

2017 年，省委、省政府针对国际国内开放发展新情况，坚持问题导向，强化寻标对标，出台了《关于推进新一轮高水平对外开放的意见》（鲁发〔2017〕25 号），提出了 20 条含金量高的政策措施，时隔 9 年召开了全省开放型经济发展大会，形成了一心一意谋开放、聚心聚力促发展的浓厚氛围。2018 年，组织高规格党政代表团到广东、江苏、浙江三省考察学

---

* 作者：贾善和、冯建军、苏元茂。

习，引导广大党员干部进一步解放思想、扩大开放，召开了全省招商引资招才引智工作会议，出台了《扩大高质量招商引资招才引智考核办法(2018)》，考核对象聚焦到17市党委、政府主要负责人，进一步统一思想、提高认识、以上率下、真抓实干。先后起草谋划了进一步扩大开放促进“双招双引”，加快制度创新、促进开发区高质量发展等制度意见，扩大金融业、基础设施、交通运输等领域对外开放，进一步放宽市场准入，多措并举推进新一轮高水平对外开放。

(二)充分发挥山东优势，推动国际经济合作

发挥山东地处东亚经济圈中心枢纽位置优势，抢抓中日韩自贸区加速推进的机遇，中韩(烟台)产业园列入国家战略，威海—仁川地方经济合作示范区顺利推进，定期举办日韩山东周、山东—三菱战略合作交流会等经贸活动，区域经济合作不断深入推进。放大上合组织青岛峰会溢出效应，推动出台《中国—上合组织地方经贸合作示范区发展规划》，按照跨境发展、物流先导、贸易引领、产能合作、双园互动的思路，建立与上合组织双向投资与贸易合作新机制，打造多边框架下地方经贸合作的国际典范。

(三)主动担当勇于作为，积极争取先行先试

济南列入全国首批国家构建开放型经济新体制综合试点试验，5项试点经验由国家向全国复制推广，1项入编中组部“五大理念”系列丛书，16项入编国家发改委《构建开放型经济新体制综合试点试验创新举措汇编》。青岛跨境电商综合试验区作为国家第二批试点单位，目前已形成27个跨境电子商务产业园，吸引了近千家跨境电子商务企业聚集发展。2018年7月，威海被列入国家第三批试点城市。临沂商城市场采购贸易方式试点是全国唯一的工程物资类试点市场，“采购地申报，口岸验放”一体化通关模式在全省复制推广。威海服务贸易创新发展试点总结形成的7项可复制可推广的经验在全国范围内推广。

二、突出外贸新业态新模式，着力培育国际竞争新优势

面对复杂多变的国际形势，坚持适应性调整和战略性调整相结合，推动外贸稳增长、调结构、塑优势，取得良好成效。2017年，实现货物贸易进出口17823.9亿元，增长15.2%，增速创近五年来新高。其中，出口增长10.1%，增幅列全国六大出口省市第二位；进口增长22.2%。2018年前三季度，全省货物贸易进出口13974.6亿元，增长4.8%，其中出口增长5.6%，进口增长3.9%。

(一)大力培育新业态新模式

加快发展外贸综合服务企业、跨境电商、市场采购贸易方式等外贸新业态新模式，用足用好青岛、威海国家跨境电商综合试验区，临沂国家市场采购贸易方式试点政策，认定省级外贸新业态主体135家，开展跨境电商峰会、"跨境电商进万企"等专项活动，先后培训人员9600人次，覆盖企业6000家。2018年前三季度，市场采购出口43.5亿元，增长2.6倍。跨境电商进出口21.1亿元，增长63.6%；其中，出口增长45.1%，进口增长1倍。本土重点培育的39家省级外贸综合服务企业出口123.1亿元，增长10.3%。

(二)大力推动外贸结构优化

开展外贸转型升级试点县建设，统筹推进"特色产业集群＋国际自主品牌＋跨境电子商务＋外贸综合服务企业＋境外营销网络"为核心内容的"五位一体"外贸发展新模式。威海海洋食品等32个基地被认定为国家级外贸转型升级基地，总量居全国第二位。山东率先建成全国首个出口食品农产品质量安全示范省，农产品出口连续19年居全国首位。充分发挥外贸扶持资金的引导作用，支持大型成套设备扩大出口，工程机械、高端机床和石油装备等大型成套设备出口分别增长8.6%、9.5%和20.4%，带动一般贸易进出口增长9.4%，占比提高2.9个百分点至67.9%，民营企业进出口增长9.2%，占比提高2.4个百分点至61.1%。

(三)大力推动服务贸易发展

省政府建立服务贸易联席会议机制，出台了《关于加快发展服务贸易的实施意见》，加快推进"国家服务贸易深化创新发展试点""中国服务外包示范城市"以及"国家文化出口基地"三大"国字号"试点，威海顺利通过国家服务贸易创新发展试点两年期评估验收，淄博博山区被认定为国家首批13家"国家文化出口基地"，烟台被列入中国服务外包示范城市候选城市。2018年前三季度，全省服务进出口2538.5亿元，增长10.8%；其中出口增长14.7%，进口增长6.8%。服务进出口占外贸(货物与服务进出口之和)达到15.3%，比上年同期增长0.6个百分点。

(四)大力推进贸易便利化

省政府建立贸易便利化联系会议机制，实施贸易便利化专项行动，以货源回流清单、贸易便利化问题清单、政策落实清单、"三外融合"服务清单"四张清单"为主要抓手，商务、海关、财政、金融等相关部门主动协调配合，定向精准发力，不断提升贸易便利化水平。比如，参照上海港，公示口岸政府性收费目录清单，全面降低涉港收费标准，压缩通关时间，降低出口查验率，确保年底达到国务院要求的整体通关时间压缩1/3，合规成本降低10%，集装箱进出口环节合规成本降低100美元以上的要求。

三、扩大高质量招商引资，着力加快新旧动能转换

坚持世界500强、隐形冠军、中小企业"三位一体"，扩规模、提质量、优环境"三管齐下"，省、市、县"三级联动"，做好招商引资工作。

（一）创新搭建重大招商平台

发挥高层推动机制作用，连续举办儒商大会2018、外交部蓝厅推介会、青年企业家国际峰会、香港山东周、欧美商务周及"全球路演"等重大经贸活动，吸纳全球优质资源助推全省新旧动能转换。特别是2018年9月28～30日，省委、省政府以"大儒商道、至诚天下"为宗旨，邀请海内外1096名嘉宾、4000余名专家学者和优秀企业家举办儒商大会2018，举行了新一代信息技术、高端装备等11场平行论坛，组织山东省属企业混合所有制改革资本对接活动，签约项目130个、合同金额5363.6亿元，活动取得圆满成功。

（二）深化与世界500强合作

实施与世界500强及行业领军企业合作三年行动方案，开展总部机构（企业）认定和奖励工作，务实推进与华润、招商局、德勤、住友、西门子、安顾等战略合作，着力引进有重大带动作用的龙头项目和强链补链延链的专精尖配套项目。2018年前三季度，日本永旺、伊藤忠、德国博世、曼集团以及韩国浦项、LG等20家世界500强企业在我省投资项目34个，合同外资17.9亿美元，增长70.5%。截至目前，共有213家世界500强企业投资设立了726家企业。

（三）突出制造业利用外资

全省制造业实际使用外资401.7亿元，三次产业实际使用外资比重为1.7∶48.4∶49.9，高于全国20多个百分点。其中，高技术制造业实际使用外资69.3亿元，增长35.1%，占制造业比重达到17.3%，占比较上年同期增长6.6个百分点。医药制造业、电子及通信设备制造业、计算机及办公设备制造业、医疗仪器设备及仪器仪表制造业实际使用外资分别增长10.3%、38.9%、54.5%、33.4%。服务业新设企业1024家，实际使用外资449.6亿元，分别增长51%、38.5%。累计设立外商投资研发中心37家，实际使用外资7.79亿美元。

（四）优化外商投资环境

坚持把营造一流营商环境作为招商引资的最大法宝，全力推进"一次

办好”改革，为企业发展提供“保姆式”服务，当好企业发展的“专业化＋店小二”。组织开展万企大走访、政策大宣讲、干部大培训系列活动，深入各县（市、区）和开发区以及9264家外经贸企业开展走访，了解诉求，靠上服务，引导发展。组织实施“外商投资环境提升年”活动，开展17市营商环境评价，全面落实外商投资准入前国民待遇加负面清单管理模式，实施外商投资企业服务大使制度，目前全省已设1141名服务大使，覆盖8036家企业，全方位的外商投资企业服务体系加快构建。

四、积极参与“一带一路”建设，着力拓展经济发展新空间

引导企业务实有序“走出去”，2017年全省实际对外投资377.5亿元，对外承包工程营业额793.7亿元，派出各类劳务7.2万人，分别居全国第五位、第二位和第一位。2018年前三季度实际对外投资增长12.8％，对外承包工程营业额增长10.8％。

（一）加强与“一带一路”经贸合作

制定实施参与建设“一带一路”工作要点，举办“一带一路”战略高层对接洽谈会，对接商务部丝路明珠示范工程，引导企业加大对“一带一路”投资力度。2017年，对沿线实际投资100.6亿元，增长81.7％，占比26.7％，较上年提高20.3个百分点；完成对外承包工程营业额447亿元，增长5％，占全省的56.3％；派出各类劳务人员增长24.7％。

（二）推动境外经贸合作区建设

制定出台《山东省境外经贸合作园区考核管理办法》，在全国率先开展省级境外经贸合作区建设，经验做法被商务部在全国推广。纳入商务部统计的13家境外经贸合作园区（全国共99家）累计投资21.7亿元，居全国首位，完成生产总值165.3亿元，吸纳从业2.3万人。其中9家布局在“一带一路”，初步形成纺织服装、精细化工、木材加工、家电等海外产业集群。

（三）加快培育源自山东的跨国企业

制定实施跨国公司三年培育计划，促进产业链国际延伸、供应链全球整合、价值链高端提升。全省4家企业入围世界500强，10家企业进入中国非金融类跨国公司百强，7家企业入选2017年度ENR全球最大250家国际承包商名录。积极引导企业以“走出去”带动“引进来”，潍柴集团利用境外获得的核心技术返程投资，计划投资500亿元打造潍坊新能源动力产业园。

(四)创新承包劳务模式

“借船出海”推动260余家省内企业与32家央企建立战略合作，对外承包工程新签千万美元大项目113个，一般建筑项目完成营业额增长41%，带动设备出口32.8亿元、劳务输出4.5万人。推荐23家对外劳务合作企业进入商务部对外劳务合作扶贫试点企业名单。中以建筑工劳务合作试点，累计派出超过2000人。

(五)强化对外投资风险防范

研究制定走出去企业境外风险防范工作机制，完善走出去联络服务平台和公共信息服务及风险保障平台，及时为企业提供风险保障服务。深化“3+1”(山东省商务厅与国开行山东省分行、进出口银行山东省分行、中信保山东分公司)合作机制，与中非基金、中非产能基金签署合作框架协议，推动了一批合作项目。发挥境内外商协会功能，强化行业自律，规范海外经营行为。

五、加快体制机制创新步伐，着力激发开发区发展新活力

全省共有国家级开发区15家、海关特殊监管区域10家、省级开发区136家。目前，世界500强企业在我省的投资项目70.8%落户在经济开发区，机电和高新技术产品出口前20位企业、外贸进出口100强企业中的83家均坐落在开发区，目前已形成百亿级以上产业集群222个，其中500亿级31个，千亿级7个，开发区承载新旧动能转换、带动区域发展的引领作用不断增强。

(一)突出制度创新

加大自贸试验区经验复制推广力度，前三批117项改革试点经验在省内落地实施，探索形成了46项创新复制措施。先后组织三批55家省级开发区体制机制创新试点，在行政管理体制、用人分配机制、项目审批机制、招商促进机制、市场化开发运营机制、财政管理体制、综合监管体制等七个方面先行先试。形成了一批可复制、可推广的创新经验。

(二)突出转型升级

出台了《关于促进开发区改革和创新发展的实施意见》，开展园区提升专项行动，落实经济开发区转型升级五年行动计划、开发区创新创业公共服务平台提升计划、产业集群培育行动计划和促进海关特殊监管区域整合优化科学发展实施方案，推动开发区转型升级、创新发展。开展东西部经济开发区合作共建，已有26家开发区达成共建协议或意向。出台产才融合发展示范园区建设试点指导意见，确定了东营、烟台、潍坊滨海、威

海、临沂5家国家级经济技术开发区作为试点单位，搭建产才融合发展平台。

(三)突出国际合作

加强对特色园区的统筹谋划，支持经济开发区采取区中园、一区多园等形式，创建特色产业园区、国际合作园区、生态工业示范园区、循环化改造示范园区、智慧园区。突出园区国际合作，积极推进中英创新产业园、欧亚经贸合作产业园区、日照中澳产业园建设，青岛中德生态园成为中德两国合作的典范。

当前，国际国内出现很多新情况、新变化，全省开放发展面临多重矛盾相互交织叠加的挑战，受中美贸易摩擦升级影响，外贸稳增长存在较大压力。产业结构不优，对话能力不强，国际国内引资竞争加剧，招商引资难度加大。企业境外投资风险加大，带动省内产业升级作用还不明显。开发区还存在体制机制回归，产业层次不高、集群效应不强等问题。下一步，山东省委、省政府将按照习近平总书记“打造对外开放新高地”“重塑开放型经济发展新优势”的重要指示精神，大力实施新旧动能转换重大工程，以新一轮机构改革为动力，进一步创新管理、优化服务，担当作为、干事创业，积极应对中美贸易摩擦，保持外贸稳定增长，扩大高质量招商引资，促进产业结构向高端攀升，以“走出去”带动“引进来”，实现国际合作双向促进，实施园区提升专项行动，推进开发区转型发展，全力做好稳外贸、稳外资、转动能、调结构等工作，为全省经济社会发展做出积极贡献。

山东对外开放40年的发展历程、巨大成就、基本经验和前景展望

编者按：1978年12月18日，党的十一届三中全会做出了实行改革开放的重大决策，这是党和国家具有深远历史意义的伟大转折。时至今日，我国的改革开放走过了40年不平凡的辉煌历程，山东也在扩大开放中发生了几千年来从未实现的沧桑巨变。为此，我们系统梳理我省对外开放40年的发展历程、伟大成就、历史经验，并对下步对外开放进行了展望，以期在新形势下解放思想、统一认识，增强信心、保持定力，推动山东开放工作在新的起点上开启打造对外开放新高地的伟大征程。

我省对外开放40年的发展历程*

——纪念改革开放40周年系列调研报告之一

改革开放40年来，全省上下在省委、省政府的坚强领导下，始终坚持改革开放的基本国策不动摇，抢抓国家扩大开放的战略机遇，不断解放思想、锐意进取，着力推动全省开放向全方位、宽领域、高层次方向拓展，加快构建陆海内外联动、东西双向互济的开放格局，城乡面貌发生了翻天覆地的巨大变化，经济社会实现了前所未有的历史跨越，为全省经济发展、民生改善、社会进步和各领域文明程度的提高做出了突出贡献。改革开放40年来，我省开放从东部向中西部不断延伸，从经济领域向经济社会

* 作者：贾善和、刘志、宋步勇。

各领域不断拓展，参与国际竞争合作的层次水平不断提升。40 年的开放征程主要划分为四个阶段：

一、1978～1991 年，以沿海率先开放为标志的探索阶段

党的十一届三中全会之后，改革开放的浪潮迅速席卷神州大地，作为东部沿海省份，山东也立即拨乱反正，乘风劈浪，开启了波澜壮阔的开放征程。1979 年初，我省先后与奥地利、瑞士启动外贸谈判，接待万国邮联邮政考察团，批准德国在济南、青岛举办了图书展，打开了与世界交流的大门。1979 年 7 月 26 日，邓小平同志专程视察山东，发表了题为《思想路线政治路线的实现要靠组织路线来保证》的即席讲话，为我省的开放卸下了思想包袱，指明了工作方向。第二年，省政府改组省对外贸易局，成立省进出口管理委员会，统一管理全省的进出口贸易、利用外资和引进技术等工作。

由于组织领导有力，全省开放工作在多个领域突飞猛进，创造了多个全国第一。1979 年，济南汽车制造厂同罗马尼亚联合建设了全国首条多品种重型汽车装配线；1980 年，我省自营的第一艘远洋货轮自青岛首航香港；1981 年，我省首家中外合资企业成立，首家对外投资企业登陆美国；1982 年，国内首个世界银行无息贷款农业项目落地山东；1983 年，中建山东分公司承接了我省第一个对外承包工程项目科威特阿尔迪亚的住宅建设工程；1987 年，德国汉高在烟台设立我省第一个世界 500 强企业投资项目；1990 年，在中韩尚未建交的情况下，中韩首个海上航班“金桥”轮抵达威海。此外，我省还在全国服装行业第一个实行“面料直供”，制造了我国第一台高精度外圆磨床，生产了第一台电脑控制自动加油机，建成国内第一家海水印染厂，众多的“第一”凝结了全省人民的勤劳与智慧，也铸就了开放大省的底蕴与辉煌。

山东的开放工作也得到了国家的肯定与支持。1980 年，国家首批 14 个沿海开放城市中，我省青岛、烟台两个城市入选；1984 年，设立了包括青岛、烟台在内的 14 个经济技术开发区，东部沿海成为我国对外开放的前沿阵地，充分彰显了在全国开放大局中的地位和作用。我省顺势提出“东部开放、西部开发、东西结合、共同发展”的开放战略，1988 年国务院批准济南、青岛、烟台、威海、潍坊、淄博、日照 7 市列入沿海经济开放区，成为同期国内最大的开放区。各地抢抓机遇，大搞引进劳动密集型出口加工项目，1981～1991 年，全省共批准设立外商投资企业 1735 家，合同外资 14.8 亿美元，实际利用外资 5.6 亿美元，为全省进出口、税收、就

业等做出了突出贡献。逐步推进外经贸体制改革，实行出口代理制，激发出口企业积极性，对外贸易额由1978年的300万美元增长到1991年的48.3亿美元。

二、1992～2001年，东西结合推进开放向纵深展开阶段

1992年，邓小平视察南方并发表重要谈话，中共中央出台《关于加快改革，扩大开放，力争经济更好更快地上一个新台阶的意见》，党的十四大明确我国经济体制改革的目标是建立社会主义市场经济体制，回答了多年来困扰和束缚人们思想的许多重大认识问题。我省确立了"全面开放、重点突破、梯次推进、东西结合、加快发展"的开放方针，提出实施外向带动战略，把全省经济发展的重点由内向型为主，转到内外兼顾、以外向型为主的发展轨道上来，开放工作全面加速。

1992年，国务院先后批准设立了威海经济技术开发区、青岛保税区和济南、青岛、淄博、潍坊、威海5个高新技术产业开发区。山东省政府制定了发展外向型经济"划区布点"总体方案：在青岛、烟台、威海、日照、潍坊、淄博、济南设立了34个外向型工业加工区，在济宁、泰安、莱芜、枣庄、临沂、德州、聊城、菏泽、东营、滨州等地设立了12个开放开发综合试验区，在泰安、曲阜设立了两个旅游经济开发区，形成了由东部沿海到内陆腹地梯次推进的开放格局，促进外向型经济实现了较快发展。当年，全省利用外资达到13.8亿美元，接近改革开放以来总和；外贸进出口增长61%，创历史最高水平。

其间虽然爆发了亚洲金融危机，但山东省第七次党代会坚持对外开放不动摇，把经济国际化战略作为全省跨世纪发展的重大战略，坚定不移发展外向型经济。1992～2001年，全省累计设立外商投资企业34201家，利用外资439.4亿美元，外商投资企业年销售收入达到2173.3亿元，利润107.4亿元，纳税110.7亿元，吸收就业175万人。对外贸易连续跨上100亿美元、200亿美元两个台阶，贸易结构不断优化，工业制成品出口比重提高到了78.3%，机电产品出口占比达20%，加工贸易出口占据半壁江山。"走出去"上升为国家战略，我省对外承包工程合同、对外投资分别于1994年和2001年突破1亿美元。

三、2002～2011年，对外开放实现快速扩张的关键阶段

2001年12月11日，中国正式加入了WTO，我国体制机制全面接轨国际规则惯例，产业结构深入参与世界分工体系，为国民经济发展开拓了

新的空间，迎来了我国经济发展史上的“黄金时期”。省委、省政府提出“抢抓机遇，应对挑战，推进经济在更大范围、更深程度上参与国际经济合作与竞争”，集全省之力打造外经外贸、高新技术、民营经济三个亮点，把外经外贸列为三个亮点之首，确立了开放在全局工作中的引领地位。

在工作机制上，省委、省政府主要领导亲自带队连续举办“香港山东周”活动，成为山东开放史上的一大创举和集中展示全省开放形象的盛会，全省上下形成了浓厚的开放氛围和鲜明的开放导向。在开放布局上，提出了“深化日韩、提升东盟、突破欧美、拓展非洲”的全面开放战略，不断完善内外联动、互利共赢、安全高效的开放型经济体系。在主攻方向上，以“两国两地（日韩、港台）、两洲两市（欧美、京沪）”为重点，优化境外代表处布局，加快引进龙头型、基地型战略投资项目，形成了全方位、宽领域、多层次的全面开放格局。

对外贸易高歌猛进，全省出口由不足 200 亿美元增加到 1258 亿美元，10 年跨过了 11 个百亿级台阶，全省进出口一举超过 2000 亿美元，年均增长 24%。“引进来、走出去”双向提升，累计批准外资项目 3.75 万个，实际利用外资 915.2 亿美元，年均增长 11.8%；服务外包连续三年实现翻番增长；对外投资、对外承包工程合同分别达到 27.1 亿美元和 82 亿美元，均进入全国前两名。省级以上经济开发区达到 156 家，其中国家级经济技术开发区由开放之初的 3 个发展到 9 个，拥有青岛、烟台 2 个保税港区，1 个综合保税区，4 个出口加工区，在带动产业升级和区域发展上发挥了重要作用。

四、2012 年至今，新一轮高水平高质量对外开放的新阶段

国际金融危机之后，发达国家贸易保护主义、反全球化思想抬头，国际经贸规则和世界经济格局面临深刻调整；国内经济面临“三期叠加”的新常态，经济结构加快转型发展。受劳动力、土地、环保等成本提升和人民币持续大幅升值等因素影响，全省外贸 2014 年创造历史最高的 2771.2 亿美元之后，出现高位徘徊、横向盘整现象。党的十八大提出了“全面提高开放型经济水平”的工作部署，习近平总书记 2013 年视察山东时提出“适应经济全球化的新形势，实施更加积极主动的开放战略，充分利用沿海的独特地理位置，努力塑造开放型经济发展新优势”，山东省委、省政府审时度势，提出在新一轮对外开放中确立四个新定位、培育六大新优势、实现八大新突破。2017 年，省委、省政府时隔 9 年再次召开了高规格的全省开放型经济发展大会，出台了《关于推进新一轮高水平对外开放

的意见》。

全省上下加快构建新体制、发展新模式、形成新格局、塑造新优势，推动外贸业态拓展、外资主体提升、走出去战略对接、园区功能再造，开放型经济发展的质量不断提升。2017年，全省跨境电商、市场采购、综合服务等外贸新业态带动出口接近1000亿元，一般贸易、民营企业出口比重均高于全国，服务贸易占比连续提升。实际利用外资规模超过浙江，上升到全国第5位，当年吸引美国谷歌、江森自控、苹果、英国石油公司、荷兰路易达孚、德国赢创等51家世界500强企业，签约项目115个，合同外资71.2亿美元，发达经济体投资占比高于全国近10个百分点，先进制造业投资比重高于全国27个百分点。“一带一路”成为经贸合作亮点，对沿线实际投资100.6亿元，增长81.7%，占比26.7%；完成对外承包工程营业额473.4亿元，增长11.2%，占全省的59.6%；在沿线建成4个国家级经贸合作园区，居全国首位。潍柴集团、烟台喜旺等以“走出去”带动“引进来”，形成了良好的示范效应。全省省级以上开发区主要经济指标增长速度均高于全省平均水平。由于我省开放工作成效明显，得到国务院的通报表彰奖励。

2018年以来，习近平总书记先后对山东做出“加大改革开放力度，重塑开放型经济发展新优势”“主动融入国家开放大局，提高开放水平，扩大高质量招商引资，深度融入‘一带一路’建设，把山东打造成为对外开放新高地”重要指示，为我们做好新时代开放工作提供了总遵循、总定位、总航标。山东省委、省政府贯彻党的十九大精神，组织党政代表团到广东、江苏、浙江三省考察学习，召开了全省招商引资招才引智工作会议，承办中国—上合组织青岛峰会，举办首届中国儒商大会、青年企业家论坛、外交部蓝厅推介会等重大经贸活动，出台扩大高质量招商引资招才引智考核办法、支持实体经济高质量发展意见等政策措施，重大活动亮点纷呈，重大政策力度空前，“双招双引”高潮迭起，新旧动能转换重大工程全面起势，我省开放发展步入崭新的发展阶段。

我省对外开放40年取得的巨大成就*

——纪念改革开放40周年系列调研报告之二

回顾40年的开放之路，全省上下以勇立潮头的慷慨气概、攻坚克难的无畏勇气，推动开放工作风雨兼程、稳步向前，向世界展示了厚道鲁商的光辉形象，铸就了开放山东的华丽蜕变，取得了令人瞩目的巨大成就，以当仁不让的姿态在全国对外开放中走在了前列。

一、对外贸易规模迅速扩大

对外贸易进出口总额由1978年的8.7亿美元扩大到2017年的2630.6亿美元，增长301倍，年均增长15.8%；其中，出口、进口分别增长176倍和2766倍，年均分别增长14.2%和22.5%。近年来，对外贸易稳居全国第五位，始终处于全国第一集团行列。贸易方式更加多样，开放初期以“大进大出”为特征的加工贸易发展迅速，1995年首次超过一般贸易，1997年占比达到58.5%，连续8年成为最主要的贸易方式。随着产业竞争能力的提升，一般贸易再次发力，2003年以来年均增长15.8%，高于加工贸易6.6个百分点，2017年一般贸易占比达到64.1%，加工贸易降到26.6%。服务贸易高速增长，2017年达到3528.1亿元，创历史最高水平，其中出口增长快于进口，新兴服务贸易快于传统服务贸易，服务贸易逆差正在不断缩小，占对外贸易总额的比重由2014年的10.7%提高到16.5%。新业态新模式快速崛起，2017年全省跨境电商出口678.4亿元，市场采购出口62.8亿元，38家本土培育的省级外贸综合服务企业进出口231.5亿元。

二、利用外资质量效益提升

自1981年第一家中外合资企业落户青岛，截至目前，全省累计批准外资项目7.5万个，实际利用外资2053.7亿美元。2017年，全省实际使用外资1210.5亿元，规模居全国第五位。从外商投资主体看，世界500强投资显著增多，全省先后引进空客直升机、美国通用、德国曼、韩国

* 作者：贾善和、苏元茂、刘志。

现代、日本小松、瑞典沃尔沃等213家世界500强投资企业726个。从外商投资领域看，产业结构不断优化，三次产业利用外资占比由2005年的3∶88.1∶8.9调整到2017年的1.7∶59.7∶38.6。2017年，制造业实际使用外资645.8亿元，占全省的53.4%，高于全国27个百分点。高技术服务业实际使用外资120亿元，占10%。累计设立外资研发中心37家。从外商投资区域看，东部沿海地区仍是吸收外商投资的主要集聚地，中西部地区利用外资比重正在逐步提升。2017年，青岛、烟台、威海三市实际利用外资比重为62.6%；省会城市群利用外资的占比达到20.7%，比2005年提高了10.3个百分点。

三、对外投资合作蓬勃发展

2000年，我国明确提出加快实施"走出去"的战略，山东省对外投资合作进入了发展的快车道。2013年、2014年、2015年三年连续跨上30亿、40亿、50亿美元台阶；2016年，实际对外投资达到129.8亿美元，是入世前的92.7倍，对外直接投资存量达到411.9亿美元，位居全国第四位。截至2017年，累计设立境外投资项目5689个，核准中方投资总额758.2亿美元，投资方式向境外营销网络、优势产能转移、境外资源开发、跨国并购、研发中心等形式拓展。对外承包劳务快速发展，对外承包工程营业额由2001年的5.6亿美元，增加到2017年的117.6亿美元，年均增长21%。截至2017年，全省累计完成对外承包工程营业额1001.4亿美元，居全国第二。累计外派劳务人员92.5万人次，常年在外人数达13万人，居全国第一。在全国率先开展省级境外经贸合作区建设，引导企业抱团走出去，目前，纳入商务部统计初具规模的境外经贸合作园区达13家(全国共99家)，其中国家级境外经贸合作区4家，居全国首位。

四、开发区成为对外开放的主阵地

开发区事业伴随着改革开放的伟大进程兴起壮大。截至目前，全省共设立省级以上开发区161家，其中国家级经济技术开发区15家、海关特殊监管区域10家、省级经济开发区136家，总量居全国前列。鼓励开发区创建特色产业园区、国际合作园区、生态工业示范园区、循环化改造示范园区，青岛上合组织地方经贸合作示范区、威海中韩地方经济合作示范区、烟台中韩产业园获得国家支持，青岛中德生态园成为中德两国合作的典范。近年来，先后组织3批55家省级开发区体制机制创新试点，支持开发区建设创新创业公共服务示范平台，开展产才融合发展示范园区试点，促进创新资源要素向开发区聚集，全省开发区共拥有国家级重点实验室28个，国家级企业技术中心和工程技术研究中心121个，省级以上工程技术研究中心922个，院士工作站251个、博士后科研流动工作站161个。实施开发区转型升级五年行动计划、产业集群培育行动计划，全省开发区已形成百亿级以上产业集群222个，其中500亿级31个，千亿级7个。2017年，省级以上开发区实现公共财政预算收入2594.9亿元，固定资产投资28611.3亿元，进出口11333亿元，实际利用外资687.1亿元，分别占全省的42.5%、52.8%、63.6%和56.8%，全省70.8%的世界500强企业投资项目、83家外贸进出口百强企业均坐落在开发区，开发区已经成为全省改革开放的排头兵、区域经济发展的增长极。

五、开放倒逼改革不断深入

改革开放40年来，改革与开放一直如影随形，相辅相生，成为贯穿中国经济发展的两大主线，开放为改革提供了经验借鉴和活力源泉。改革开放初期，以经济特区、经济技术开发区为代表的开放试验田，对改革的深入推进起到了巨大的促进作用。入世后，我国全面接轨国际规则、国际惯例，建立完善市场经济制度，极大地激发了经济发展的活力。我省借鉴国际经验，现代市场体系、宏观调控体系、开放型经济体系进一步完善，开放型经济迎来了快速发展的黄金十年。近年来，国家加快构建开放型经济新体制，以新一轮高水平对外开放倒逼改革向深水区推进，重点以自贸试验区建设探索涉外投资体制改革、贸易便利化、金融开放创新、事中事后监管等方面的新路子。我省复制推广自贸试验区试点经验，前三批117项在省内落地实施，探索形成了46项创新复制措施。外商投资负面清单由最初的190条减少到2018年的48条，负面清单制度不仅改变了管理方式，更是治理理念的重大转变，外商投资准入实现了由"有承诺方可准入"到"法不禁止皆可为"的转变。

六、开放促进了产业结构升级

经过40年的改革开放，山东逐步建立了门类齐全的现代产业体系，三次产业结构从1978年的33.3∶52.9∶13.8转变为6.7∶45.3∶48，实现了从农业大省到制造大省、经济大省的跨越，出口商品结构由以农副产品、初级原材料为主，向工业制成品、重要零部件等高附加值产品为主导转变。在农业方面，我省立足自身优势，持续推进出口农产品质量安全示范区建设，农产品出口检验检疫合格率始终保持在99.95%以上，2016年全省农产品出口突破千亿大关，占全国农产品出口的1/4，连续19年位居全国首位，成为全国首个出口食品农产品质量安全示范省。在制造业方面，通过引进跨国企业先进技术、生产设备和管理人才，带动了重型卡车、高速动车、轿车、工程机械、造船、信息技术等先进制造业产业集群发展，我省工业从小到大、从弱到强，国际竞争能力突飞猛进。2006年机电产品成为全省第一大类出口商品，2017年出口比重达38.9%，比1980年提高了34.7个百分点。在服务业方面，不断扩大开放领域，引导外商投资向银行、保险、融资租赁、中介服务、养老等领域拓展，2013年全省服务业实际到账外资规模和占比首次超过制造业，服务贸易企业竞争能力明显提升。烟台中集来福士交付的钻井平台“蓝鲸1号”，设备制造及后续维修费用共计5.8亿美元；东营科瑞集团在30多个国家和地区设立服务中心，已为全球100多个油气田提供综合解决方案。

七、开放激发了企业发展活力

回顾40年的开放历程，我省企业充分利用两个市场、两种资源，在与狼共舞中增强本领，在国际竞争中加快转型，在开放发展中不断壮大。开放初期，我省只有几家国有企业从事进出口业务，1992年全省进出口企业不足100家，目前全省外贸企业达到4.2万家，其中民营企业3.7万家，民营企业进出口的比重达到56.5%。海尔集团是我省最早“走出去”的企业之一，目前在全球拥有六大品牌集群、十大研发中心、54家工厂，白电品牌9次蝉联全球第一，集团先后并购美国通用家电(55.8亿美元)、日本三洋，进一步奠定了在全球家电中的领先地位。潍柴集团先后并购了法国博杜安、意大利法拉帝、德国凯傲与林德液压、美国德马泰克，利用境外获得的核心技术返程投资，有效提升了企业的研发能力和技术水平。如意集团收购日本瑞纳、法国SMCP等国际轻奢品牌，并与LV强化品牌合作，一举迈入全球十大时尚品牌运营商行列。烟台万华收购匈牙利最大的化工企业宝思德化学公司，成为世界前三、欧洲最大的异氰酸酯供应商，其中MDI居世界首位。截至2017年，全省4家企业入围世界500强，10家企业进入中国非金融类跨国公司百强，7家企业入选2017年度ENR全球最大250家国际承包商名录。

八、开放优化了我省发展环境

长期以来，山东人保守的思想观念在开放中加快转变，展现出开拓创新、勇于进取、合作共赢的姿态和风貌。政府职能在开放中加快转变，政府效率和服务水平大幅提升。近年来，全省上下全力推进“一次办好”改革，把“一次办好”贯穿到政府运行的各环节，渗透到经济体制改革的各领域，延伸到社会治理的各方面。据统计，全省共梳理公布省级54个部门（单位）“一次办好”事项共2460项、市级“一次办好”事项平均1738项、县级“一次办好”事项平均1168项。组织开展万企大走访、政策大宣讲、干部大培训系列活动，实施“外商投资环境提升年”活动，启动17市营商环境评价，建立外商投资企业服务大使制度，形成了全方位的外商投资企业服务体系。建立省级贸易便利化联系会议机制，实施贸易便利化专项行动，以“四张清单”为抓手，商务、海关、财政、金融等部门主动协调配合，定向精准发力，促进了贸易便利化水平的提升。港口、机场、铁路、公路立体交通网络以及电力、通信等基础设施逐步完善，国际学校、涉外医院、与国际化城市相匹配的购物消费场所也不断建立健全。

九、开放拓展了国际发展空间

开放伊始，我省对外交往的国家和地区仅50余个，随着我国不断融入全球经贸体系，我省对外友城关系和友好合作关系分别达到218对和219对，对外贸易伙伴拓展到226个国家和地区，几乎覆盖全球每一个角落。日本作为与我国建交较早的发达国家，与我省地缘接近、产业互补，外贸往来十分密切，在2001年前一直是我省最大的贸易伙伴。香港作为我国开放的重要平台和窗口，在我省开放初期外贸发展中占据重要地位，1991年之前排名第二位。随着1992年中韩正式建交，山东对韩贸易迅速崛起，当年韩国即超过美国和香港，成为山东省第二大贸易伙伴，2002年超过日本，连续9年居首位。2011年之后，美国成为我省最大的贸易伙伴。近年来，我省积极融入“一带一路”建设，加快国际市场多元化步伐，东盟、非洲、拉美、印度四个新兴市场的进出口比重由1993年的8.8%增长至2017年的33%。目前，我省与“一带一路”沿线国家的进出口、对外投资、工程承包，分别占全省的27.1%、26.7%和37%。从外商投资来源看，国别地区超过150个，亚洲仍是主要来源地，实际到账外资879.2亿元，占全省的72.6%；其中香港实际投资606.9亿元，占全省的50.1%。欧盟实际投资99.7亿元，美国实际投资48.6亿元，日本实际投资42.2亿元，合计占全省的15.7%，高于全国近10个百分点。

十、开放为全省经济社会发展做出了突出贡献

从我省开放发展历程看，可以说是小开放小发展，大开放大进步。改

革开放以来，我省累计创造出口顺差 3716 亿美元，争取国家出口退税 8000 多亿元，解决了改革初期我省发展面临的资金瓶颈，成为我省原始资本积累的重要来源。外贸依存度 2007 年达到 37.4%的历史最高值，随着内需作用的不断提高有所回落，2017 年仍然保持 24.7%的较高水平。对外贸易直接间接创造各类就业岗位 1400 多万个，成为转移农村剩余劳动力的重要渠道，每年 1000 多亿元的农产品出口让全省近 2000 万农民与国际市场建立了密切联系。据测算，出口每增长 1%，即拉动消费增长 0.68%，拉动投资增长 0.74%，出口增长的拉动作用突出。在扩大出口的同时，企业通过扩大先进技术设备的进口，加快技术进步和产业升级步伐，通过进口矿石、煤炭、大豆、橡胶等，缓解了我省资源能源和土地的瓶颈制约。外资企业成为全省经济社会发展的重要力量，目前全省现存外资企业 1.5 万多家，投资总额 2711.3 亿美元，注册外资 1152.3 亿美元，2017 年实现进出口 5686 亿元，完成营业收入 1.8 万亿元，外资投资企业纳税总额 1117.9 亿元，占全省税收的 25.3%；吸纳就业 151.5 万人，占全省的 2.3%。

我省对外开放40年积累的基本经验*

——纪念改革开放40周年系列调研报告之三

开放发展是时代的最强音，是推动山东走向未来的生命线。回顾我省对外开放40年，特别是党的十八大以来的工作实践，有许多宝贵经验值得总结。

一、坚持对外开放不动摇，聚心聚力，引领发展

实行对外开放，是党中央根据国际形势发展变化和党的中心工作要求制定的重大战略，是建设有中国特色社会主义的一项基本国策。40年的实践证明，改革开放是经济社会发展进步的活力源泉和永恒动力。山东过去40年的历史性变化，得益于改革开放，实现"两个走在前列，一个全面开创新局面"的总目标，仍然要靠改革开放。我们始终坚持解放思想与扩大开放相统一，以解放思想为先导，用邓小平理论、"三个代表"重要思想、科学发展观和习近平新时代中国特色社会主义思想武装头脑，为扩大开放提供了思想武器和理论指导。我们始终坚持对外开放与深化改革相促进，以开放推改革、以改革促开放，极大地调动了各方面参与国际竞争与合作的积极性、创造性，有力地推动了全省经济社会发展。我们始终坚持对外开放与山东特色相融合，从沿海率先开放，东西结合推进开放向纵深展开到迈进新一轮高水平高质量对外开放的新阶段，四个十年，四个阶段，每个阶段都有中国特色、时代特征、山东特点的鲜明印记。实践证明，只有坚定不移地推进改革开放，把改革开放贯穿于建设现代化强省的全过程，才能不断拓展新空间，增创新优势，再创新辉煌。

二、坚持高层推动开放机制，一以贯之，常抓不懈

改革开放40年来，山东省委、省政府主要领导始终亲自研究开放工作，亲自推动重大项目，亲自争取重要政策，亲自参与重点活动，高层推动、高位对接，形成了良好的开放发展氛围。2017年，为深入贯彻习近平新时代中国特色社会主义思想，落实《中共中央、国务院关于构建开放型

---

* 作者：贾善和、苏元茂。

经济新体制的若干意见》，在省委、省政府领导的亲自推动下，出台了《中共山东省委山东省人民政府关于推进新一轮高水平对外开放的意见》，召开了全省开放型经济发展大会，省委书记刘家义、省长龚正出席会议并讲话，1.9万人参加了会议，全省上下形成了一心一意谋开放、聚心聚力促发展的浓厚氛围。在重大政策争取上，省领导亲力亲为，亲自推动山东自由贸易试验区申建、中国—上合组织地方经贸合作示范区建设、中日韩地方经济合作、跨国公司领导人峰会等重大平台落户山东。在重大外资项目引进上，省领导高度重视与世界500强企业及跨国公司的战略合作，精心筹划首届儒商大会、外交部蓝厅推介会、青年企业家创新发展国际峰会、全国工商联主题高端峰会、"3·20中国高层发展论坛山东之夜"、香港山东周、欧美山东周、日韩山东周等重大经贸活动，亲自宣传山东、推介山东，"一事一议"，"一企一策"，推动了一大批引领作用突出的外资大项目。在首届儒商大会和刚刚结束的香港山东周上，省委书记刘家义向海内外人士发出"选择山东，共赢未来"的邀请，更大范围、更高水平地推进招商引资、招才引智，培育壮大新动能，打造对外开放新高地，推动经济高质量发展，加快新时代现代化强省建设。实践证明，高层推动引领开放能够提高决策效率、行政效能，加快政策、项目、资金落地，给投资者和企业家以创新创业信心，具有鲜明的工作导向和示范作用，是构建开放型经济新体制、形成全面开放新格局的强大保证。

三、坚持主动对接国家战略，围绕中心，服务大局

党的十八大以来，习近平总书记高瞻远瞩，审时度势，提出建设"新丝绸之路经济带"和"21世纪海上丝绸之路"的合作倡议。山东作为"一带一路"海上战略支点、新亚欧大陆桥经济走廊的重要沿线地区，主动融入国家开放大局，深耕"一带一路"合作，鼓励企业在探索中前进、在创新中发展、在互惠中壮大，山东制造、山东建设、山东服务受到越来越多国家的欢迎。发挥我省丝路交汇、连接日韩与欧亚大陆的枢纽优势，整合欧亚班列资源，打造我省与沿线国家经贸合作重要通道。支持企业到"一带一路"沿线国家建立国际营销网络，探索建立海外仓库、物流基地和分拨中心。利用出口信贷、出口信用保险等政策，推动大型成套设备、机电产品和高科技产品出口，与"一带一路"沿线国家的贸易往来不断扩大，双向进出口占全省的27%，东盟取代韩国跃升为我省第二大贸易伙伴，为稳定我省对外贸易发挥了重要作用。在全国率先开展省级境外经贸合作区建设，纳入商务部统计的13家境外经贸合作园区（全国共99家），累计完成

投资 361.9 亿元，居全国首位，其中 9 家布局在“一带一路”沿线国家，4 家成为国家级，对沿线实际投资占全省的 26.7%，对外承包工程营业额占 59.6%，合作内容涵盖农林开发、能源资源、加工制造、物流运输、基础设施等多个领域，合作方式从传统的商品和劳务输出为主向资本、技术、标准等方面拓展，拓宽了经济发展空间。实践证明，发展更高层次的开放型经济，需要我们把握开放大势，乘势而上、顺势而为，推动形成全省陆海内外联动、东西双向互济的开放格局。

四、坚持充分发挥区位优势，深耕挖潜，彰显作为

山东地处东亚经济圈的中心枢纽位置，与日、韩经贸交流、人文交往、港航交通密切，每年日、韩到山东达到 206 万人次，常驻山东的日韩籍人士超过 10 万人，现有日资企业约 2000 家，韩资企业约 4300 家，2017 年源自日本、韩国的投资，占日本、韩国对华投资的 19%和 49.3%，对日韩出口 2123.6 亿元，占全国对日、韩出口的 13.1%。按照国家部署，我省积极推动中韩自贸区（威海）地方经济合作示范区、中韩（烟台）产业园先后上升为国家战略，与日本建立了多层级战略合作关系，同三菱、住友、伊藤忠、丸红、富士通等 30 多家企业签署了战略合作协议，为深化双方合作奠定了良好基础。当前我国对外开放的外部环境正在发生重大变化，日韩地缘经济回暖，日本、韩国在高端装备制造、新一代信息技术、新能源汽车、节能环保、生物制药、现代海洋等高端制造业以及工业设计、美丽健康、影视动漫等现代服务业具有较强的产业优势，我省与日、韩产业互补性、政策开放性强，合作潜力巨大。下一步，应抓住中日韩自贸区谈判加快推进的有利时机，进一步推动对日、韩高质量“双招双引”，做好对日韩合作的文章。实践证明，立足全国、放眼世界，发挥我省地理区位、资源禀赋、产业基础、文化底蕴等综合优势，才能找准开放工作的切入点和着力点，将区位优势转化为经贸合作优势，借势借力开创山东开放型经济发展的新局面。

五、坚持发挥群众首创精神，勇于实践，鼓励创新

创新是人类进步的引擎，是发展的不竭动力，是改革开放的灵魂。发展活力在基层，创新创造靠群众。20 世纪 90 年代，潍坊诸城等地发挥农产品龙头出口企业的作用，采取订单农业、“企业＋农户”等方式，带动农民增收、农业增效，探索形成了农业产业化的新路子。入世后，潍柴集团坚定不移地实施国际化战略，围绕主业开展国际合作，按照“技术引进—

联合开发—自主创新”的发展逻辑，不断整合全球资源为我所用，构建了协同、开放、共赢的研发体系，形成了“以我为主、链合创新”的潍柴创新模式，使潍柴集团位列中国机械工业百强企业第2位、中国100大跨国公司第24位。兖矿集团坚持资本运作与产业运作相结合，并购澳大利亚一系列煤炭企业、煤炭资源，成为我国煤炭行业大规模走出去的企业。2018年，兖矿集团凭借强劲的业绩增长速度、稳健的经营实力和国际竞争力，首次跻身《财富》世界500强行列。近年来，豪迈集团与10多家世界500强企业加强资本、技术和市场合作，成就了全球产能最大、技术领先的轮胎模具制造商，世界前100的轮胎企业中，超过80%的成为豪迈客户。实践告诉我们，推进改革开放，实现高质量发展，必须紧紧依靠基层企业，充分尊重人民群众的创造精神，尊重实践、鼓励创新，只有充分调动广大企业群众的积极性、主动性和创造性，就一定能战胜困难风险，不断推动经济社会向前发展。

六、坚持以变应变抢抓机遇，主动作为，占领先机

改革开放40年来，面对各种困难挑战，全省上下不等不靠，敢闯敢试、敢为人先，确保了开放型经济在高质量发展轨道上行稳致远。开放初期，我省贯彻中央沿海经济发展战略，推动青岛、烟台两市列入全国14个沿海开放城市并设立青岛、烟台经济技术开发区，一举奠定了山东在全国开放格局中的地位。20世纪90年代初期，我省抢抓中韩建交机遇，不断扩大深化对韩合作，韩国连续9年成为我省最大的贸易合作伙伴，凸显了山东对韩合作的优势地位。当前我国经济运行稳中有变，面对国际国内的风险和挑战，国家以庆祝改革开放40周年为契机，连续出台一系列开放文件，年前中央还将出台扩大开放的政策措施。2018年，省委、省政府在推动开放方面也是连出“组合拳”，上合组织青岛峰会圆满成功有力提振了全省上下的信心与决心，实施新旧动能转换重大工程夯实了开放发展的产业基础，南方考察学习引发了各级干部发展理念的变革创新，连续组织的儒商大会、香港山东周、欧美山东周等系列活动，为开放工作搭建了高能级平台。思路决定出路，格局决定结局。面对国际国内环境的深刻变化，只有变中寻机、化危为机，才能在新一轮对外开放中抢占先机、赢得主动、率先发展。

当前，我国开放事业历经40年的辉煌历程，进入了新的发展阶段。面对国际国内经贸格局的深刻变化，我们更要认真总结和发扬40年来的宝贵经验，实施更加积极主动的开放战略，树立全球视野、战略思维和省

情意识，统筹国际国内两个大局，用好国际国内两个市场、两种资源，坚持双向开放并举、投资贸易并重、内外贸一体，在国际国内市场相互补充中拓展发展空间，在国际国内资源相互流动中实现优势互补，全力打造对外开放新高地，重塑山东开放型经济发展的新优势，为全省经济社会发展做出更大贡献。

我省对外开放40年的前景展望*

——纪念改革开放40周年系列调研报告之四

2018年6月，习近平总书记视察我省，提出山东要“主动融入国家开放大局，提高开放水平，扩大高质量招商引资，深度融入‘一带一路’建设，把山东打造成为对外开放新高地”重要指示，为我省开放指明了方向，提供了遵循。全面落实习近平总书记重要指示要求，需要全省上下自觉践行新发展理念，深入推进供给侧结构性改革，牢牢把握“打造对外开放新高地”的目标定位，树立世界眼光、国际视野，把握国家战略、山东优势，探索新的开放方式、开放路径，以新一轮高水平开放实现高质量发展。

一、推动形成全方位开放格局

贯彻落实省委、省政府进一步扩大开放、加强招商引资招才引智等工作部署，实施更加积极主动的开放战略，以开放引领创新、倒逼改革、激发动能、促进发展。

（一）申建自由贸易试验区

围绕服务国家战略实施，着眼于将自贸试验区打造成为中日韩区域深度合作的示范区、构建开放型经济新体制的先行区、服务全国面向世界的沿海开放新高地的战略定位，充分发挥山东优势，在复制推广前四批自贸试验区改革试点经验的基础上，加大中国（山东）自由贸易试验区申建创建工作力度。

（二）构建东西互联国际大通道

发挥我省港口优势，大力发展铁海、陆海等多式联运，构建面向日韩、辐射东南亚、西接欧亚大陆的东西互联互通国际大通道，以高效的物流驱动资源集聚、要素集约配置、功能集成优化以及产业集群发展，通过构建“大通道”，发展“大物流”，促进“大通关”，实现“大合作”，不断深化我省对外经贸合作内涵，拓展全球发展空间，重塑我省开放型经济发展的新优势。

（三）抢抓中日韩合作机遇

抓住中日韩自贸区谈判加速推进的有利时机，巩固提升中韩（烟台）

---

* 作者：贾善和、苏元茂。

产业园、中韩自贸区(威海)地方经济合作示范区建设,支持青岛申建中日韩地方经济合作示范城市,重点在金融服务、高端制造、经略海洋、节能环保等领域加强与日韩的深度合作。

(四)强化跨区域开放合作

主动对接融入京津冀协同发展战略、长江经济带发展战略和环渤海地区合作,建立项目对接、平台共建和利益共享机制,提升区域开放合作层次水平。积极承接北京非首都功能疏解和京津冀产业转移,落实与先进省份交流合作协议,搭建区域产业配套协作、技术转移转化、企业常态化交流等平台,发挥各自比较优势,深化战略合作,推动实现互利共赢、共同发展。

二、塑造外贸竞争新优势

加快外贸转动力、调结构,加大国际自主品牌培育,塑造竞争新优势,推动外贸高质量发展,推进贸易强省建设。

(一)积极应对国际经贸摩擦

跟踪分析国际经济形势变化,研究制定精准应对举措,强化重点地区、重点企业、重点行业分类指导。深入实施“国际市场开拓百展计划”,启动开拓十大新兴市场专项行动,筛选国际知名展会,加大展位补贴支持,帮助企业开拓多元化国际市场。组织参加中国国际进口博览会,借势借力推动进出口平衡发展。支持外贸企业借助电商平台,加快内销品牌建设,引导外贸企业加大内销力度,实现内外贸一体化发展。

(二)加快推进外贸转型升级

利用倒逼机制,引导企业着力推进贸易平台、国际品牌、外贸转型升级示范基地和全球营销网络建设,加快外贸结构转型升级步伐。发挥外贸综合服务企业,跨境电商、市场采购方式等新业态新模式的带动作用,培育新的外贸增长点。按照“特色产业集群+国际自主品牌+跨境电子商务+外贸综合服务企业+公共海外仓”五位一体发展模式,开展外贸转型升级示范县试点。推动先进制造业和现代服务业深度融合,大力发展服务贸易,开展数字服务出口基地建设,提高对外贸易增加值、附加值,更好地实现高质量发展。

(三)提升贸易便利化水平

紧紧抓住外贸稳增长“四个清单”,实施贸易便利化专项行动,加快推进电子口岸和国际贸易“单一窗口”建设,逐步推行进出口企业注册、通关、退税全程无纸化。降低涉港收费标准,减少整体通关时间,缩短出口退税周期。优化“银关保”担保模式,落实全省小微外贸企业出口信用保险统保平台政策,用好国家信保出口融资政策,改进贸易融资环境。

三、加大利用外资力度

积极对接新旧动能转换重大工程、对接世界500强及行业领军企业、对接中小企业投资合作需求、对接国际高标准规则体系,不断扩大利用外资规模,提高利用外资质量。

(一)打造高层次招引平台

精心组织实施儒商大会、跨国公司领导人青岛峰会、青年企业家创新发展国际峰会等重大经贸活动,打造具有国际影响力的“双招双引”品牌。举办香港山东周、日韩山东周、欧美商务周、“选择山东”全球路演等系列招商推介活动。发挥全省海外经贸办事机构作用,构建全球化“双招双引”工作网络。

(二)创新招商引资方式

发布“十强”产业链招商指导目录,组建专业化招商队伍,大力开展定向精准招商。突出企业主体地位,以商招商、以企招企,加强与跨国公司的资本对接、品牌对接、渠道对接、技术合作。强化亲情招商,加强与海内外山东商会、同乡会、校友会等社团组织的沟通联络,搭建联系交流平台,用乡情、亲情、友情、真情推动人才回乡、项目回归、资金回流。推动中小企业国际双向投资促进平台建设,探索支持中小企业投资促进的新机制。

(三)提高利用外资质量

用足用好国家扩大开放的政策措施,紧紧围绕新旧动能转换重大工程,落实全省招商引资招才引智大会精神,聚焦重大基础设施、重大科技创新和“十强产业”,着力引进战略性、引领性、支撑性的重大项目,以“四新”促“四化”实现“四提”。实施山东省与世界500强和行业领军企业合作三年行动方案,大力引进总部经济及功能性机构。支持企业通过境外投资带动返程投资、技术合作,引进国际先进理念、资本、技术、品牌、人才等高端要素,打造以我为主的产业链、价值链。

四、深度参与“一带一路”建设

主动对接国家战略,发挥山东特色优势,加强与“一带一路”等新兴市场合作,拓宽我省开放发展的国际空间。

(一)建好中国—上合组织地方经贸合作示范区

发挥青岛作为国家“一带一路”建设中“新亚欧大陆桥经济走廊主要

节点、海上合作战略支点”的“双定位”优势，对接国际多双边经贸合作机制，落实青岛与上合组织实业家委员会战略合作备忘录，建设“一带一路”地方经贸合作全球化新平台，打造面向上合组织国家的开放合作高地。

（二）加强国际产能合作

针对山东传统产业占工业比重约70%、重化工业占传统产业比重约70%的现状，在纺织服装、电子家电、橡胶轮胎、化工等优势行业领域建立重点企业国际产能合作项目台账，通过“走出去”转移一批富余产能，实现腾笼换鸟。实施跨国公司培育三年行动计划，支持有实力的企业并购境外优质资源、先进技术和品牌，促进企业“走出去、走进去、走上去”，培育一批源自山东、根植山东、服务山东的跨国企业。引导承包劳务企业开展商业模式创新，以EPC+F、BOT、PPP、建营一体化等多种模式，实现对外承包工程业务升级。建设高端劳务基地，促进劳务企业转型发展。

（三）建设境外合作平台

积极对接商务部“丝路明珠”工程，充分发挥我省“一带一路”沿线境外经贸合作园区作用，建立海外仓库、物流基地和分拨中心等，加快境外合作区科学布局、梯次培育，形成加工制造型、资源利用型、农业产业型，商贸物流型、科技研发型、综合开发型等优势互补、良性互动的产业集聚区，打造国际产能和装备制造合作的重要平台和载体。

五、推动开发区创新发展

开发区是对外开放的重要阵地，必须围绕提升产业集聚水平，坚持改革引领、开放带动、创新驱动、突出特色、协调发展。

（一）加快体制机制创新

推动出台《促进开发区高质量发展的若干措施》，开展省级开发区体制机制创新试点，组织实施园区提升专项行动，按照放权、搞活、减负的原则，深化园区管理体制、运营机制、建设模式和干部人事薪酬制度改革，激发开发区发展活力。支持开发区建设各类创新创业公共服务平台，打造新旧动能转换先行区、引领区、示范区。

（二）加快特色园区建设

加大特色产业园区、生态工业园区、循环化改造园区、产才融合发展示范园区和产城融合示范区创建力度，推动各类优质要素向园区集聚，促进园区产业集群扩规模、创特色、上水平，建成与世界500强及行业领军企业合作的产业高地。加快济南、青岛、潍坊、泰安等地中德产业园以及其他国际合作园区建设。支持园区开展一区多园、区中园等市场化改革试点,鼓励社会资本投资建设。

(三)调整园区发展格局

推动海关特殊监管区域整合优化、提升功能,更多地向中西部地区倾斜布局。推动15家国家级经济技术开发区与西部开发区开展合作共建、对口帮扶,促进区域经济协调发展、联动发展。鼓励各市选优配强园区领导班子,完善园区评价考核办法,强化对开发区的考核激励,发挥好开发区机制引领、辐射带动的作用。

六、优化开放发展环境

坚持把营造一流营商环境作为开放发展的最大法宝,深入推进“放管服”改革,为企业发展提供“保姆式”服务,当好企业发展的“店小二”。

(一)营造高效便捷的政务环境

结合机构改革调整,转职能,转方式,转作风,全力推进“一次办好”改革,从体制创新、机制创新、制度创新、环境创新等方面创新管理、优化服务。组织开展优化营商环境专项行动,每年评价17地市营商环境。全面实施外商投资企业服务大使制度,对重大招商引资项目实行全程代办和专员负责制,构建全方位的外商投资服务体系。

(二)创造公平竞争的市场环境

落实外商投资准入前国民待遇加负面清单管理模式,大幅度放宽市场准入,在资质许可、标准制定、投融资、招标投标、政府采购、高新技术企业认定、政策扶持等方面,对内外资本一视同仁、平等对待。

(三)打造公正规范的法治环境

加大守信激励、失信惩戒力度,开展“双招双引”违约失信问题专项整治。加强知识产权保护,集中整治侵犯专利权、商标权、商业秘密等知识产权问题,构建快速审查、确权、维权、反馈的侵权查处快速反应机制。完善涉外商事案件快速化解机制、外商投资企业投诉协调机制,积极调处外商投资企业纠纷,有效维护投资者合法权益。

打造东西国际大通道 重塑山东开放型经济发展新优势*

习近平总书记2013年视察山东时，要求山东“要适应经济全球化新形势，实行更加积极主动的开放战略，充分利用沿海的独特地理位置，努力塑造开放型经济发展新优势”。在2018年全国两会期间参加山东代表团讨论时，习近平总书记对山东提出“加大改革开放力度，重塑开放型经济发展新优势”的新要求。贯彻落实总书记重要指示精神，需要我们立足山东的基础和优势，积极融入“一带一路”建设，全力构建面向日韩、辐射东南亚、西接欧亚大陆的东西互联互通国际大通道(简称“东西国际大通道”)，加快形成山东陆海内外联动、东西双向互济的开放格局，重塑开放型经济发展新优势。

一、山东构建东西国际大通道意义所在

山东省第十一次党代会报告指出：“实施新一轮高水平对外开放。充分利用沿海独特地理位置，着眼塑造开放型经济发展新优势，加快构建开放型经济新体制，进一步优化山东开放战略布局。深度参与‘一带一路’建设，践行丝路精神，深化产业、人文等合作，在建成和平、繁荣、开放、创新、文明之路中发挥积极作用。”基于以上定位，山东构建东西国际大通道，可以把陆海统筹、内外联动、东西互济等方面的开放理念和战略谋划进一步落到实处，充分发挥山东独特地理位置优势和在东亚物流体系中的枢纽节点作用，建立起面向日韩、辐射东南亚、西接欧亚大陆的东西互联互通国际大通道，从而实现陆海有机衔接，更好地践行丝路精神，在“一带一路”倡议及中日韩自贸区开放格局中更好地展示山东特色，体现山东担当，彰显山东地位。

---

* 作者：张义英、贾善和、贾继庆、孙羽、马俊、徐丽、刘志。

(一)提升山东融入"一带一路"的区域发展战略地位

"一带一路"外接全球市场、内助区域协同，要求我国与各参与国之间实现经济要素有序流动、资源高效配置、市场深度融合。山东构建东西国际大通道，旨在把"海上丝绸之路"与"陆上丝绸之路"有机联结起来，向西能把"一带一路"市场融入进来，向东更加紧密联系日韩，辐射东南亚。一方面，有助于我省企业更多地参与"一带一路"建设，为我省企业布局中亚、欧洲市场，拓展国际合作新空间提供有力支撑；另一方面，有助于促进日韩、欧亚大陆两个全球大市场互联互通，将山东由"一带一路"末端提升为"一带一路"的枢纽，更好地发挥战略支点作用，形成区域发展优势，担当起国家赋予的重要使命。

(二)抓住中日韩自贸区机遇的有效途径

我国与日韩货物贸易量 2017 年达到 39485.2 亿元，占全国货物贸易总量的 14.2%。我省对日韩出口 2123.6 亿元，占全国对日韩出口的 13.1%，占全省出口的 21.3%。山东是日韩重要合作伙伴，也是日韩对华投资的主阵地，2017 年源自日本、韩国的投资占日本、韩国对华投资的 19%和 49.3%。值得特别关注的是，当前我国与日韩的经贸合作形势正在发生积极变化：2018 年 4 月 16 日，第四次中日经济高层对话在东京举行，双方提出扩大互利务实合作，促进中日经济关系提质升级，促进两国企业开展第三方市场合作；中韩 FTA 第二阶段谈判正式启动；中日韩也举行了自贸区第十三轮谈判。在此形势下，我们应该抢抓机遇，加快构建东西国际大通道。这不仅有利于发挥山东经济发展特别是开放型经济发展的优势，更有利于山东抓住中日韩自贸区机遇，更好地发挥山东在东亚和东北亚地区的重要作用，带动其更好地响应"一带一路"倡议，促进地区经济发展与繁荣。

(三)重塑出口大通道的比较优势

我省相对便利的陆路运输条件和港口资源，历来是我国东部货物出海的重要通道。近年来，郑州、重庆等中西部地区贸易大通道的建立，给我省带来了较大冲击，如果不采取主动应对措施，现有的优势会进一步弱化。河南郑州大力发展中欧班列，对 1500 公里以内的货源实行免费集结、给予运营公司支持等政策，与日本、韩国等国家和地区合作实现海铁、空铁联运，境外以德国汉堡、慕尼黑为中心，班列网络通达欧盟多国，货源地辐射到全国。外贸出口地的选取是企业综合考虑便利性和成本等因素而作出的市场选择，快捷、低成本的运输体系和高效的出口通关是能够吸引货源的一个十分重要的前提。因此，构建东西国际大通道可以吸引更多出口货源，有效巩固我省的既有优势。

（四）实施新旧动能转换重大工程的现实需要

实施新旧动能转换重大工程，再造我省区域功能优势，也迫切需要构建东西国际大通道。山东在全国区域发展格局中一直处于优势地位，但产业结构较重，新动能成长不快，发展活力不足，导致优势减弱。特别是近年来周边地区发展形势逼人：京津冀协同发展势头强劲，北京“瘦身提质”、天津“强身聚核”、河北“健身增效”，雄安新区定位“千年大计、国家大事”，未来发展不可限量。长江经济带生机勃勃，上海建立了首个自由贸易试验区，正全力申建自由贸易港，将引领长江经济带进入发展新阶段。中原经济区异军突起，随着郑州航空港经济综合实验区、郑洛新国家自主创新示范区、中原城市群等重大建设的展开，区域发展地位猛升。

与之相比，作为东北亚经济版图的重要一极，近年来受地缘政治变化影响，山东参与“一带一路”等国际合作的区位优势弱化，对外合作的海上大通道优势没有充分发挥出来。加快构建东西国际大通道，以大物流吸引人流、技术流、资金流汇集，形成区域性结算中心、技术研发中心、先进制造业集聚中心，将有助于推动我省新旧动能转换，并为中日韩自贸区提供强力支撑。

二、广西打造开放大通道的做法可资借鉴

2017 年以来，广西大力推动中新互联互通南向通道建设，在中新（重庆）战略性互联互通示范项目框架下，以重庆为运营中心，以广西、贵州、甘肃为关键节点，中国西部相关省市区与新加坡等东盟国家通过区域联动、国际合作，共同打造有机衔接“一带一路”的国际陆海贸易新通道。南向通道建设短短一年来得到了各方呼应，取得显著成效，值得我们学习借鉴。

（一）主动对接国家战略争取支持

广西在打造南向通道过程中，鲜明提出这一通道服务于“一带一路”倡议，有利于我国与“一带一路”沿线国家紧密合作、共同发展；有利于我国与东盟、中亚、东欧等地实现“五通”，促进中国—东盟自贸区升级建设，加快形成中国—东盟命运共同体；有利于加大西部开放开发力度，优化区域开放布局，以物流畅通吸引产业集聚、驱动经济发展。因此，南向通道建设获得了国家层面的大力支持。国家发展改革委员会将南向通道纳入国家“一带一路”重大项目库。2018 年全国两会期间，广西、重庆、青海等 8 省市区的 23 位政协委员联名提案、广西代表团提交议案以及 3 月外交

部向中央建议，都是将南向通道上升为国家战略。

（二）加强机制化合作形成合力

渝桂黔陇四省市区商定共同加强对南向通道的顶层设计。2017年8月底，四省市区政府签订了框架协议，联合制定了2018年工作计划，各自内部也成立了协调领导机构。四地海关签署支持合作备忘录，并探索与越南、新加坡等开展新型通关模式改革试点。广西于2017年底出台了具体工作方案，正在制定相关政策措施；还与新加坡贸工部签订了合作备忘录及共建中新南宁国际物流园的合作框架协议。广西壮族自治区政府建立了由主要领导亲自指挥、多部门通力合作的工作机制，专门成立了南向通道办公室。

（三）南向通道基本进入常态化运营模式

广西与重庆联合成立了海铁联运运营平台公司，分别占股49%和51%。南宁、成都铁路局对南向通道集装箱运价给予30%下浮优惠。2017年9月，重庆至北部湾港的海铁联运班列进入常态化运营；11月，北部湾至香港班轮、至新加坡集装箱班轮开通；中越友谊关国际口岸货运专用通道正式开通，南宁—越南河内集装箱专用班列实现常态化运行，中欧班列（钦州—波兰马拉舍维奇）成功对接。截至2018年3月中旬，海铁联运班列共发行116列，下行班列实现“天天班”。南向通道打通后，原来重庆货物出口需经长江航道运至上海，历时14天左右；现在由重庆到广西北部湾港仅需两天时间，再至新加坡，海运时间约6天，全程节省20天左右，可大大降低时间成本和国际物流成本。

（四）整合利用各类资源提供发展支撑

广西防城、钦州、北海三港实施跨区整合，统称“广西北部湾港”，实行“四统一”管理，不仅管理体制运行更加高效、对外开放开发格局更加宽阔，而且从根本上避免了三港同质化无序竞争。南宁海关全力支持北部湾港一体化进程，实施集疏运一体化改革，优化监管流程，对在三港间驳运的集装箱货物，实行“同城互认”，压缩了1/3的口岸通关时间。延伸中越公路货运直通车，积极探索加快推进中越“两国一检”通关试点工作，打造便利化的陆海转运枢纽，使跨省、跨国联运效率更高，成本更低，为南向通道聚合能量，提供保障。

三、山东在构建东西国际大通道方面前景可期

构建东西国际大通道，重点应依托我省沿海港口集群，突出日韩、东南亚跨境贸易、转口贸易，在中欧班列的基础上，通过进一步发展陆海联

运、多式联运、国际中转集拼等，实现以贸易带动投资，吸引各类生产生活要素聚集，促进形成物流大通道。从目前来看，这既有可能，更有必要。

（一）得天独厚的区域位置、基础设施和交通优势为构建东西国际大通道奠定了坚实的基础

山东地处东亚经济圈的中心枢纽位置，具备良好的港口资源，铁路、公路运输体系发达完善，是全国唯一拥有3个吞吐量超3亿吨港口的省份，吞吐量位居全国第二；依托"海上丝绸之路"，沿海港口城市间互联互通日益密切，青岛、烟台列入"海上丝绸之路"重要节点城市，日照建设中亚航贸服务中心，威海打造中韩物流枢纽，济南列入全国17个主要铁路枢纽节点。我省是全国首个开展中韩陆海联运汽车货物运输的省份，2010年以来，已有青岛、烟台、威海、日照、石岛、龙眼等6个口岸分别与韩国仁川、平泽、群山等3个港口开通了6条集装箱甩挂运输通道，累计完成进出口集装箱甩挂车3000余辆次，货值7.7亿美元。其中，威海每周有10多个到韩国的往返海运班次，是中韩海上航线密度最大、运距最短的城市；石岛—群山通道2018年4月初开始增加到每周6班，并实现了石岛—群山—釜山到日本大阪（下关、东京）转关延伸，即集装箱从石岛港经海运运抵韩国群山港，后经陆路运输运抵韩国釜山，再从釜山经海运运抵日本大阪等地。主要东向货物为服装、日用品，货源60%～70%来源于我省，其余为天津及义乌等地货物；从日本返程运输的西向货物主要为发电机、零部件等。这都为我省打造东西国际大通道奠定了良好基础。

（二）中欧中亚班列的开行为构建东西国际大通道增强了内在吸引力

2015年以来，为积极融入"一带一路"建设，打造陆路贸易通道，包括山东、重庆、郑州在内的多个省市开行了中欧班列。其具有用时短、费用少的优势。据山东高速国储物流公司综合测算，从济南到莫斯科，通过中欧班列比通过海上运输节约成本40%左右。特别是近年来，我国积极推动与沿线国家铁路、海关等方面合作，简化国际铁路运输过境手续，中欧班列运行效率有了较大提高，运输价格、运行时间总体上比初期下降了30%左右。2016年，山东共开行欧亚班列279列、9070车，运输货物29.9万吨，比2015年分别增长162.8%、63.3%和128.8%。2017年以来，多市开行中欧中亚班列。截至目前，共有济南、青岛、威海、潍坊、淄博、滨州、临沂、日照8市开行了14条线路，行经10多个国家，分别由山东高速国储物流公司、中铁联集青岛集装箱中心站等9家公司运营，货源主要是本地产品和日韩电子产品、汽车轮胎、二手汽车、机械设备等过境货物。中欧中亚班列的开通，为山东打造东西国际大通道提供了更强的现实可能，也注入了更为实在的内涵。

（三）日益壮大的贸易规模为构建东西国际大通道提供了有力支撑

从我省对欧贸易看，2017 年全省对欧洲出口 1924 亿元，占全省出口的 19.3%；进口 1041.4 亿元，占全省进口的 13.3%，主要产品为机械设备、电子产品、仪器仪表等。通过中欧中亚班列不仅具有较大规模优势，而且具有品种优势。从我省对日韩贸易看，韩国、日本是我省的第二、第三大贸易伙伴，2017 年与我省的贸易额分别是 1949.2 亿元和 1447 亿元，占全省外贸总额的 19.2%。从日韩对欧亚大陆贸易看，日韩对欧洲和中亚的贸易额占日韩贸易总规模的 15%左右。2017 年日本、韩国对欧洲中亚出口分别达到 869.8 亿美元和 753.2 亿美元，占日本出口的 12.4%、韩国出口的 13.1%，主要是汽车及汽车零部件、工程机械、电器及电子产品、橡胶制品、服装等；从欧洲、中亚进口分别为 888.2 亿美元和 759.9 亿美元，占日本进口的 13.2%、韩国进口的 15.9%，主要有汽车、医药、光学仪器、服装皮革制品、棉花等。韩国三星、LG 等大企业每周有 60～70 个集装箱标箱运往中亚和欧洲。可以设想，如果山东的东西国际大通道建立起来，这将是一条颇具竞争力的“黄金通道”。

（四）日韩政商界对山东区位优势的重视和认知为构建东西国际大通道增添了新期待

2018 年 3 月，我省在日韩举办以“新发展、新机遇、新开放、新环境、新愿景”为主题的“2018 山东商务周”，推介我省新旧动能转换重大工程，积极推动“一带一路”共融合作，得到了日韩政商界的积极广泛响应。活动期间，韩国产业通商资源部通商协力局李镐俊局长表示：“广东对面有香港，福建有台湾，而山东有韩国啊。”日韩方面都表示希望与山东加强全方位交流，特别是与“一带一路”的对接，推动东北亚区域经济实现更深层次合作。日韩方面对我省开行多个中欧中亚班列非常关注，认为这是通往中亚、欧洲贸易通道的一个重要选择，是双方企业开展“一带一路”沿线第三方市场合作的重要支撑。日本物流企业——日本通运已初步确定与哈萨克斯坦国家铁路公司合作，2018 年启动连接欧洲的货物运输服务。威海港国际物流公司反映，威海惠普、烟台富士康、LG 等企业对合作开展中欧中亚班列运输都有较为强烈的愿望，希望我省的中欧中亚班列能够保持稳定运营。

（五）有利于借此大通道吸引日韩实体产业向山东转移

韩国、日本一直是我省实体经济引资的主要来源地，截至 2017 年底，我省累计吸引韩资 378 亿美元、日资 110.4 亿美元，占累计吸引外资的

23.8%，日韩投资制造业占其全部投资的比重分别为 92.7%和 85.1%。我省构建东西国际大通道，将为日韩在华企业的进出口商品运输提供更加便利的条件，对于吸引日韩制造业特别是电子、汽车、机械等行业企业到山东投资将十分有利。构建东西国际大通道，我省与日韩、中亚、欧洲等国家地区的互联互通水平将会进一步提升，贯穿东西的中欧中亚班列等运行时间将不断缩短，运输价格会继续降低，呈现出运距短、速度快、安全性高、稳定性强的优势，特别对货值较高、交货时限有较严格要求的电子产品、汽车零部件、精密机械等更加适宜，对这类日韩企业也就会更具吸引力。事实上，一些日韩企业已经看到其中蕴藏的商机和发展趋势，提前进行了布局。例如，日本小松逐渐将在中国的生产重心集中到济宁，先后投资了液压件、叉车、铸钢、履带、材料实验中心等项目，分步骤整合零部件工厂，吸引了日本胜代机械、大京机械、东洋热交换机等 10 多家外国企业跟进投资，培育了济宁锐博、恒松机械等一大批本土零部件骨干配套企业。目前，小松在济宁生产基地的主机主要是在中国本土销售，但在发展战略上，就包含了开拓中亚、欧洲等国际市场的空间（见表 1）。

表 1　　2017 年小松山东出口部分国家情况

出口国家	出口产品	出口金额（万元）
英国	履带总成、支重轮	7739.5
俄罗斯	液压油缸、履带总成、支重轮、链轨总成、托轮	3321.7
意大利	液压油缸、履带总成	1624.7
比利时	支重轮、链轨总成、托轮等	109.3
日本	链轨节、螺栓	4936
印度	履带总成、支重轮、链轨总成等	7393.7
泰国	液压油缸、支重轮、托轮	5529.8
印尼	销套、下料件	179.4

韩国现代汽车集团在日照布局了发动机、变速箱、模具、动力传动系统等零部件项目，在烟台设立了现代汽车（中国）研发中心，分别成为现代汽车集团在海外最大的动力生产基地和海外唯一的新能源汽车研发中心。日照汽车零部件生产基地项目带动引进了 15 家配套韩资汽车零部件企业。现代汽车在日照生产的发动机有 58%出口到俄罗斯、韩国等国家（见表 2），42%供给北京现代和盐城东风悦达起亚。

表 2　2017 年现代威亚发动机出口部分国家情况

出口国家	出口数量	占出口比重
俄罗斯	17 万台	56.5%
韩国	9.5 万台	31.6%
出口总量	26.5 万台	

四、措施及建议

(一)着眼于“大通道”,把打造东西国际大通道作为重塑山东开放型经济新优势的重要抓手和切入点

东西国际大通道以山东为枢纽,东部与日韩以及部分东南亚国家合作,西部吸收部分中国省市区参与,与欧亚大陆相连接,通过促进大物流、畅通大通关、开展大合作、搭建大平台,实现跨区域联动、国内外合作,共同构建衔接“一带一路”的国际陆海贸易新通道。这是贯彻落实习近平总书记关于山东“两个走在前列”和“重塑开放型经济发展新优势”重要指示的关键抓手,是适应国际国内新形势实现山东新旧动能转换的重要切入点,也是我省开放格局的重大调整,以此可有效破解我省对外开放所面临的瓶颈制约,加快推进新一轮高水平对外开放,打造开放型经济发展新高地,推动形成全面开放新格局,主动融入“一带一路”建设。

(二)着眼于“大物流”,不断创新“中欧中亚班列+陆海联运”的运营模式

构建东西国际大通道,向东与日韩的陆海联运,向西与欧亚大陆的中欧中亚班列,是这条大通道的两翼,也是这条大通道的生命线。我们应针对当前运营中存在的问题,学习借鉴广西等地的经验,不断创新模式。建议:一是优化整合中欧中亚班列。目前,我省开通的中欧中亚班列由于缺乏统筹协调机制,存在货源较少、开行不稳定、运营成本较高和经济效益不佳等方面的问题,而且绝大多数都是上行班列,下行基本空返,造成了一定的资源浪费。为此,应加强统筹规划,重点在班列的线路整合、班次加密、回程开发、终端延伸等方面加大工作力度,为“大物流”的形成奠定基础。二是加快联运模式创新。在做好现有中欧中亚班列运行的基础上,不断壮大我省对外贸易和转口贸易、跨境贸易规模,通过进一步发展铁海联运、多式联运、国际中转集拼等,形成符合山东实际的“中欧中亚班列+陆海联运”新模式,打造独具山东特色的东西国际大通道。三是坚持市场化运作。支持省内有实力的交通运输物流企业和港口集团，与中铁、中国外运、沿线国家重点铁路物流公司等采取成立联营公司，或者建立合作联盟等方式，引进日韩或欧洲跨国物流企业作为班列运营主体，集成中外资源优势，走市场化运作的路子，打造利益共同体。四是推动中日陆海联运通道早日开通。早在2010年中日陆海联运通道就已经列入中日韩交通部长级会议议题。目前，中日韩领导人已经就“一带一路”框架下的合作达成共识，建议在中韩陆海联运通道运行的基础上，省交通运输部门积极向两国主管部门提交合作议案，推动早日开通。

（三）着眼于“大通关”，积极探索与之相适应的通关便利化营商环境

构建东西国际大通道，离不开顶层设计、政策协调，离不开港口、铁路的支撑，更离不开便捷高效的“大通关”。建议：一是建立构建东西国际大通道的协调机制。在省级层面建立协调机构，研究制定东西国际大通道的规划和实施方案，指导协调推进各项工作，建立形成常态化的会议沟通、联合调研、通关联通、风险联控、业务专项工作协同等机制。二是着力提升设施联通水平。一方面，围绕省内重点交通设施规划布局调整，积极融入国家京沪物流大通道、青银物流大通道、南北沿海物流大通道、路桥物流大通道建设，提高与国内重点节点城市联通水平；另一方面，加快落实国家《关于贯彻落实“一带一路”倡议加快推进国际道路运输便利化的意见》，做好港口、铁路、公路、航空资源规划布局和资源整合，提升与日韩和沿线国家设施联通水平，尽快形成海铁联运、跨境铁路运输等为主的多式联运体系。三是提高贸易便利化水平。进一步加快政府职能转变，树立大服务理念，加快“放管服”改革，深化大通关合作，做到共享优势、共解难题、共担责任。推动海关“一站式”作业、一体化通关。加快推行国际贸易“单一窗口”标准化建设，实现互联互通。四是积极助推中日韩通关国际合作。加强青岛海关与韩国仁川海关的关际合作机制，进一步扩大中韩AEO互认合作，重启山东—韩国双向检验检疫证书互认试点制度，扩大互认产品数量，推动山东试点中日AEO互认等通关便利化措施，从而形成中日韩互联互通示范项目，打通向东“软通关”陆海通道。

（四）着眼于“大合作”，拓展形成国际大通道框架下的产业经济带

构建东西国际大通道，在促进大物流、畅通大通关的基础上，加快发展转口贸易、跨境贸易，并以此为契机，统筹做好吸引日韩、欧美产业转移的工作，推动我省产业转型升级，打造一条贯穿东西国际大通道的产业经济带。一方面，做大做强转口贸易、跨境贸易。充分发挥山东港口、区位、贸易等优势，认真学习借鉴兄弟省市的经验做法，从我省实际出发，研究

制定鼓励日韩企业通过山东开展转口贸易、跨境贸易的政策措施，吸引其通过东西国际大通道运送进出口中亚和欧洲的产品。加快威海、烟台、日照、青岛等“丝绸之路经济带”交通末梢向跨境贸易物流枢纽城市发展，以高效的物流驱动资源集聚、要素集约配置、功能集成优化以及产业集群发展，全力打造综合保税物流集散中心和跨境电商综合交易平台，为构建东西国际大通道提供更多支撑。另一方面，做优做精产业转移吸引工作。加快中韩（烟台）产业园、威海中韩自贸区地方经济合作示范区建设步伐，科学规划布局一批国别特色园区，依托现有国家级、省级经济园区，规划一批日韩、欧美及中亚国际合作园区。加大招商引资力度，通过欧美商务周、日韩山东周和“选择山东”全球路演等活动，重点围绕新旧动能转换十大产业，进一步加大对日韩、东南亚和欧洲国家的招商引资力度，推动大企业间的高端对接；同时，加强中小企业交流合作，发挥烟台、威海经济技术开发区试点中小企业双向投资促进平台和山东省—巴伐利亚州中小企业国际合作平台的作用，探索中小企业投资促进新机制，促进精准对接。

（五）着眼于“大平台”，有效把国际大通道这一元素嵌入开放型经济当中

构建东西国际大通道，将成为我省新一轮高水平对外开放的创新元素。建议：一是将构建东西国际大通道作为山东的比较优势，积极申建国家自贸试验区及自由贸易港。二是在参与中韩自贸区第二轮服务与投资谈判和承接上合组织青岛峰会中，争取将东西国际大通道列入其相关内容，为中韩（烟台）产业园、威海中韩 FTA 地方经济合作示范区、青岛上合组织地方经贸合作示范区建设等注入引擎。三是积极争取国家在山东举办东亚、欧亚博览会等国家级综合性展会，赋予山东扩大开放更多平台，通过东西国际大通道，进一步扩大山东与东亚、中亚及欧洲经贸合作的广度与深度，提升对外开放的质量水平。

强化开放引领　促进高质量发展

——赴粤、浙、苏学习考察体会*

这次到广东、浙江、江苏学习考察，我们最大的体会是既感叹更震撼。40年来，南方三省坚持勇立改革开放潮头，始终走在全国前列，是我国一以贯之深化改革扩大开放的典型，也是通过改革开放实现强省建设的代表。一路走来，改革、开放、创新的场景应接不暇，干事、创业、担当的精神处处呈现，成绩让我们敬佩，也进一步坚定了我们改革开放的决心与信心，对标先进三省的经验做法对我们有很强的借鉴意义。

启示之一：对外开放是实现高质量发展的必由之路，必须对接国家战略，发挥区位优势，一以贯之，长期坚持

在新的历史时期，改革开放需要再出发。我国经济已深入融入世界经济，进一步扩大开放是我们必然的战略选择。深化各项改革、激发市场活力、优化发展环境、推动高质量发展，都需要更高水平的开放。广东率先迈出开放步伐，一直是我国开放的窗口和旗帜。广东的开放注重区位优势的转化，围绕香港和澳门做文章，从最初建设经济特区、引进港澳"三来一补"项目，到后来提出内地与港澳更紧密经贸关系（CEPA），再到后来的自贸试验区、2018提出的粤港澳大湾区，粤港澳一体化始终是广东开放的主旋律，争取到国家一系列先行先试政策。香港一直以来是广东第一大出口市场、第一大外资来源地，有效带动了广东开放型经济的发展。2017年，广东对香港出口达到11342.4亿元，占全国的58.62%，是我省的40倍，比我省对全球出口还多出1377亿元。港企20年在粤实际

* 作者：贾善和、苏元茂。

投资近3万亿元，占广东利用外资的2/3，占全国利用港资的近30%，仅前海蛇口片区这两年就新引进港资企业7102家，注册资本8705.4亿元。

与山东毗邻的世界第三大经济体日本和亚洲第四大经济体韩国，综合实力、产业竞争力都高于香港和澳门，而按照商务部统计，2017年我省实际使用日资4.15亿美元，占全国的12.7%，列全国第三；实际使用韩资18.1亿美元，占全国的49.1%，列全国第一，但根据韩国官方统计，韩国企业对山东投资3亿美元，占全国的10%，低于江苏的10亿美元和北京的5亿美元，与陕西并列全国第三，对日韩的经贸合作优势远远没有发挥出来。国内开放布局上，南有长江经济带，北有京津冀一体化，西有中原经济区，我省也有被边缘化的趋势。

落实习近平总书记视察山东提出“打造对外开放新高地”的重要指示精神，我们应提高站位、明确定位，主动融入国家开放大格局、大战略，立足全国、放眼世界，找准开放工作的切入点和着力点，发挥我省地理区位、资源禀赋、产业基础、文化底蕴等综合优势，将区位优势转化为经贸合作优势，着力建设中国—上合组织地方经贸合作示范区，创建中日韩地方经济合作示范区，申建山东自贸试验区和自由贸易港，支持青岛建设中日韩地方合作示范城市，加快构建面向日韩、辐射东南亚、西接欧亚大陆的“一带一路”东西互联互通大通道，打造辐射沿黄流域及环渤海湾区的对外开放新高地，在担当作为中彰显优势，在服务大局中实现发展，借势借力开创山东开放型经济发展的新局面。

启示之二：招商引资是对外开放的重要抓手，必须围绕新旧动能转换，加强统筹谋划，创新方式，大力推进

招商引资是改革开放的法宝，是贯穿经济工作始终的生命线。南方三省开放发展的关键就是招商引资、招才引智。广州引进投资610亿元的富士康10.5代8K显示器项目、总投资450亿元的韩国乐金8.5代LCD和OLED面板项目，建成高端显示产业生态圈、产业链；培育规划建设琶洲互联网创新集聚区，吸引了腾讯、阿里、复星、国美、小米、YY、唯品会、环球市场、粤传媒、科大讯飞、TCL、华邦等一批互联网企业聚集。以苏锡常为代表的苏南地区，利用邻近上海的区位优势和辐射带动作用，吸引外资有力促进了电子信息、现代制造、服务外包等高新技术产业集群的发展壮大，南京的软件、苏州的纳米、无锡的物联网、常州的石墨烯、镇江的航空航天产业均已形成先发优势，逐步超越珠三角，成为国内最大的制造基地。浙江围绕构建招商引资“三新”工作格局，推进外资工作实现“七

个转变”，在嘉兴、湖州建设高质量外资集聚先行区，不断创造更有吸引力的投资环境。

2017 年，江苏省利用外资 1427.4 亿元，广东省利用外资 1383.5 亿元，分别是我省的 1.81 倍和 1.76 倍。广州累计引进世界 500 强 297 家，深圳前海蛇口自贸试验区目前已经进驻世界 500 强投资项目 323 家，而我省目前引进世界 500 强仅有 213 家。在总部经济方面，广东近三年累计认定总部企业 370 家，江苏累计引进 180 家跨国公司地区总部和功能性机构、287 家外资独立法人研发中心，我省外资研发中心目前则只有 37 家。我省产业结构层次低，传统产业占工业的比重高达 70%，重化工业占传统产业的比重高达 70%，粤浙苏研究推动的多是互联网、物联网、大数据、云计算、信息技术、生物工程、智能制造、金融服务。近年来，世界 500 强主要投资于“四新经济”，产业结构、产业定位层次低，造成我们与跨国企业对话能力弱、对接难度大。

当前我省正在加快推进新旧动能转换重大工程，面对新兴产业、技术和跨国资本的重新布局，我们应按照产业链垂直整合的思路，紧紧围绕“十强产业”，加强产业规划顶层设计，瞄准世界产业发展趋势和我省短板制约，精心策划“四新”经济招商项目，大力开展产业链招商和定向精准招商，重点推进 49 个重大外资项目；创新招商引资理念模式，大力推行专业化、市场化招商，通过跨境并购、境外上市、PPP、股权融资、风险投资、融资租赁合作，充分发挥调动国内外社会资本、金融资本作用，用足用好国家产业发展引导基金，着力引进有重大带动作用的龙头项目和强链、补链、延链的专精尖配套项目；创新举办全省首届儒商大会、跨国公司领导人青岛峰会，日韩山东周、香港山东周、欧美商务周和“选择山东”全球路演等系列活动，争取人才、技术、资本等创新创业资源向山东集聚；注重以“走出去”带动“引进来”，促进产业链国际延伸、供应链全球整合、价值链高端提升，重塑开放型经济发展的新优势。

启示之三：体制机制改革是激发动力活力的强大推手，必须紧扣信用经济，加强事中事后监管，创新管理，优化服务

浙江提出“最多跑一次”，服务承诺，限时办结，大大提高了行政效率，采用一网通办、一口受理、标准引领、并联联动、模拟审批，有效地激发了全社会创新创业的积极性，浙江每 10 个人就有 1 个老板，每 20 个人就有 1 个企业。全省财力年度 20%左右的持续增长及充分就业，主要得益于创新创业中小微企业的活力。

商事制度改革本质上是事前审批和事中事后监管的改革，是审批型政府和服务型政府的差别，具体到经济运行层面就是信用经济和非信用经济的差异。阿里巴巴做商品服务，实际上是做信用服务及附加在信用服务上的金融服务，其核心是把在平台上的契约和现金交易变成单据，单据变成大数据，大数据变成信用，信用变成资本，良性互动循环成就了事业。商事制度改革创新就是服务型政府建设，推动的是信用经济、诚信体系建设，促进的是新兴经济、微观市场发展。深圳近年来新业态新模式层出不穷，外贸综合服务、供应链管理等都是从深圳探索出来的，但不是政府培育出来的，都是事后进行总结的，原因就在于政府对企业无事不扰、有求必应。

过去搞传统制造业，大家比的是开发区的“七通一平”；现在发展“四新经济”“十强产业”，更加注重充沛适用的人力资源、规范有序的法治环境、国际标准的知识产权保护和天使、风投、基金等金融资本。江苏产业技术研究院把“研发作为产业，技术作为商品”，推进一系列体制机制创新举措，尊重科研人员的尊严、价值和利益，提高了科技创新的积极性，显著提升了经济社会效益。在金融方面，广州仅在香港上市的公司就达204家，IPO融资额超过2000亿港元，浙江2017年新增各类上市公司达80多家，总数已达518家，我省所有上市公司总量不足200家，市值仅有广东的两成，不到江苏、浙江的一半。企业上市不光带来资金，更是法人治理结构、企业知名度的提升和市场放大效益。

反观我省，在打破体制机制障碍、营商环境建设、培育改革创新亮点上，距离“换位思考、主动服务、有求必应、无需不扰、结果评价”还有较大差距。多沿用过去审批式管理的工作理念、工作方法，不适应事中事后监管的转变；推动工作往往强调国家政策依据和外省经验做法，创新性思路措施不多；对于新生事物，往往从一开始就管住管死，不是错了整改，好了总结，缺乏的是一种包容心态和审慎监管机制。同时，教育、医疗、交通、生活等不配套的问题还很明显，生产生活环境不优，缺乏对高端人才的吸引力。比如国际学校，2015年山东省政府计划拿出1个亿来办国际学校，发了调查问卷，有的市反映需求量很小，有需求的都到北京、上海去了，我们山东没必要办这些东西。济南有个德国隐形冠军企业，外籍负责人爱人是济南的，为了孩子的教育问题，只能去外地上国际学校，被迫两地分居。不少跨国企业把员工子女教育作为签署投资协议的重要标准。再比如国际医院，外商在中国遇到重大疾病，都是看了门诊就要转院，原因就是医保制度没有同国际接轨，不是国际联保，很多地方片面强调医生、设备和环境，工作没有抓到关键上。这些看似小事情，但确是影响投资环境的关键。

下一步，我们应着眼国民待遇和国际规则，深化"放管服"改革，建立健全事中事后监管体系，形成与国际规则相适应的开放型经济新体制，进一步提高投资贸易自由化便利化水平，营造国际化、法治化、便利化的营商环境。工作中当好服务企业的"专业化＋店小二"，有问必答、有事必办、随时受理、即时办结，真心实意为企业排忧解难，本着"能容纳世界人"的要求，完善国际学校、国际医疗、国际社区等相关生活设施，把引领发展的"高站位"落实到服务企业的"低身段"上，构建起"亲""清"新型政商关系，培育提升综合竞争新优势，提高对外资外智的吸引力，以体制机制创新、营商环境优化助推对外开放新高地建设。

启示之四：各类园区是对外开放的重要阵地，必须围绕提升产业集聚水平，坚持创新驱动，突出特色，协调发展

江苏把开发区作为全省经济发展的重要支撑，强化开发区开放载体平台作用，实施"一特三提升"工程，苏南开发区打造高端竞争优势，苏中开发区推进跨江融合发展，苏北开发区加快新型工业化进程，走出生态优先、绿色发展的新路子，形成了错位竞争优势和协调发展格局。以开发区共建为抓手促进苏南苏北联动发展，2016 年 45 家共建园区完成工业产品销售收入 5320.7 亿元，规模以上企业工业增加值 1040.3 亿元，实际使用外资 11.3 亿美元；2011～2016 年，苏南累计向苏北转移 500 万元以上项目 12471 个，总投资 19594 亿元；苏南 5 市与苏北 5 市人均 GDP 之比，已从 1996 年的 3.76∶1 缩小为 2.23∶1。浙江推进国际产业合作园建设，数量达到 19 家，成功引进优质外资项目 200 多个，投资总额 70 多亿美元，创新开发区招商引资引智方式，在杭州、余杭、嘉兴、嘉善、柯桥、浦江等 6 个开发区试点创建海外产业创新服务综合体。广州市提出《价值创新园区建设三年行动方案（2018～2020 年）》，计划到 2020 年，10 个价值创新园区成为集聚高端产业新平台、广州经济发展新引擎、产城融合发展新示范，各园区主导产业集聚度达到 80%以上。

反观我省，园区数量多而不强，主导产业不突出，产业层次不高、集群效应不强、体制机制不优、干部能力不足等问题还比较普遍。江苏省级以上开发区数量比我省少 44 家，但 2017 年开发区完成了全省 4/5 的进出口总额，吸纳 4/5 的实际使用外资，开发区进出口、实际利用外资是我省的 1.9 倍和 1.6 倍，公共财政预算收入高于我省 2021.2 亿元。在全国排

名前10名的国家级开发区中，江苏4家，我省2家；前30名中江苏占7席，我省除了青岛、烟台无一家进入前30名。海关特殊监管区域方面，我省9家进出口总额只有江苏昆山综合保税区一家的39.9%。开发区出现了同质化发展趋势，产城融合度不高，集约发展意识不强，管理权限下放不彻底，按规定经开区管委会应享有同级政府经济管理权限，但我省151个省级以上经开区享有权限的仅占33.8%。

推进开发区一体化发展，需要充分借鉴南方三省经验，围绕把开发区打造成新旧动能转换先行区、引领区、示范区，加快上海等自贸试验区、济南开放型经济新体制试点先行先试成果的复制推广，建设各类创新创业平台，以体制机制创新激发活力。推动各类优质要素向园区集聚，促进园区产业集群扩规模、创特色、上水平，建成与世界500强及行业领军企业合作的产业高地。培育一批特色产业园区、生态工业园区、循环化改造园区、产才融合发展示范园区和产城融合示范区。加快济南、青岛、潍坊、泰安等地中德产业园以及其他国际合作园区建设。组织实施园区提升专项行动，开展东西部经济开发区合作共建、对口帮扶。鼓励各市选优配强园区领导班子，完善园区评价考核办法，强化对开发区的考核激励，加大整合优化力度，强者进位，弱者退出，发挥好开发区机制引领、辐射带动的作用。

启示之五：干事担当是推动发展的根本保证，必须进一步解放思想，主动寻标对标，营造生态，形成合力

习近平总书记指出，改革推进到今天，比认识更重要的是决心，比方法更重要的是担当。浙江素有“七山二水一分田”之说，从一个地域资源小省发展成为开放强省，人均居民可支配收入连续20多年位居全国第一，人均社零额连续12年居全国第一，原因在于浙江人穷则思变、自强不息。这次到南方学习，三省干部的精神面貌、工作作风给我们留下了深刻印象。广州市市委书记任学峰把招商引资作为推动经济社会发展的牛鼻子和社会治理能力的标志，连续多年参加全国“两会”后举办的“中国发展高层论坛”，与百强企业亲自见、反复谈，不到3年时间就推动促成了总投资5000多亿的一批高大外新兴产业项目，为了推进富士康项目而站等郭台铭一个半小时，其认知、能力、激情、韧性、作风非常值得我们学习。海关、外管等部门不简单以查禁查办了多少案件为业绩，首先考虑的是为什么有人逃税，如何让企业合法经营，为什么有的外贸政策效果不好，如何更好地提高通关效率，这种延伸服务的态度令人敬佩。同样的国家试点，

市场采购、外贸综合服务、跨境电商，广东取得了很好的实施效果，都是这些部门担当作为的体现。

当前我省开放意识不强、思想解放不够、措施创新不多，在专业素养、国际视野、创新思维、勇于担当的精神上与全省打造对外开放新高地，以开放促新旧动能转换发展的要求还不相适应。一些干部存在不敢干、不愿干、不会干的问题，错误地认为“多干多错、少干少错、不干不错”；有的干部认识水平不高，没有看到对外开放招商引资中搭载的先进技术、品牌效应、资本纽带、管理经验在产业结构转型升级、新旧动能接续转换过程中的重要作用；有的遇到问题瞻前顾后、顾虑较多，缺乏敢想、敢闯、敢试的胆识和气魄。

思路决定出路，格局决定结局，只有在发展中敢想敢干、敢为人先、敢为天下先，把创新摆在核心位置，做到“人无我有、人有我精”，才能在新一轮对外开放中抢占先机、赢得主动、率先发展。按照中央《关于进一步激励广大干部新时代新担当新作为的意见》要求，应坚持五个过硬的标准，树立重实干重实绩的用人导向，发挥干部考核评价激励鞭策作用，健全完善考核评价体系，推动出台招商引资考核办法，建立健全容错纠错机制，引导干部争当改革开放的促进派、实干家。按照建设高素质专业化干部队伍要求，加强专业知识、专业能力培训，全面提高“成事的真本领”。各级领导干部切实发挥示范表率作用，带头履职尽责，带头担当作为，带头承担责任，一级带着一级干，一级做给一级看，以担当带动担当，以作为促进作为。

复制推广自贸试验区改革试点试验探索建设自由贸易试验区*

建设自由贸易试验区(以下简称“自贸试验区”),是党中央、国务院为全面深化改革和扩大开放探索新途径、积累新经验采取的重大战略举措。自贸试验区是制度改革创新的“试验田”,在发展自身的同时,需要提供更多可复制、可推广的经验,为国家整体战略发展探索出更多可行措施。自2013年8月22日国务院正式批准设立中国(上海)自贸试验区以来,已形成“1+3+7+2”的格局。自贸试验区工作坚持“边试点、边总结、边推广”的原则,成熟一批推广一批,推动形成了改革成果共享、开放成效普惠的良好局面。我省坚持申建、复制两手抓,积极推进有关工作。

一、准确把握自贸试验区改革试验重点和新动态

2013年8月22日,国务院正式批准设立上海自贸试验区;2014年12月,国务院决定设立广东、天津、福建自贸试验区;2016年8月,党中央、国务院决定,在辽宁省、浙江省、河南省、湖北省、重庆市、四川省、陕西省新设立7个自贸试验区;2018年4月13日,习近平总书记在海南建省办经济特区30周年大会上宣布:党中央决定支持海南全岛建设自由贸易试验区,支持海南逐步探索、稳步推进中国特色自由贸易港建设;2018年4月14日,党中央、国务院批复的《河北雄安新区规划纲要》提出,支持以雄安新区为核心,设立中国(河北)自由贸易试验区。截至目前,我国的自贸试验区建设已形成“1+3+7+2”的格局。

(一)自贸试验区定位各有不同

11个自贸试验区紧扣制度创新的核心,进一步对接高标准国际经贸

---

* 作者:山东省商务厅自贸区山东省宏观经济研究院。

规则，落实中央赋予的不同要求，在更广领域、更大范围形成各具特色、各有侧重的试点格局。上海自贸试验区按照先行先试、风险可控、分步推进、逐步完善的方式，形成与国际投资、贸易通行规则相衔接的基本制度框架。广东自贸试验区定位于粤港澳深度合作示范区、21 世纪海上丝绸之路重要枢纽和全国新一轮改革开放先行地。天津自贸试验区定位于京津冀协同发展高水平对外开放平台、全国改革开放先行区和制度创新试验田、面向世界的高水平自由贸易园区。福建自贸试验区定位于深化两岸经济合作的示范区和建设 21 世纪海上丝绸之路核心区。四川自贸试验区定位于打造内陆开放型经济高地，实现与沿海沿边沿江协同开放。辽宁自贸试验区定位于着力打造提升东北老工业基地发展整体竞争力和对外开放水平的新引擎。浙江自贸试验区主要就推动大宗商品贸易自由化，提升大宗商品全球配置能力进行探索。河南自贸试验区着力建设服务于“一带一路”建设的现代综合交通枢纽。湖北自贸试验区发挥其在实施中部崛起战略和推进长江经济带建设中的示范作用。重庆自贸试验区带动西部大开发战略深入实施。陕西自贸试验区打造内陆型改革开放新高地，探索内陆与“一带一路”沿线国家经济合作和人文交流新模式。

（二）自贸试验区建设成效明显

自 2013 年启动自贸试验区建设以来，有关部门和试点省市解放思想、攻坚克难，先行先试，自贸试验区建设取得明显成效。在改革方面，首先在双向投资、商事制度、事中事后监管等领域大胆探索，多领域、复合型综合改革态势初步形成。比如，在自贸试验区首次实行外商投资负面清单管理模式，新设外商投资企业全面实行备案制，推进商事制度改革、企业注册登记更加便利。在开放方面，进一步放宽投资的准入限制，将外商投资负面清单压缩了 1/3 以上。比如，增值电信、新能源、汽车电池、加油站建设经营等一些领域，企业进入的门槛进一步降低。在创新方面，推进国际贸易单一窗口等贸易便利化措施，通关效率平均提高了 40%。初步建立起综合执法体系，解决了重复监管和多头监管的问题。在优化营商环境方面，自贸试验区受到境外投资者的普遍欢迎。2017 年，中国 11 个自贸试验区新设外商投资企业 6841 家，实际使用外资 1039 亿元人民币，同比增长 18.1%，高于全国增幅 10 个百分点。

以上海自贸试验区为例。2017 年，区内新注册企业累计超过 5 万户，全年实到外资、外贸进出口额占全市比重均超过 40%。投资贸易便利化程度继续提高，2017 版外商投资负面清单减少到 95 条；率先实施企业名称登记改革，推出企业名称网上自主申报等 6 项创新举措。国际贸易“单一窗口”3.0版上线运行。开放型经济发展取得成效。服务业扩大开放取得新成效，54项开放措施新落地服务业项目数412个，累计达2404个。金融开放创新和金融风险防范同步推进，共开立FT账户7.02万个。跨境双向人民币资金池累计769家，收支总额9761.50亿元。发布全国首张自贸试验区金融服务业对外开放负面清单指引。“一带一路”国别馆初具规模，保加利亚、匈牙利等7馆投入运营。政府治理能力先行区加快建设，形成了提升政府治理能力先行区总体方案。加强事中事后监管体系建设，着力完善“四位一体”的监管体系，探索构建了“六个双”监管机制。104项企业准入区权事项全部实现“全网通办、一次办成”，188项个人社区事务已实现“全区通办”；政府政务信息“全域共享”加快推进，海关特殊监管区实现与口岸、金融等监管部门的信息共享，与80个国家、市、区部门对接。建立“统一规则、整体开发、总体平衡”的区域开发机制。

11个自贸试验区围绕着制度创新这个核心，按照中央赋予的特色战略定位，在深化改革、扩大开放上进行差别化的探索试验。除上海以外，广东围绕切实转变政府职能，从“被动服务企业”向“主动服务企业”转变，实现行政事项“一网通办”，60%以上的事项可全程网上办结；天津积极推动租赁业的创新，实施了融资租赁企业进出口飞机等大型设备海关异地委托监管、设立登记备案限时办结等制度改革，租赁飞机累计超过1000架，占全国90%以上；福建推出投资管理体制改革“四个一”，将投资建设项目审批分为四个阶段，统一实行“一表申请、一口受理、并联审查、一张审批”，整体效能提高了近3倍；浙江建立健全国际航行船舶保税油管理制度，探索一船多供等多项监管创新，推动船舶保税油的业务快速发展；河南以打造多式联运国际物流中心为目标，加快建设网络联通内外、运转顺畅高效、标准衔接协同、支撑保障有力的现代立体交通体系和现代物流体系；重庆聚焦建设“一带一路”和长江经济带的互联互通枢纽，不断拓展中欧班列功能、线路和承运的货物种类；辽宁围绕加快东北老工业基地结构调整，制定重点发展产业目录，设立产业投资引导基金，扶持重点产业；湖北积极创建中部承接产业转移示范区，出台“开放10条”“招商10条”“文化科技10条”等政策措施，吸引资本、技术、人才等产业要素的集聚；四川着眼内陆与沿海的协同开放，与沿海地区签署战略合作协议，确定产业转移合作、招商引资收益共享、多式联运物流体系建设等多项合作举措；陕西开展农业全产业链的生产经营模式试点，在区外建立2000多个连锁基地，总规模达到300多万亩，日供食材食品逾1500多万人次。

(三)我省申建自贸试验区(港)情况

2013年5月,省政府向国务院呈报了《关于试点建设青岛自由贸易港区的请示》。2014年3月,《青岛自由贸易港区总体方案》经省政府常务会议研究通过,报送了商务部。2016年,根据国家政策动态和申建形势变化,我省调整了申建方案,于当年5月25日向国务院上报了《山东省人民政府关于报送中国(山东)自贸试验区总体方案的请示》。

党的十九大报告提出:"赋予自由贸易试验区更大改革自主权,探索建设自由贸易港。"2018年1月,结合新的申建形势,在充分调研、研究论证的基础上,省政府向国务院报送了《关于试点建设青岛自由贸易港的请示》(鲁政呈〔2018〕8号)。

二、我省复制推广自贸试验区改革经验的做法及存在的问题

自贸试验区建设最根本的目的是为了全面深化改革和扩大开放探索新途径、积累新经验。自2013年上海自贸试验区设立以来,各自贸试验区深入探索、大胆尝试,截至2018年4月底,已分批次向全国推广移植了123项可复制推广的改革试点经验。目前,除各部门自行复制推广事项中有5项我省未复制外(其中4项不在复制推广范围),我省已推广改革试点经验118项。2018年5月,国务院印发了《关于做好自由贸易试验区第四批改革试点经验复制推广的工作的通知》(国发〔2018〕12号),推广第四批30项改革试点经验,省商务厅正在会同有关部门草拟我省的贯彻落实意见。

(一)复制推广工作坚持复制、创新两手抓

1. 完成"规定动作",即国务院和各部门统一推广的改革试点经验

国家层面统一推广的改革试点经验,是经过各自贸试验区试验后总结出来、第三方机构进行评估后推出的"试得好、看得准、风险可控"的创新成果和做法,主要包括投资便利化、贸易便利化、服务业和金融业扩大开放、事中事后监管等领域的创新成果,这些改革试点经验的落地生效,进一步激发和释放了市场主体活力。我省市场主体总量由2013年商事制度改革前的412.6万户,发展到2017年的806.8万户,净增加近400万户(394.2万户),增长95.5%;实有注册资本(金)以年均净增加近3万亿元的速度,由2013年的5万亿元发展到16.6万亿元,增长了2.3倍;推行国际贸易"单一窗口"模式,贸易便利化水平得到提升,2017年实现"单一窗口"标准版累计业务量全国第一;推行综合监管新模式,以信息归集共享为基础,以信息公示为手段,以信用监管为核心的新型市场监管体

制初步建立，企业自治、行业自律、社会监督、政府监管的社会共治格局正在形成。

2. 做好“自选动作”，即结合我省实际探索创新复制

在做好“自选动作”的基础上，自2014年以来，省商务厅会同省有关部门，把经济开发区作为复制推广工作的主阵地，主动借鉴自贸试验区改革试点经验，先后选择了32家经济开发区开展了两批体制机制创新试点，在行政管理体制、项目审批机制、开发运营机制、用人分配机制和市场监管机制等方面，形成了一批可复制可推广的经验做法，近期筛选出11个最佳实践案例，供各经济开发区学习借鉴。山东省地税局联合山东省国土资源厅在全省推广不动产登记和征税业务协同办理新模式，不动产登记业务由原来的3小时缩短为1小时，其中涉税环节由原来的30～40分钟缩短为5分钟。原山东出入境检验检疫局率先探索原产地签证服务社会化改革，与省商务厅联合启动原产地签证服务“县县通”工程，打通最后一公里。济南市探索实施了“一评估”“六挂钩”行业协会商会管理制度和激励机制。青岛市正式推行电子税收完税证明(文书式)，让数据“多跑路”，让纳税人“少跑腿”。烟台市设立了原产地签证区域审单中心。威海市结合推进中韩自贸区地方经济合作示范区建设，在投资便利化、跨国城市间消费者维权等方面开展制度创新。

(二)存在的问题

1. 发展不平衡

各市重视程度不一，济南、青岛、烟台、潍坊、威海等市成立了复制推广领导小组，制订了实施方案，明确了调度、通报、督察等工作机制，并结合实际创新推广。而有的市未将复制推广工作列为本市重点工作，领导机制和工作机制尚不健全，工作进展较慢，创新不足。部门之间进展不同步，如“证照分离”试点的推进，信息归集共享是改革试点的关键，数据瓶颈问题还没有从根本上解决，制约了“双告知”“双反馈”“双跟踪”措施的落实，部门之间、上下层级之间顺畅、便捷、高效的信息交换机制有待加强。

2. 有的创新制度缺乏产业支撑

有的海关特殊监管区域内企业以传统的加工贸易、保税仓储、普通商品展示为主，高端研发检测、境内外维修、融资租赁、期货保税交割等新兴业态发展缓慢，创新制度缺乏产业基础。

3. 部分政策企业匹配度不高

如“加工贸易工单式核销”高度契合消费电子类产品生产企业，需要

企业信息系统与海关系统对接，而目前仅有潍坊歌尔电子一家企业实施该政策；“仓储企业联网监管”需要企业投入资金建设 WMS 系统，由于产业层次低，企业实施该政策意愿不强，满足该条件的企业数量不多，复制推广动力不足。

4. 有些政策尚未在全国统一推广

如内销选择性征税等企业需求强烈的政策措施，仅在部分地区推广，我省尚不在试点范围。

三、对策建议

（一）夯实申建自贸试验区（港）的基础

一是着眼于服务国家战略需要，除投资管理制度和管理方式改革、贸易便利化、金融领域开放合作、加强事中事后监管等共性内容外，突出山东创新特色，重点在中日韩地方经济合作、高端制造、海洋经济、财富管理、农产品贸易、文化贸易等方面，深化体制机制和制度创新，激发开放发展动力活力，塑造开放型经济发展新优势。

二是着眼于新旧动能转换重大工程，以新技术、新产业、新业态、新模式为核心，促进产业智慧化、智慧产业化、跨界融合化、品牌高端化，建成全国重要的新经济发展聚集地和东北亚极具活力的增长极。

三是继续坚持申建、复制两手抓，总结好在我省落地的 118 项自贸试验区改革试点经验，逐项对标，提高复制推广效率，贯彻落实好国家四批自贸试验区改革试点经验，切实推动自贸试验区各项可复制改革试点经验在我省落到实处。

（二）充分利用好现有平台

2018 年初，国务院正式批复同意设立山东新旧动能转换综合试验区，2016 年以来，济南市开展了构建开放型经济新体制综合试点试验，中韩自贸区框架下中韩（烟台）产业园和威海中韩自贸区地方经济合作示范区加快建设，中德生态园、中英创新产业园等国际合作园区加快发展，这些都为我省开展制度创新提供了良好平台。我省经济结构（产业结构、区域结构、城乡结构等）与全国经济结构相似度较高，典型示范性强，更具可复制推广价值，有利于带动北方地区协调发展，为促进南北发展格局优化提供重要支撑，为全国新旧动能转换提供经验借鉴。建议省有关部门、各市主动学习对接自贸试验区改革实践，充分借鉴有关试点经验，加快体制机制创新。

（三）探索实施具有山东特色的可复制推广性强的创新措施

在刚刚召开的上合组织青岛峰会上，习近平主席宣布，中国政府支持在青岛建设中国—上合组织地方经贸合作示范区，并将设立中国—上合组织法律服务委员会，为我省与上合组织各成员国探索加强“一带一路”建设合作和发展战略对接，深化经贸、投资、金融、互联互通、农业等领域合作，推进贸易和投资便利化，打造区域融合发展新格局提供了强有力的平台。在中国—上合组织地方经贸合作示范区开展的制度创新，亦可为我国进一步深化与上合组织合作探索经验。

（四）着力做好复制推广工作

当前重点是会同有关部门贯彻落实好国务院《关于做好自由贸易试验区第四批改革试点经验复制推广工作的通知》（国发〔2018〕12号），切实推动自贸试验区各项可复制改革试点经验在我省落到实处。建议各市、省有关部门建立相应工作制度，明确相应工作机构，落实任务分工和职责；要密切沟通，合力推进，及时总结归纳落实过程中的经验与做法，全面提炼创新经验；完善山东省自贸试验区工作联席会议机制，明确工作台账、季度调度和工作通报制度，确保复制推广工作顺利推进。

国际贸易篇

2018山东省商务发展调研报告

2018 ANNUAL REPORT ON SHANDONG COMMERCIAL DEVELOPMENT RESEARCH

推动山东外贸高质量发展 全力打造对外开放新高地*

2018年6月，习近平总书记视察山东时提出："主动融入国家开放大局，提高开放水平，扩大高质量招商引资，深度融入'一带一路'建设，把山东打造成为对外开放新高地。"中共中央政治局分析研究当前经济形势和经济工作时强调，完成全年目标任务需要付出艰苦努力，关键是要主动同高质量发展的要求对表，对得上的加紧推，对不上的及时改。要加强顶层设计，抓紧出台推动高质量发展的指标体系、政策体系、标准体系、统计体系、绩效评价、政绩考核办法。在当前国内外环境发生重大变化、中美贸易摩擦加剧、全省加快建设新旧动能转换综合试验区的背景下，如何在新旧动能转换的阵痛期，消除去产能、环保、安全生产等不利影响，改善出口产品结构，提升贸易便利化水平，最终推动外贸高质量发展，是打造对外开放新高地的重要基础和关键一环。

根据党中央和省委、省政府的工作部署，我省应以供给侧结构性改革为主线，以探索外贸发展新路径、新机制为重点，统筹推进"特色产业集群＋国际自主品牌＋跨境电子商务＋综合服务企业＋境外营销网络"五位一体发展新模式，坚持贸易产业互动发展、贸易投资联动发展、内贸外贸协同发展、货物服务贸易融合发展，推动全省外贸由"大进大出"向"优进优出"转变，由要素驱动向创新驱动转变，由规模速度向质量效益转变，由传统优势向竞争优势转变，实现外贸质量变革、效率变革、动力变革，全力打造对外开放新高地。

* 作者：吕伟、臧耀刚、谷现海。

一、夯实基础，培育优势出口产业集群

有什么样的产业结构，就有什么样的出口结构。我省以纺织服装、农产品、轻工工艺品和化工产品等传统劳动密集型产品出口为主，占全省的六成左右，机电产品占比37%。推动外贸高质量发展，亟须我们基于全球价值链的视角深耕实体经济竞争力，在供给侧领域积极培育富有竞争力的出口产品，努力占据全球产业链、价值链的中高端。下一步，我们应以新旧动能转换十强产业国际化发展为导向，在腾笼换鸟、凤凰涅槃上下苦功、见实效。

（一）加快外贸转型升级试点县建设

在32家国家级外贸转型升级基地的基础上，用3年时间建设一批产业优势明显、竞争优势突出、公共服务完善的外贸转型升级试点县，以点带面，构建布局结构优、规模体量大、延伸配套性好、支撑带动力强的出口产业集群。推动互联网、大数据、人工智能和实体经济深度融合，打造新一代信息技术、高端装备、新能源新材料、智慧海洋、医养健康等先进制造业、战略性新兴产业集群。强化新技术、新模式对传统产业的融合改造，推动高端化工、纺织等传统产业优化升级。巩固提升出口农产品质量安全示范省建设质量水平：在县级层面，注重健全质量安全体系；在市级层面，注重统筹整合区域资源；在省级层面，注重完善公共服务平台，加快培育出口农产品国际竞争新优势。

（二）推动加工贸易创新发展

通过培育加工贸易转型升级示范企业，引导加工贸易企业由贴牌生产向委托设计、自主品牌方式发展。引导青岛、烟台、威海、潍坊等东部地市充分利用现有雄厚资金、良好的产业基础和配套条件，实现东部地区加工贸易由生产劳动密集型产品向资本技术密集型产品升级。推动建立东西部地区加工贸易产业转移对口合作机制，引导东部低附加值的劳动密集型产业将生产环节向中西部转移，实现资源整合、联动发展。发挥保税港区、综合保税区等海关特殊监管区域政策优势，引导加工贸易企业向区内集中，形成“区内集聚、区外配套”内外联动发展新模式。

（三）大力发展生产性服务业

制造业与服务业联系紧密，相伴相生，如德国凯傲集团目前与客户签订的订单多半是包括全部服务在内的“打包协议”，其在中国市场的销售额已有25%来自服务，而提供服务的利润率要远高于产品本身。一方面，要引导制造业集聚发展，通过产业集聚效应和规模经济的发挥，扩大

对生产性服务业的有效需求；另一方面，我们应推动威海市国家服务贸易创新发展试点城市和济南、青岛、烟台、潍坊、威海五个省级服务贸易创新发展试点暨服务外包示范城市建设，大力发展研发设计、第三方物流、融资租赁、信息技术服务、检验检测认证、电子商务、服务外包、售后服务等生产性服务业，提高制造业的附加值和竞争力，引导和支持制造业从主要提供产品向提供产品和服务转变，不断向“微笑曲线”的两端延伸。

（四）围绕大项目开展产业链招商

落实好上合组织青岛峰会成果，以举办首届儒商大会、跨国公司领导人青岛峰会为契机，积极营造国际化、法治化、便利化的营商环境，吸引以世界500强为代表的跨国公司把山东纳入在中国战略投资的优选地区，关注山东、融入山东、植根山东。总结推广济宁惠普打印机项目、烟台东岳汽车项目经验，聚焦重大政策、重大平台、重大项目，策划一批科技含量高、产业带动性强、生态效益好的重大项目。在大项目落地基础上，大力开展产业链招商和定向精准招商，吸引配套企业就近落地，促进省内产业链国际延伸、供应链全球整合、价值链高端提升，推动产业集中集群集约发展，为扩大出口提供支撑和保证。

二、对标发展，做强做大新业态、新模式

在全球贸易持续低迷的大背景下，积极发展外贸新业态，既是主动应对市场变化、创新商业模式的必然之选，也是借力新技术条件、实现外贸发展新旧动能转换的重要路径。省政府提出以“四新”促“四化”，通过发展新技术、新产业、新业态、新模式，实现产业智慧化、智慧产业化、跨界融合化、品牌高端化。三年来，我们培育了一批跨境电商主体，开展了跨境电商进万企活动，初步形成了跨境电子商务生态圈；但是与广东、江苏和浙江等先进省份相比，在发展理念、总量规模、创新力度等方面仍然存在很大差距。我们必须保持清醒认识，按照鼓励创新、包容审慎的原则，创新举措，逐步完善监管制度、服务体系和政策框架，坚持问题导向，坚持对标发展。

（一）跨境电商：引导各地立足特色，错位发展

青岛应通过上合组织地方经贸合作示范区建设、申建自由贸易区等，突出产贸融合、多式联运、金融创新等独特优势，扩大跨境电商零售业务规模；完善基础设施条件，打造跨境电商国际物流体系；完善跨境电商支撑体系，优化综试区发展环境；加快推进青岛“1210”保税进口政策全省落地。在省级跨境电商综试区，加快复制推广国家级跨境电商综试区85条

经验做法；推动济南发挥开放型经济新体制综合试点优势，烟台发挥中韩(烟台)产业园优势，威海发挥中韩(威海)经济合作示范区优势，潍坊发挥国家农业开放发展综合改革试验区优势，日照发挥综合物流成本优势，加强制度、管理和服务创新，积极探索新经验。

(二)外贸综合服务企业：完善服务，放大辐射带动效应

加快落实商务部、海关总署等5部委促进外贸综合服务企业健康发展意见，会同国税、海关、检验检疫等相关部门，加强对全省40家外贸综合企业政策指导、风险管控和信息服务，进一步优化综服企业退税、通关流程。落实省级外贸综合服务平台授信风险补偿资金办法，切实提高服务质量和便利化水平，为综服企业发展营造良好环境。指导各市立足本地产业特色和中小企业需求，在已认定的省级综服企业基础上，注重培育特色型、区域型、本土化综服企业，助推本地中小企业"无转有、小升规"，将综服企业真正打造成为中小企业的孵化器和加速器。

(三)市场采购贸易：由"政策吸引"向"功能吸引"转变

着力解决临沂工程物资市场"集采、集供、贸易服务"三个关键环节，实现市场采购贸易由"政策吸引"向"功能吸引"转变。发挥机械装备大省优势和工程物资市场"集采集供"出口平台作用，积极参与"一带一路"沿线国家基础设施建设。引导青岛关区8市充分用好"采购地申报、口岸验放"一体化通关政策，推动济南关区9市开展市场采购贸易，做大市场采购贸易规模。支持即墨国际商贸城、烟台三站市场等省级内外贸结合市场争取国家级市场采购贸易试点。

三、创新驱动，加快培育国际自主品牌

我省外贸要转型升级，必须从传统的生产成本优势向技术、标准、品牌、质量、服务为核心的新优势转化。在这五个核心要素当中，品牌集中展现其综合价值。近年来，省政府出台了《关于加快推进品牌建设的意见》《关于加快培育国际自主品牌的实施意见》，世界品牌实验室发布的2017年度"中国500最具价值品牌"中，山东品牌有45个；目前，全省马德里商标注册达到2487个，我省重点培育的国际知名品牌已达312个。商务部为推进外贸品牌建设，协调海关总署建立健全品牌统计制度，从2018年起将"品牌类别"作为报关必填项目。下一步，要引导企业走科技创新、商标运用与品牌提升的融合发展之路，实现由"山东制造"向"山东创造""山东设计""山东标准"转变。

（一）不断完善品牌评价体系

借鉴商务部广交会品牌展位管理办法，加强与相关部门和行业协会的沟通，完善重点培育的国际自主品牌评选办法，引导企业通过自主创新掌握核心技术，同时通过引进消化吸收再创新，增强集成创新能力，在对外开放和合作中形成自己的品牌。支持品牌企业以参股、换股、并购等形式与国际品牌企业合作，提高品牌国际化运营能力。

（二）建立品牌推介体系

在线下，举办“鲁产国际名牌产品环球行”百展系列活动，集中办好日本大阪山东商品展、山东品牌产品中东欧展览会，打造山东品牌的海外展示平台。推动品牌企业联手设立山东品牌常年展销中心或公共海外仓，优化海外市场布局。在线上，与知名电商平台合作启动“优商优品培育”工程，多维度展示“山东制造”形象。综合运用跨境电商、外贸综合服务平台，设立山东品牌产品馆，打造面向海外推广山东品牌的线上公共服务平台。

（三）完善品牌促进政策体系

完善普惠性支持政策，加快建立以企业为主体、需求为导向、产学研深度融合的技术创新体系。统筹利用各项相关财政资金培育自主品牌，对出口企业境外商标注册、体系认证和专利申请，自主品牌境外宣传、展示和推广，知识产权保护、产品检测以及市场准入标准认证等进行支持。建立海外商标纠纷预警和危机管理机制，注重国际贸易和合资合作过程中的品牌保护和管理，防止自主品牌被恶意抢注或收购。

四、多措并举，深度拓展多元国际市场

作为我省传统市场的美国、欧盟、日本、韩国占全省出口的54.4%。近年来，随着我省与“一带一路”沿线国家经贸互联不断升级，越来越多的鲁企借助“一带一路”走出去。2018年1～5月，我省对“一带一路”沿线国家和地区出口增长2.2%，占全省出口的27%。加强市场开拓是近几年外贸稳增长最直接、最见效的手段，在当前贸易摩擦日益增多的形势下，我们应推动进出口市场结构从传统市场为主向多元化市场全面发展转变，深耕细作发达国家传统市场，加大新兴市场开拓力度，实现“多点开花”“东方不亮西方亮”。

（一）着力推进东西国际大通道建设

坚持国家战略和地方特色相结合，依托沿海港口集群，突出日韩、东南亚跨境贸易、转口贸易，大力发展铁海联运、多式联运、国际中转集拼等

业务,全力打造面向日韩、辐射东南亚、西接欧亚大陆、东西互联互通的国际大通道,以贸易带动投资,以物流促进人流、资金流、信息流汇聚,提升我省在"一带一路"中的战略地位,打造对外开放新高地。

(二)发挥境内外展会拓市场的主渠道作用

加大对企业参展的支持力度,帮助企业多见客户、多拿订单。大力实施境外百展市场开拓计划,集中优势资源,通过自主举办或联合主办形式,打造我省在日本以及中东欧、东盟、南亚、非洲等"一带一路"沿线市场自主品牌展会。同时,探索传统展会与外贸新业态相结合、与培育国际自主品牌相结合、与外贸产业集群相结合、与服务贸易相结合,拓展境外展会的平台功能,降低企业参展成本,达到事半功倍的效果。争取商务部支持,提高青交会办展层次,打造国内一流、国际知名的展会品牌。

(三)加快建设境外营销网络

充分发挥骨干企业境外营销体系健全的优势,在境外建设一批品牌推广效果好的展示中心、集散配送功能强的分拨中心、区域辐射半径大的批发市场、市场渗透能力强的零售网点、保税物流功能强的海外仓、服务能力强的售后服务网点和备件基地。特别是要在主要目标市场和辐射带动能力强的区域中心市场,建立以机电产品售后维修服务和零配件配送为重点的境外公共营销服务平台。同时鼓励有实力的企业发展"跨境电子商务采购+海外展示交易+集散分拨配送+售后服务保障+当地市场拓展"的建设模式,为出口企业提供贸易、仓储、配送、展示、售后等一站式服务。

五、互利共赢,大力发展进口贸易

"主动扩大进口"是习近平总书记在博鳌亚洲论坛2018年年会上宣布的四项对外开放重大举措之一。2017年,我省进口质量、效益双提升,以22.2%的增幅居全国主要省市前列,进出口增幅领先全国主要得益于进口增长的拉动。进口发挥着弥补国内供给缺口、促进企业技术进步、带动产业升级、缓和贸易摩擦等多方面作用。从我省进口结构看,十二大类大宗资源性产品进口占全省进口额的一半以上。近期,国务院常务会议确定了进一步扩大进口的措施。下一步,我们应抓住我省新旧动能转换重点工程建设机遇,在稳定出口的同时进一步扩大进口,倒逼省内产业改造提升,更好地满足群众多样化的需求。

(一)利用好国家首届进口博览会平台

目前,省政府已经印发了《首届中国国际进口博览会山东省交易团工作方案》,前期围绕“四个聚焦”(聚焦到境外投资企业及合作伙伴、聚焦到在当地有影响力的外商投资企业、聚焦到本地进口大企业、聚焦到世界500强及行业龙头企业)开展了招商招展工作。下一步,工作重心从招展为主转向招商布展,要广泛组织动员各类企业到会采购,摸清采购需求底数,精准做好供需对接,确保进口博览会取得实实在在的成效。同时,积极调研摸底,梳理、设计高层次、高水准、高质量的配套现场活动,更好地发挥进口博览会的溢出效应。

(二)进一步优化进口结构

适应消费升级和供给提质需要,支持关系民生的日用消费品、医药和康复、养老护理等设备进口,落实降低部分商品进口税率措施,减少中间流通环节,清理不合理加价,让群众切实感受到降税带来的好处。顺应制造业传统产能升级改造契机,加大先进技术设备和关键零部件进口,支持企业通过引进、消化、吸收、再创新,提高自主创新能力。继续做好地炼企业原油进口工作。支持28家已获原油进口允许量地炼企业用足用好7425万吨配额,推动14家没有获得原油进口资质的企业获权进一步扩大原油自主进口。

(三)建设利用好进口平台

利用我省33个特定产品指定进口口岸优势,加大牛肉、水产品等国内急需的食品消费品进口,引导境外消费回流。充分发挥青岛、威海等市口岸优势,进一步扩大自澳大利亚屠宰牛进口。抢抓青岛获批汽车平行进口试点有利时机,扩大汽车进口。积极推动青岛、威海、烟台等有条件的保税区争取国家级进口促进创新示范区试点。

六、部门联动,提升贸易便利化水平

政府的工作重点,不是空言要求企业转型升级、技术创新、打造品牌,而是致力于创造好的制度环境。近年来,按照国家的总体改革部署和促进外贸发展工作要求,我省各有关部门都采取了相应措施来协同推进贸易便利化,取得了一定成效。但毋庸讳言,在各个贸易环节仍然存在一些问题需要改进。近期,我们赴青岛、烟台、威海等市开展调研,在广交会期间召开了外贸形势分析调度会,对企业反映的当前制约外贸发展的突出问题进行了归纳梳理,除去产能、环保、安全生产、防控金融风险力度不断加大外,通关效率低、通关费用杂、外综服企业出口退税慢等贸易便利化问题也是影响我省外贸出口的主要症结之一。下一步,我们将坚持问题导向,加强部门协同配合,做好以下工作:

（一）深化外贸领域“放管服”改革

按照国务院《政府工作报告》中提出的将整体通关时间再压缩1/3的目标，进一步发挥省政府贸易便利化联席工作会议作用，以机构改革为契机，落实好省口岸、商务、海关等七部门出台的《关于提升跨境贸易便利化水平的措施》，深化外贸领域“放管服”改革。进一步优流程、减环节、简手续、无纸化，大幅降低合规成本，提升我省贸易便利化水平。大力推行“互联网＋政务服务”，进一步实现让数据多跑路，让企业群众少跑腿，增强市场主体满意度和人民群众获得感。

（二）加强政策宣讲培训

整合国家和省级政策资源，围绕外贸稳增长、调结构、促改革等重点工作，进一步优化商务发展资金的使用方向，提高资金使用绩效。近期，海关、税务等部门机构改革调整完毕，我们将组织相关部门对最近出台的跨境电商、出口退税、市场采购等贸易便利化政策进行详细解读，帮助企业尽快了解、熟悉相关政策措施，确保政策落地，使企业享受政策红利。

突出山东特色　培育竞争优势
着力推动服务贸易创新发展*

编者按：2018 年 12 月 22～23 日，全国商务工作会议在北京召开。按照会议要求，山东就推动服务贸易创新发展的经验做法作了汇报交流。现将有关资料刊发，以供参考。

近年来，我省在商务部大力支持下，积极探索服务贸易发展的新路子。2018 年 1～11 月，全省服务进出口增长 14.5%，占全省外贸的比重不断提高，其中金融、保险、信息、版权等新兴服务出口实现快速增长。主要做法是：

一、放大国家试点效应，增强服务贸易发展动力活力

近年来，商务部赋予山东多项试点任务，我们在商务部的指导下，主要抓了三项工作：

（一）抓平台载体建设

支持济南依托新旧动能转换先行区及国际医学科学中心平台，发展数字贸易、医养健康等新兴服务贸易；青岛利用上合组织地方合作示范区和中国服务外包示范城市优势，强化与“一带一路”沿线国家跨境服务合作；威海推动服务贸易创新发展试点、跨境电商综合试验区、中韩地方经济合作示范区三大国家试点融合发展，承办首届中韩服务贸易创新发展高端论坛，参与中韩自由贸易区服务贸易谈判，在城区核心地块投资 60 多亿元，建设国际服务贸易产业园。

---

* 作者：吕伟、贾善和、李兴高、孔涛。

(二)抓企业主体培育

发挥国家试点政策效应,先后引进总投资近4亿美元的韩国延世大学青岛世福兰斯医院、1.5亿美元的日本软银全球威海服务外包基地、韩国现代汽车全球研发中心等一批世界500强服务贸易项目。集中政策资源,大力培育浪潮、歌尔、迪尚、科瑞、东方电子等本土服务贸易骨干企业。

(三)抓政策复制推广

青岛在第二批服务外包示范城市综合评估中排名第一,威海服务贸易创新发展试点有7项工作在全国推广经验做法。我们在深入总结经验的基础上,积极开展省内复制推广,选择济南、青岛、烟台、潍坊等开展省级服务贸易创新发展试点,通过重点突破、典型带动,促进全省服务贸易持续健康协调发展。

二、聚焦新旧动能转换,塑造服务贸易发展特色优势

根据山东新旧动能转换确定的十强产业,突出五大优势特色,认定了29家省级特色服务出口基地,打造服务贸易新的增长点,促进外贸转型升级和经济高质量发展。

(一)突出数字贸易出口

推动服务贸易向数字化、智能化与网络化方向发展,支持浪潮与思科、迪堡、爱立信、IBM等发起成立"'一带一路'数字化经济战略联盟",为10多个国家提供教育、税务、交通、金融综合解决方案。2018年前10个月,浪潮集团离岸服务外包增长7.8倍,全省数字服务出口增长18.6%。

(二)突出中医药国际合作

鼓励宏济堂与德国美町宝集团合作,采取超临界萃取先进技术,开发国际高端配方颗粒;支持东阿阿胶牵手韩国人参公社,第一款阿胶人参饮品将于近期投放国际市场;推动山东中医药大学在波兰设立国家中医药海外中心。2018年,全省中医药服务出口达到41亿元。

(三)突出标准走出去

结合境外基础设施重点项目,推动中国标准服务"一带一路"建设。山东特检集团先后承接了马尔代夫友谊大桥、文莱PMB石油化工、吉尔吉斯斯坦大型炼化设备的标准化检验检测;中检集团首创"外检内放"模式,促进了国外生鲜食品快速通关;淄博丽村电站提供电力运维服务,每年境外服务收入超过3亿元。

(四)突出生产性服务

发挥山东制造业优势,推动先进制造业与现代服务业深度融合。

2018 年前 10 个月，威海迪尚研发及品牌服务出口 22.5 亿元；烟台中集来福士“蓝鲸 1 号”钻井平台设计研发服务出口 5.8 亿美元；东营科瑞集团由油田装备制造商向运维服务商转型，为全球 30 多个国家的 100 多个油气田提供综合解决方案。

（五）突出文化贸易

发挥齐鲁传统文化优势，举办了首届山东儒商大会。连续 5 年在日韩、美加以及中东欧等举办“孔子家乡山东文化贸易展”。在匈牙利布达佩斯、美国洛杉矶设立了“齐鲁文化贸易海外中心”。在全国率先推进中韩图书版权交流合作机制。淄博博山成为全国唯一以陶琉为特色的国家文化出口基地。

三、健全完善工作机制，强化服务贸易发展的基础支撑

针对服务贸易发展的瓶颈制约，从四个方面定向精准施策：

（一）强化工作合力

省委、省政府先后出台了《关于加快发展服务贸易的实施意见》等一系列文件，加强对服务贸易的顶层设计。将服务贸易纳入全省 17 市经济社会发展综合考核体系，激发各市积极性；建立健全 35 个部门参加的全省服务贸易发展联席会议机制，分管省领导定期召集研究工作，形成了齐抓共管的工作局面。

（二）强化干部培训

每年组织开展多场专题培训，提升干部的素质能力。2018 年，省委组织部将服务贸易列入全省党政领导干部专项培训计划，举办了专题培训班，17 市分管领导、35 个省直部门负责人参加培训。

（三）强化政策扶持

联合科技、财政等制定技术先进型服务企业认定管理办法，为 53 家企业落实了所得税优惠税率政策；联合金融机构制定供应链金融政策，首次将服务贸易纳入政策性优惠利率贷款。先后出台 10 余项政策措施，安排资金 2 亿多元支持服务贸易发展。

（四）强化业务统计

全国首创服务贸易统计直报地方延伸系统，在商务部的大力支持下，开通了 630 多个端口，2247 家企业纳入全国数据直报系统，上报数据超过 1 万条，居全国前列。山东做法成为全国“最佳实践案例”。

我省在发展服务贸易方面探索形成了一些经验，但与先进省市相比还有不小的差距。下一步，我们将深入贯彻习近平总书记对山东提出的

“打造对外开放新高地”和“重塑开放型经济发展新优势”重要指示精神，按照商务部和省委、省政府部署要求，实施机制完善、试点提升、政策创新、企业培育、市场开拓、经验复制、宣讲培训、统计考核“八大行动”，力争服务贸易实现新突破。

深化鲁韩服务贸易合作
打造中韩自贸合作新高地*

山东与韩国隔海相望，是中国距离韩国最近的省份，鲁韩经贸合作一直走在全国前列。韩国是山东第一大境外游客来源地、第二大货物贸易合作伙伴、第二大服务贸易合作伙伴、第二大外资来源地，在山东经济发展和对外开放中占有重要地位。2017年，山东省与韩国货物贸易额1949亿元，占中、韩两国贸易总额的10.3%；服务贸易额491亿元，占山东服务进出口总额的14%，韩国在山东投资项目403个，实际投资123亿元，约占韩国对中国投资的1/5。目前，韩国在山东投资经营企业4385家，在吸收就业、纳税等方面均居外商投资企业前列，为山东经济社会发展做出了贡献。山东一批具有较强竞争力的本土企业也积极赴海外投资发展。截至2017年底，山东赴韩国投资设立企业（机构）309家，投资额132.5亿元人民币。近年来，中韩经贸合作由传统制造业垂直分工模式，逐步向新兴服务水平分工模式转变，成为推动双边经贸可持续发展的新动力。

一、鲁韩服务贸易合作迎来加快发展的新机遇

从国家层面上看，2015年中韩两国正式签署自由贸易协定。2018年3月，中韩自贸协定第二阶段首轮谈判在首尔举行，重点磋商扩大服务和投资市场准入。在中日韩自贸区第13轮谈判上，三国就服务贸易管理措施进行了全面交流。近期，中国政府发布了《外商投资准入特别管理措施（负面清单）》，大幅扩大服务业对外开放，涉及金融证券、基础设施、交通运输、商贸物流、文化服务等诸多领域，进一步加快服务贸易国际合作营

---

* 作者：吕伟、孔涛。

造了良好发展环境。据统计，中韩服务贸易规模已由1998年的27亿美元增加到2017年的近400亿美元，增速是全球服务贸易增速的4倍。

从我省层面上看，2018年1月，国务院正式批复的《山东省新旧动能转换综合实验区建设总体方案》，提出"要更加有力地推动服务业对外开放，大力发展服务贸易"，把新一代信息技术、现代海洋、医养健康、文化创意、精品旅游、现代金融等服务贸易列入优先发展的十强产业。2016年7月，山东省与韩国产业通商资源部举办了第一次山东省—韩国省部联席会议，重点围绕加强服务贸易合作进行了深入交流并达成共识。2018年3月，在首尔举行第二次山东省—韩国省部联席会议，双方共同主办了中韩服务贸易合作论坛，邀请中韩知名企业及机构，围绕版权贸易、影视文化、健康医养、数字经济等领域开展全面交流合作。威海中韩自贸区地方经济合作示范区和中韩（烟台）产业园作为纳入中韩自贸协定的重要合作平台，正加快推进与韩国在服务贸易领域的全面合作。协定授权威海与仁川承担中韩服务贸易领域先行先试，中韩（烟台）产业园已将生命科学、海洋技术、数字经济等服务产业纳入总体规划。

二、服务贸易成为鲁韩经贸合作发展的新动能

得益于中韩自贸以及地方经济合作日益深化，服务贸易在鲁韩经贸合作中的支撑作用日益彰显。

（一）生产性服务规模不断扩大

随着鲁韩投资合作水平不断提升，韩国大企业持续加大在鲁生产性服务项目投资，一批设计研发、仓储物流、分拨销售、生物制药、医疗器械等大项目相继落户。其中，总投资2.9亿美元的现代汽车研发中心已在烟台建成使用，这是现代汽车在海外唯一投资设立的新能源汽车研发机构；LG集团在我省投资的系列项目总额已达8亿美元，涵盖液晶显示、手机及零部件设计研发、销售及售后服务等领域。

（二）跨境电子商务快速增长

2017年，中韩跨境电商贸易额达23亿美元，增长31%，中国海淘用户已达6500万。山东作为中国对韩物流通关最为便捷的省份，每周有27条客货班轮往返于青岛、烟台、威海、日照与仁川、平泽、群山等港口，以"海运的价格"实现了"空运的速度"，为鲁韩跨境电商提供了价廉质优的交通物流保障。我省大力实施跨境电商培育工程，先后在青岛、威海等地规划建设了一批中韩跨境电商产业园，认定30家省级跨境电商综合服务平台，在海外建设了25个公共海外仓，其中在韩国仁川、平泽等港口分

别建立了中海川等 4 个公共海外仓。威海还率先在全国开通中韩海运跨境电商出口业务,开通了第一条中韩海运 EMS 速递邮路。

(三)旅游服务合作水平不断提升

韩国是我省传统的第一大入境客源国,2017 年山东接待韩国入境游客 160.7 万人次,占全省 30%以上。自 2016 年起,我省在韩国实行《海外旅游营销合作渠道商优选办法》,与韩国 12 家渠道商建立了长期营销合作机制,先后授予 800 名韩国从业者“山东旅游专家”称号。威海市作为中韩旅游合作先行试点地区,率先将韩国旅行社纳入“经常从事外国人驾乘自备交通工具来华旅游业务的旅游机构目录”,设立了全省第一家韩资旅行社。山东本土企业也加大对韩“走出去”步伐,新三浦、新海园等一批企业正在韩国投资建设康养、休闲及酒店等旅游服务项目。

(四)文化贸易合作走在前列

在版权交易方面,2015 年山东出版集团与韩国文化体育观光部在济南共同主办了“中韩图书版权贸易洽谈会”,中韩 60 家出版单位达成近 200 个合作协议及意向。近年来,山东先后引进韩国图书版权 200 余种,输出近 100 余种。在影视文化方面,由山影集团拍摄的《琅琊榜》成功输出韩国,一度成为黄金时段热捧剧目;由中韩合拍的《我的野蛮女友 2》将威海作为主要拍摄地;韩国影视娱乐巨头希杰集团旗下的希杰 CGV 影院等高端娱乐设施正在我省青岛、济南、烟台等城市加快布局。

(五)健康医养合作日益深化

2016 年,绿叶集团与韩国合作成立烟台绿叶鲍巴斯康复医院,由中韩专家共同组建医师团队提供多样化康复理疗服务;2017 年,我省第一家中韩美容合资医疗机构——正源美容医院落户威海,是目前国内拥有外籍整形医师团队最多的专科医院;2018 年 7 月 2 日,由新华锦集团与韩国共同投资的延世大学青岛世福兰斯医院正式开工建设,是全国首家中韩合资大型综合性医院,也是韩国最著名医疗机构延世医疗院首个海外合作项目。医院一期投资 25 亿人民币,远期规划 3000 张床位,将由韩方负责医疗技术、运营管理。同时,还邀请到韩国知名制药企业柳韩洋行,计划在医药和生物科技领域开展深入合作。

(六)金融服务合作先行先试

2015 年,中韩两国政府认定山东为中韩金融合作试点,积极推进人民币跨境融资、双向贷款等金融合作创新,加强在离岸金融、离岸财富管理、资本、保险等领域的全面合作,促进韩国在我省设立金融和财富管理人才培训机构。在中韩自贸协定框架下,商务部已正式确定山东鲁信集团作为中韩投资合作基金的发起方，目前正与韩方共同推进。韩国产业、韩亚、国民、友利、企业、新韩、釜山银行等主要金融机构都已在山东设立外资法人或分行；三星火灾海上保险、现代财险等韩国主要保险机构也已在山东开设分公司或代表处。

（七）教育留学服务稳步发展

山东与韩国共结成友好校际合作关系 779 对；双方高校共设立了 23 个本科、18 个专科的合作办学项目，位居国内第一；合作建设的孔子学院共计 5 所。2017 年，在山东高校留学的韩国学生达 5000 余人次，山东大学、中国石油大学、青岛科技大学等 41 所院校开设了韩国语和应用韩语专业。中韩已互为对方最大留学生来源国。在韩国的 7 万多名中国留学生中，山东籍学生占比超过一半。2012 年，山东省与韩国京畿道建立两省道高校合作联盟。2018 年 5 月，在济南召开了由双方 60 多所高校参加的第七次联盟会议。目前，两省道已先后开展材料科学、建筑学、音乐教育等 9 个合作办学项目，极大地促进了双方优质教育资源互补。

三、下一步合作建议

抢抓中韩自贸第二阶段服务贸易谈判有利时机，加快与韩国在新产业、新模式、新业态领域的全面创新合作，争取继续成为中韩经贸合作的“排头兵”。

（一）积极争取国家赋予山东“中韩服务贸易创新发展试点”建设任务

近年来，山东不断加大服务贸易创新发展力度，积极推动威海国家深化服务贸易创新发展试点、济南及青岛服务外包示范城市、淄博国家文化出口基地等 4 个“国字号”试点工程。我省正在建设 5 个省级服务贸易创新发展试点以及服务外包示范城市，先后认定了 29 家特色服务出口基地、19 家服务外包示范基地以及 97 家服务贸易培训机构，在完善机制体制、培育市场主体、促进产业发展、推动人才培训等方面取得了长足发展，已具备与韩国在服务贸易领域开展全面合作的基础。在中韩自贸谈判第一阶段中，我省主动融入、积极作为，威海全程参与谈判，得到中韩两国政府的高度评价，赋予威海建设中韩自贸区地方经济合作示范区的重大使命。建议在中韩两国自贸区第二阶段服务贸易谈判中，争取赋予山东“中韩服务贸易创新发展试点”任务，为中韩两国经贸可持续发展提供可借鉴经验。

（二）推动建立鲁韩服务贸易合作协调推进机制

山东省与韩国产业通商资源部建立省部合作机制以来，在促进双方高层交往、投资合作、贸易促进、展会交流等方面发挥了重要作用，推动了延世大学青岛世福兰斯医院等一批重点合作项目，培育了济南韩国商品博览会等重点展会平台，建立了跨境电商、AEO 标准互认协调机制。建议在省部合作机制下，由双方负责服务贸易的职能部门，探讨成立鲁韩服务贸易协调推进工作组，先期以威海—仁川中韩自贸区地方经济合作示范区、中韩（烟台）产业园及韩中（新万金）产业园为载体，增进企业互访，商研服务贸易重点领域，推动重点合作项目，搭建公共服务平台，培育服务贸易专业展会。

（三）加强双方在新兴服务贸易领域深度合作

一是继续加强健康医养合作。山东 65 岁及以上老年人占总人口的 14%左右，数量居全国首位，康养市场潜力巨大。近期，我省启动了全国医养结合示范省创建工作，济南国际医学科学中心已开工建设，正在申创国家中医药服务出口基地。韩国医养产业发达，拥有先进的医疗技术与丰富的管理运营经验，培育出三星养老院、延世医疗院、Classic500 等一批成功企业和示范项目，双方在健康医养服务领域合作潜力巨大。

二是推动国际展会服务合作。近年来，我省与大韩贸易投资振兴公社、韩国贸易协会、釜山国际会展中心开展全方位合作，先后培育了济南韩国博览会、威海中韩商品博览会、潍坊中韩产业博览会、青岛中韩食品博览会等一批知名展会平台。下一步，建议双方在中韩自贸区及省部合作机制下，共同探讨建立中韩服务贸易专业展会平台。

三是打造中韩图书版贸服务平台。2018 年 3 月，山东出版集团赴韩参加中韩服务贸易合作论坛，与大韩出版协会、韩国中小出版协会、韩国书店联合会等主要出版机构深入洽谈，双方对重启中韩图书版权贸易洽谈会表现出强烈愿望。下一步，建议我省积极争取中韩两国相关部委对该项目予以支持，将“洽谈会”打造成为中韩专业版贸合作新平台。

服务贸易覆盖领域广、涉及产业多，代表着双边国际经贸合作的水平与深度。在当前全球单边贸易保护主义抬头的复杂形势下，加快改变传统贸易合作模式，大力发展新兴服务贸易的重要性愈发凸显。鲁韩服务贸易合作具有“基础好、环境佳、潜力大”的特点，双方政府及企业界对该领域合作重视度日益提高，机制体制逐渐完善，产业发展环境不断优化，必将对我省新旧动能转换重大工程、打造对外开放新高地等重大战略实施产生积极的推动作用。

关于服务贸易结构优化的思考*

当今时代是服务经济时代。服务业和贸易发展情况是衡量经济发展水平的重要标志。党的十九大对我国服务业和服务贸易发展作出了重要部署，提出“加快发展服务业”“扩大服务业对外开放”“扩展对外贸易”“推进贸易强国建设”“发展更高层次的开放型经济”等，这些都对服务贸易工作提出了新的更高的要求。近年来，我省服务贸易展现出了较强的发展优势和潜力，并对经济发展产生了直接影响，但受制于传统制造业和服务业的发展现状，服务贸易结构优化也存在许多难点和痛点。鉴于此，我们按照厅党组的决策部署，立足于我省服务贸易发展现状，分析服务贸易与经济社会发展的关系，提出了服务贸易结构优化针对性建议。

一、我省服务贸易现状分析

“服务贸易”这个概念是20世纪80年代提出的，我国从20世纪90年代开始探讨，我省从2010年纳入省商务厅统一管理，2012年开展服务贸易统计工作。统计数据显示，5年来我省服务贸易主要呈现以下几个特点：

(一)服务贸易增长速度超过货物贸易，对经济发展的贡献逐步提升

2012～2017年，我省服务贸易从2680.8亿元增加到3528.1亿元，年均增长5.6%；而同期货物贸易从15494亿元增加到17823.9亿元，年均增长2.8%。5年间，服务贸易占对外贸易(货物贸易+服务贸易)的比重由14.7%提高到16.5%，服务贸易增长已经超过货物贸易，同时服务贸易占经济总量的比重达到5%，对经济发展的贡献逐步提升。

---

* 作者：毛胜军、李兴高、孔涛、张强、侯晓平。

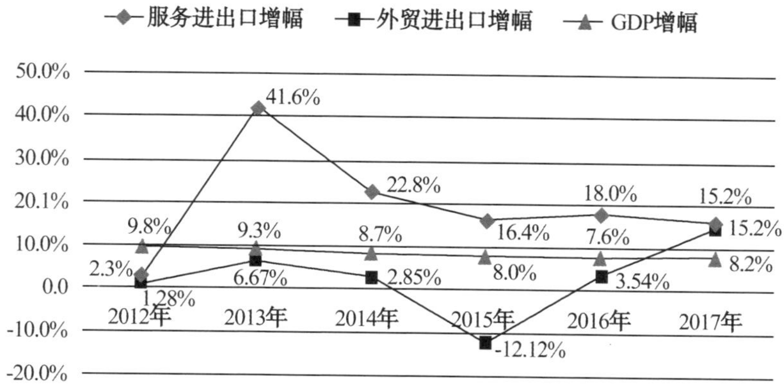

图 1　2012～2017 年服务贸易、外贸和 GDP 增幅

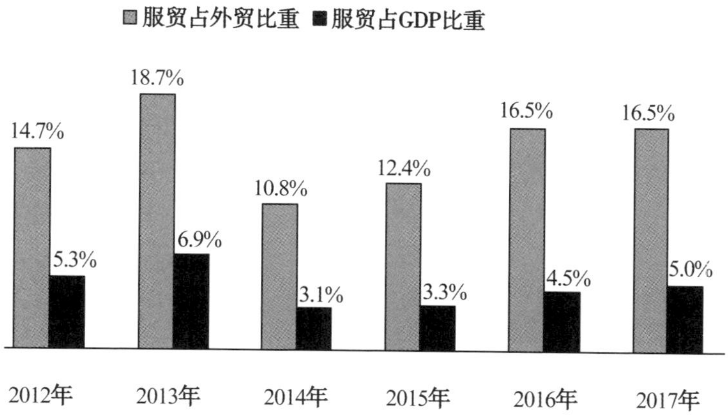

图 2　2012～2017 年服务贸易占外贸和 GDP 比重

(二)服务贸易增速逐年放缓,贸易差额波动较大

我省服务市场的开放,一方面吸引国际上更多的资本、技术密集型服务跨国公司进入,另一方面刺激本土服务业公司进一步拓展国际业务,致使服务贸易始终保持两位数高速增长;但增长速度逐年回落,2013 年同比增长 41.6%,2017 年同比增长下降到 15.2%。另外,由于服务企业组织规模、管理水平、营销技术等方面都与跨国公司存在较大差距,传统服务业难以适应激烈的国际竞争,导致服务贸易差额波动较大,并始终保持逆差,这种态势短期内难以改变。

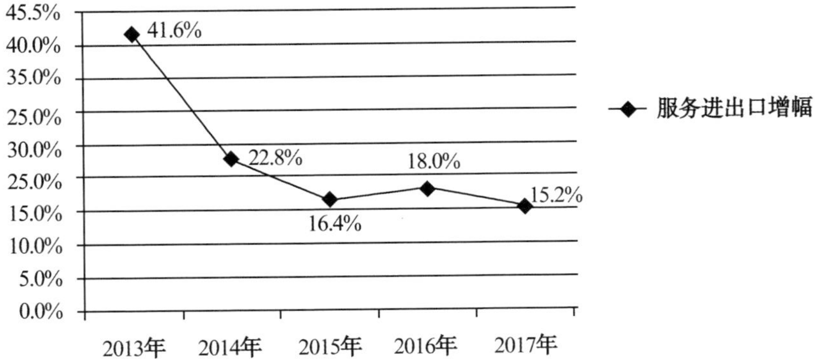

图 3　2013～2017 年山东省服务进出口增幅情况

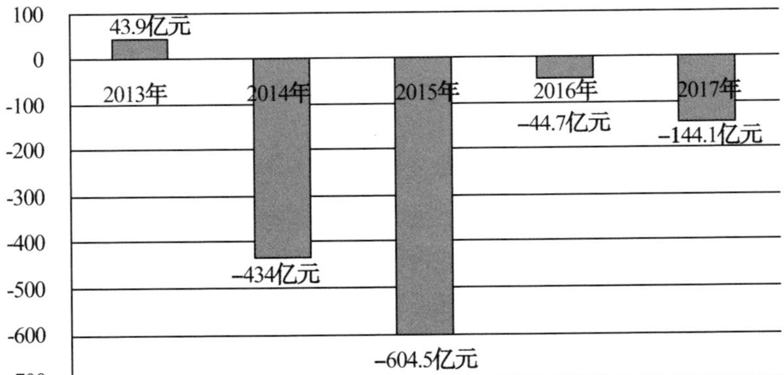

图 4　2013～2017 年山东省服务进出口差额

（三）传统服务进出口占优，新兴服务业比重偏低

我省服务贸易主要集中在传统劳动密集型和资源优势型行业，旅游、运输、建筑等传统服务占据服务贸易的主要地位，而金融、保险、计算机和信息服务等高附加值的资本、知识、技术密集型服务贸易还比较落后，占比较低，竞争力相对较弱。2012 年，传统服务贸易完成 1142.7 亿元，占当年服务贸易总额的 42.6％；而技术含量和增值率较高的金融服务、保险服务、计算机和信息服务、专有权利使用费和特许费服务等新兴服务进出口仅为 102.8 亿元，占服务进出口总额的 3.8％。到 2017 年，新兴服务进出口完成 255.8 亿元，占比达到 7.3％。5 年间，新兴服务进出口年均增长 20％，高于服务进出口年均 5.6％的增幅，新兴服务贸易开始出现快速发展的势头。

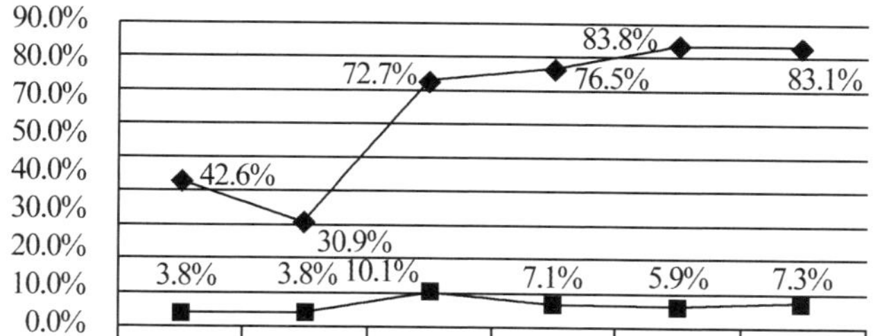

	2012	2013	2014	2015	2016	2017
◆ 传统服务进出口占比	42.6%	30.9%	72.7%	76.5%	83.8%	83.1%
■ 新兴服务进出口占比	3.8%	3.8%	10.1%	7.1%	5.9%	7.3%

图 5　2012～2017 年山东省传统服贸、新兴服贸占服务总额比重

（四）服务进出口市场单一，拓展国际市场任重道远

据商务部统计，2016 年世界服务贸易前五位的国家分别是美国（80649 亿元）、中国（53484.1 亿元）、德国（38033 亿元）、英国（34793 亿元）和法国（31201 亿元）。近年来，我省服务进出口市场主要集中在亚洲，占比在 50%以上，其中香港占亚洲的 30%以上。2017 年，我省与世界前五位国家（中国除外）的服务贸易总额分别为美国 483.3 亿元、德国 116.5 亿元、英国 109.3 亿元、法国 29.9 亿元，4 个国家的服务贸易总额占比 21%，开拓主流市场任务艰巨。

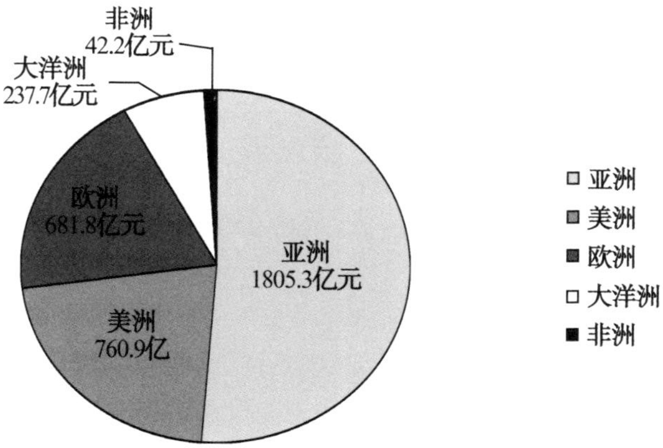

图 6　全省各洲别服务进出口额（亿元）

（五）服务贸易在全国位次不高，占比较低

2012～2017 年，我省服务贸易始终在全国排第六位。2012 年，我省服务贸易进出口在全国占比 3.7%，位列前五位的上海、北京、广东、江

苏、浙江占比分别为30.7%、20.2%、14.4%、5.7%和5.4%，6省市（含山东）累计占全国80.1%。到2017年，我省服务贸易进出口在全国占比4.3%，4年间提高0.6个百分点；而位列前五位的上海、北京、广东、江苏、浙江占比分别为21.7%、20.6%、17.7%、6.4%和4.4%，6省市累计占全国70.8%，其中上海提高了3.7个百分点，北京提高了3.2个百分点。以上数据显示，我省服务进出口与广东、江苏等省（直辖市除外）的差距进一步拉大，与中西部省市的优势逐步缩小。

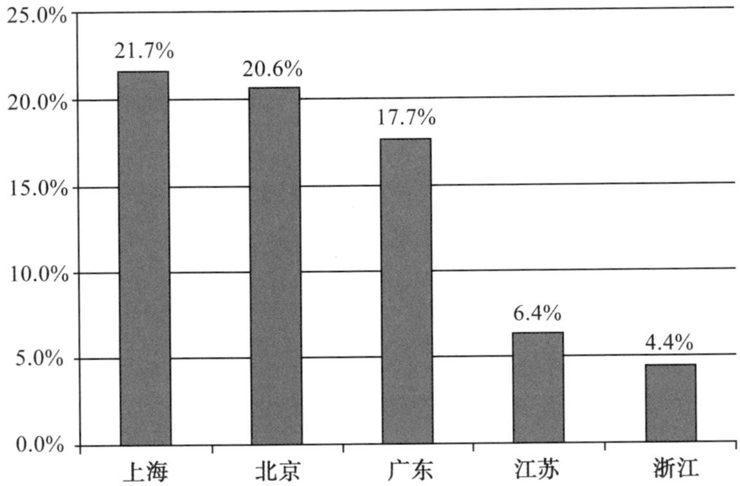

图7　2017年全国重点省市服务贸易占全国服务贸易比重

二、服务贸易与经济社会发展的关系

当前世界经济服务化趋势明显，传统制造企业纷纷向综合服务提供商转型，世界500强企业中近400家以服务为主导业务。特别是随着以互联网为代表的数字经济的迅猛发展，研发、设计、销售、维修等各个环节的可贸易性大大增强。发展服务贸易面临天时、地利、人和，服务贸易进入增速趋稳、结构趋优新阶段，在拉动经济增长、促进经济转型升级、转变外贸增长方式、提升竞争软实力等方面发挥越来越大的作用。

（一）服务贸易是促进经济转型升级的重要动力

经济转型升级，很大程度上受到服务贸易的影响。根据产业演进规律，第三产业的发展受到由收入水平所决定的消费结构以及一、二产业结构变动的影响。2016年，我省社会消费品零售额增长10.4%，高于地区生产总值(GDP)增长2.8个百分点;2017年前三季度增长10.0%,高于GDP增长2.5个百分点,处于服务消费品需求快速增长期。同时,我省作为农业和传统制造业大省,一、二产业升级对生产性服务的需求大大增加,这都对第三产业的发展起着重要的拉动作用。党的十九大以后,我国对外开放的广度、力度都进一步扩大,可以借机优化第三产业结构,实现境外第三产业扩张。因此,发展服务贸易是促进经济转型升级的新动力之一。

(二)服务贸易是推动新旧动能转换的重要手段

服务贸易新动能覆盖一、二、三产业,重点是以技术创新为引领,以新技术、新产业、新业态、新模式为核心,以知识、技术、信息、数据等新生产要素为支撑,体现了新生产力发展趋势,是实体经济发展升级的强大动力。据有关分析,发展服务贸易对国内增加值的贡献是原料加工的20倍,日本100亿美元的服务贸易出口额给本国带来的增加值相当于中国制造业2000亿美元所带来的价值,所以发展服务贸易更符合新旧动能转换的要求。大力发展服务贸易,对于降低资源消耗,推动经济向着高效、技术、数字化方向发展,实现新旧动能转换,都具有十分重要的意义。

(三)服务贸易是转变对外贸易增长方式的重要支撑

联合国贸发组织发布的数据显示,2016年,经合组织成员国制造业出口增加值的1/2、新兴经济体制造业出口增加值的1/3来自服务贸易。经合组织以服务出口带动货物出口的经验给我们提供了一个榜样和示范,通过服务贸易,可以启迪创新发展的思想,激发创新发展的灵感,建立模仿学习机制,使得国内企业的技术水平得以迅速提升。我省迪尚集团是一家由传统代工企业成功转型为自主研发设计生产的大型国际化服装企业,2017年实现外贸出口16.5亿美元,其中ODM占比90%以上,创造了服务贸易推动传统外贸转型升级的典型案例。

(四)服务贸易是扩大社会就业的重要渠道

发展服务贸易对拉动大学生就业贡献十分显著。据商务部统计,2012～2016年,我国仅服务外包一项,就业人数就从429.6万人增至855.7万人,年均增长18.8%。其中,大学专科及以上学历从业人员从291.1万人增至551.3万人,年均增长17.3%,新增从业人员占当年毕业生总量的10%左右,服务贸易已经成为我国高学历人才集聚度最高的行业之一。

(五)服务贸易是提升竞争软实力的重要途径

相比货物贸易,服务贸易更能代表一个国家的整体实力尤其是软实力。党的十九大提出“四个自信”,其中文化自信在世界上更有影响力。

据商务部统计，2016 年，我国文化产品和服务出口 5787 亿元。其中，文化产品出口 5223 亿元，实现顺差 4568.3 亿元；文化服务出口 564 亿元，文化服务出口中的文化娱乐和广告服务出口 360.5 亿元，增长 41%，文化贸易已逐步成为传播中国价值体系、人际关系、生活方式、道德观念的重要途径。同时，中医药作为中华民族的宝贵财富，具有经济和文化双重属性，受到国际社会越来越多的关注，世界范围内对中医药的需求日益增长。据不完全统计，中医药已传播到 160 多个国家和地区，成为一种国际性产业，遍布世界各地的至少 10 万家中医机构，从业人员超过30 万人。其中，英国 3000 家诊所，面对 5000 多万患者，荷兰 1000 家诊所，面对 1000 多万患者，大约 1 万～1.5 万人就设立一个诊所。德国更是把中医药服务业纳入双方经济合作的范畴，植物药巨头拜耳集团斥资 36 亿元收购滇虹药业，开发中药标准化品牌。

三、措施和建议

党的十九大指出，坚持打开国门搞建设，努力实现贸易畅通、资金融通、民心相通，打造国际合作新平台。国务院实施服务贸易创新发展试点并将试点工作进一步深化，都将为我省产业、贸易、金融、旅游、交通等领域的扩张和服务出口提供新的发展机遇。我们要以此为契机，消除制约服务贸易和服务产业发展的政策制度障碍，建立现代化开放型的服务产业治理体系，从完善管理和运行机制、培育主体队伍、搭建服务平台、深化创新及发展试点等方面入手，不断优化服务贸易结构，真正实现以开放促改革、促发展、促创新。

（一）健全完善服务贸易管理体制和运行机制

1. 落实国家关于服务贸易发展的相关规定

近年来，国务院对服务贸易发展做出了一系列重大部署，陆续出台加快服务贸易、文化贸易、服务外包发展的文件。要以此为依据，制定详细的行业规制，适度放宽服务贸易门槛，形成统一协调的服务贸易体系，解决我省服务贸易发展中的问题。

2. 强化服务贸易联席会议机制

2015 年，省政府成立了由 37 个部门组成的服务贸易联席会议机制，分管副省长为总召集人。要以联席会议机制为抓手，统筹协调服务贸易工作，研究解决发展中遇到的困难和问题，在产业规划、园区载体、主体培育、市场开拓和政策保障等方面形成更大发展合力。同时，鼓励各市建立完善服务贸易联席会议工作制度，形成全省立体式、多层次的服务贸易联席会议促进体系。

3. 完善政策保障制度

参照国际和国家立法、政策制定的经验，制定相关措施，在金融、财政、税收等方面加大政策扶持力度。如安排文化产品和服务出口奖励，对相关文化企业给予奖励性补助；落实国家对服务出口实行零税率或免税政策，制定我省技术先进型服务企业认定管理办法等。

（二）培育服务贸易主体

1. 着力培育一批领军企业

2017年，由浪潮集团发起的“一带一路”数字化经济战略联盟成立，该联盟与思科、IBM、迪堡、爱立信4家全球科技巨头共同组成。作为中国首个企业发起成立的“一带一路”融合式平台，该联盟旨在为“一带一路”沿线国家提供全球一流的全新“数据中心＋云服务”、智慧金融、智慧家庭、智慧税务、智慧城市等整体技术解决方案。积极培育一批像浪潮这样的行业领军企业，鼓励和支持服务领军企业开展跨国投资合作，布局全球服务贸易市场网络，加快建设境外研发中心和营销中心，开拓新业务、新领域和新市场。

2. 着力做强中间梯队

互联网、研发、通信等行业领域的企业对技术和知识的集聚度高、创新活力强，一旦实现技术突破必将在区域和行业产生较大影响。引导科技型企业瞄准国际技术前沿和新型商业模式，鼓励企业间强强联合，开展跨行业、跨领域交流，整合区域和行业价值链，形成中坚力量，提高服务贸易核心竞争力。

3. 着力扶持中小企业

积极支持中小企业参与服务贸易国际分工，找准定位，走“专、精、特、新”发展道路，加强与龙头、大型企业协作，努力融入全球价值链。要引导企业在稳步发展传统服务贸易的同时，加快推动云服务、大数据营销、远程医疗、远程教学等新兴服务贸易，不断优化我省服务贸易结构。推动服务外包转型升级，加快发展高技术、高附加值服务外包产业，推动从主要依靠低成本竞争向更多以智力投入取胜转变；在积极承接国际服务外包的同时，逐步扩大在岸业务，推动服务外包迈上新台阶。

（三）搭建服务贸易公共平台

1. 提供信息服务

借助“山东服务贸易指南网”“山东省中小企业对外合作交流平台”“齐鲁国际文贸网”等贸易促进平台，强化语言服务、信息发布和市场交易等功能，为服务贸易企业开拓国际市场提供全方位信息服务。

2. 搭建境内外市场开拓平台

整合办展优势资源，重点打造我省重点展会品牌，联合省委宣传部、省教育厅、省新闻出版广电局、省体育局、省旅发委等部门，在日本、中东欧分别举办孔子家乡山东文化贸易展、中东欧国际服务贸易展等主办类展会；贯彻"三外合一"工作模式，结合我省服务贸易重点推介活动，组织企业参加美国拉斯维加斯国际日用消费品及礼品博览会、意大利米兰国际礼品及消费品展等重点展会以及全球服务外包峰会等6个知名专业展会；以重点开拓新市场为主，同时兼顾传统市场，选定10个企业参展意愿较强的服务贸易展会列入重点推荐展会。同时，组织企业参加"山东省文化产业交易博览会""中国（北京）国际服务贸易交易会""中国国际进口博览会"等境内重要活动。

3. 成立行业协会

加快组建省服务贸易协会，支持协会发挥桥梁和纽带作用，拓展服务和促进功能，承担行业考察培训、境内外组展、课题调研等工作，为我省服务贸易企业提供更加全方位的服务。

（四）深化服务贸易创新发展试点工作

1. 建立全省服务贸易直报系统

威海市创立的服务贸易地方版，把服务贸易统计工作延伸到区县和乡镇，对基层抓服务贸易发展有很好的示范作用。要积极争取商务部支持，推广威海市的经验，以省商务厅为节点，向上开通商务部统计端口，向下链接各市商务局，建立并完善企业直填、数据直报、条块结合、便利监测监管的山东省服务贸易直报系统，以实现部、省、市、县四级数据共统共享。

2. 巩固并深化试点成效

按照国务院关于服务贸易创新发展试点工作的相关要求，牢固树立"服务业＋国际化"的理念，围绕服务贸易管理体制、促进机制、监管模式等方面的事项，借助服务贸易联席会议机制，各部门在扎实推动所辖领域服务业发展的同时，要把服务业国际化列为本部门的重要职责范围，纳入规划、纳入考核，并研究制定推动所辖服务业国际化的政策措施。

3. 研究制定深化服务贸易创新发展试点方案（2.0版本）

针对第一阶段试点任务的薄弱环节，同时借鉴自贸试验区、现代服务业综合试点等其他领域的试验成果，形成服务贸易创新试点升级版方案，使各项试点工作能同频共振，形成促进服务贸易创新发展的强大合力。

（五）深入推进服务贸易统计和人才队伍建设

1. 以考核为抓手，全面推广商务部服务贸易统计直报系统应用

通过联席会议机制，密切联系外管、旅游、教育、文化等有关部门，实现各部门服务贸易数据共享。深入挖掘新增长点，扩大统计内容和范围，提高统计数据的准确性。

2. 加强智库建设

针对我省服务贸易发展现状和存在问题，聘请省内外知名专家，成立服务贸易专家委员会，建立专家库，培育一批具有国际视野的服务贸易领域专家人才队伍，加强对服务贸易热点、焦点、难点及服务贸易特殊性、规律性、趋势性、战略性等问题研究，为我省服务贸易发展提供咨询和智力支持。

3. 加强培训工作

认真组织好“2018年领导干部服务贸易创新发展专题研修班”，进一步提高我省各级党政机关对服务贸易工作的认识。依托省服务贸易协会，面向各市及服务贸易企业组织举办“中央、省级服务贸易专项资金申报说明会”“企业享受服务贸易政策宣讲会”“年度服务贸易境外市场开拓说明会”“服务贸易统计培训会”“重点文化贸易企业政策说明会”等培训活动，并赴省内服务贸易重点园区、服务外包示范基地、服务贸易特色服务出口基地以及省外国家级服务贸易创新发展试点城市、服务外包示范城市考察学习。

赴郑州开展跨境电商综试区创新发展培训班的总结报告*

为加快推动外贸领域新旧动能转换，根据厅党组“干部大培训”安排部署，2018 年 12 月 12～15 日，省商务厅组织有关部门和单位及我省跨境电商综试区相关负责人约 30 人，赴河南郑州学习跨境电商发展经验。具体情况报告如下：

一、河南发展跨境电商的主要做法

近年来，河南省大力实施开放带动战略，加快构建开放型经济新体制，郑州航空港经济综合实验区、河南自贸试验区、郑洛新国家自主创新示范区等纷纷落户，郑州市先后成为国家跨境贸易电子商务服务试点城市和国家级跨境电商综合试验区。以跨境电商为代表的外贸新业态“郑州模式”助推了河南外贸跨越式发展，2014 年以来全省外贸进出口连续突破 2000 亿元、3000 亿元大关，2016 年达 4717.5 亿元，跃居中西部第一、全国第十。

（一）以 1210 保税进口模式为引领，全方位推进跨境电商进出口业务

郑州在全国率先提出跨境电商进口 1210 模式，即“B2B2C”。其中“C”成为买方和卖方，使跨境电商有了新的活力和增量；中间的“B”为政府监管、海关征税、检验检疫质量安全监管提供了有效的平台，解决了政府管理和市场便利的双重难题，真正实现了卖方、买方、平台、政府四方共赢。2017 年前 10 个月，郑州交易 6611 万单，占全国 13 个跨境电商综试区的 27.7%，居全国首位；交易额 79.4 亿元，占全国的 19.9%，居全国第二位。目前，河南跨境电商业务模式齐全，包括网购保税进口、直购进口

* 作者：蔡培安、刘斐斐。

和特殊区域出口、一般出口4种，覆盖4个城市8个业务现场。2017年前三季度，郑州海关累计监管跨境电商进出口清单6040.4万票、商品总值77.4亿元，分别增长40.8%和72.1%。其中，进口清单5310.1万票，商品总值75亿元，分别增长28.7%和67.5%，网购保税进口占比达到99%以上；出口清单730.3万票，商品总值2.4亿元，分别增长3.44倍和10.17倍。

（二）以航空港经济综合试验区为载体，加快培育跨境电商产业聚集区

郑州依托区位、交通优势，大力发展航空港经济综合实验区，构建陆空一体的跨境电商物流网。2017年，郑州航空港综试区跨境电商示范园、河南易通跨境供应链电商产业园、航投物流双向跨境E贸易保税展示交易中心成为河南省首批跨境电商示范园区，其中郑州航空港跨境电商示范园涵盖跨境商品展示交易中心、中韩经贸文化交流中心、空港跨境免税店等若干个子项目。依托跨境电商产业聚集区优势，郑州机场成为内陆进口鲜活产品的主要集散地，2017年1～10月份，共进口鲜活产品3133.3万美元，增长134.5%；全年进口水果总量达到8000吨，同比增长1倍，进口量居全国第一。预计2018年航空港经济综合试验区跨境电商交易额将超过60亿美元。

（三）以中欧班列为平台，全力畅通跨境电商物流新渠道

在中欧班列（郑州）发展初期，回运货物少的问题突出，郑州创造性地提出将中欧班列与跨境电商结合，以沿途国家特色产品进口为主，完善线下O2O体验和线上交易平台“班列购”，提供跨境电商流通环节全程服务，2017年实现总销售额3800多万元，是2016年的3.8倍，“运贸一体化”模式为中欧班列回程货源提供了有力保障，实现了每周“八去八回”常态化运行，也让国内消费者切实享受到“一带一路”建设的实惠。目前，中欧班列（郑州）国内集货半径超过1500公里，以郑州为中心，货源地辐射全国，合作伙伴达到1700多家，且与日本、韩国等国家和地区合作实现海铁、空铁联运；境外以汉堡、慕尼黑为中心，班列网络遍布欧盟、俄罗斯及中亚地区24个国家的121个城市，合作伙伴达到780多家。截至2017年12月16日，中欧班列（郑州）累计开行986班，货值50.73亿美元。目前，郑州正在策划将中欧班列与跨境电商深度融合，反向运作“B2B2C”，在郑州航空港综试区建设中东欧进口商品集散和加工生产中心，进口中东欧16国特色食品农产品和优质消费品销往全国。

二、河南跨境电商的成功经验

(一)领导高度重视,发展氛围浓厚

河南省委、省政府将跨境电商作为培育外贸新动能新优势的着力点,高度重视,作为"一把手工程""核心项目"来抓,省主要领导多次到国家相关部委争取支持,定期现场办公解决问题,营造了良好发展氛围,推动跨境电商走上良性发展路子。习近平总书记、李克强总理先后到河南考察调研,对河南跨境电商发展给予了充分肯定。相比之下我省争取国家支持不够,往往成为国家级试点的空白地;各市外贸发展存在路径依赖,新模式新业态推进较慢;传统外贸企业利用"互联网+"的理念不到位,信息化程度整体不高;跨境电商生态圈不健全,特别是电子认证、第三方支付、物流配送等关键环节制约因素突出。

(二)部门勇于担当,创新推动工作

"跨境电商能不能做看国检,能不能做大看海关",在推动1210模式发展上,河南省海关、检验检疫等部门给予大力支持。郑州海关积极建设智能物流、风险防控等辅助系统,将系统处理数据能力从3票/秒提升到60票/秒,日处理能力可达500万单,98%以上的单证实现自动审核,进一步增强"秒通关"效能;统筹省内"多点多模式"合理布局,支持河南保税物流中心(B型)等现场开展跨境电商业务,并逐步将业务拓展到许昌、焦作、洛阳等地市,跨境零售出口从日均不足5000单提升至目前的4万单左右。

河南检验检疫局建立"平台第一责任、电商预交保金、质量安全保险、信用综合监管"的质量安全追溯管理体系,对跨境电商进口商品的监管,引入供方符合性声明(SDOC)制度,既落实了进口食品电商企业质量主体责任,又推动检验检疫工作从"检验"到"监管"的转移,促进了贸易便利化和监管标准化,有力保障了河南跨境电商健康、快速、可持续发展(河南检验检疫局对1210模式保税进口,实施现场抽检和事后监管,进口商品质量由电商企业负主体责任,商品进口现场实施抽样检测,重点加强事后监管,一旦产生质量问题对电商企业给予严厉处罚);建立跨境电商"秒通关"快速放行机制,与海关共同建立"三个一"工作机制,实现"一次录入、分别申报""一机双屏双控"查验,对出口跨境电商申报与备案整合为同一环节,实现"即报即备""即查即放"。

(三)强化政策扶持,引导集聚发展

近年来,河南省加大对跨境电商的政策扶持力度,外贸发展资金重点向跨境电商倾斜,对认定的跨境电商各类平台、基地给予专项资金扶持,

对中欧班列(郑州)1500公里以内的货源实行免费到集结,对运营公司补贴约4000美元/车皮等。2016年跨境电商“4.8”新政后,河南抢抓郑州网购保税商品“一线”进区时暂不核验通关单和暂不执行化妆品、婴幼儿配方奶粉、医疗器械、特殊食品的首次进口许可批件、注册或备案要求的有利时机,出台各项关检税汇便利化措施,加快建设“前店后仓”进口商品展示展销中心,引导跨境电商产业集聚发展。由于奶粉、纸尿裤、美妆、保健品等跨境电商“爆款”产品无法通过1210保税进口进入我省,一定程度影响了青岛国家级跨境电商综合试验区建设和临日韩区位优势的发挥,对于跨境电商政策创新、先行先试、打造跨境电商产业链和生态圈形成一定的阻力。

三、下一步工作打算及建议

借鉴河南经验,按照鼓励创新、包容审慎的原则,进一步理清思路,创新举措,逐步完善监管制度、服务体系和政策框架,积极探索具有山东特色的跨境电商发展路径,打造外贸新的增长点。

(一)推动青岛1210保税进口早见实效

青岛在2018年1月1日起适用跨境电商零售进口监管过渡期政策并完成首单进口。跨境电商综合服务平台数据处理能力提升、一站式在线查验和监管系统,为快速通关提供了保障;打造了酒类和食品防伪溯源系统,实现了进口商品的防伪追溯管理;集聚了各类实体电商、平台电商、电商服务企业,与京东全球购、天猫国际等达成合作协议。下一步要发挥大型成熟企业的带动作用,重点依托青岛保税港区产业园等在开展保税备货业务的体制、机制、线上、线下等方面的优势资源,推动青岛各项基础设施进一步完善,确保新政落地后迅速取得实效。

(二)加强政策创新形成整体合力

争取将青岛、济南、烟台国家和省级跨境电商综试区融入全省新旧动能转换试验区建设,加大通关便利化、金融支付、退税结汇和信用管理等方面创新力度。深化部门间沟通协作,统筹监管服务资源共享共用,形成贸易便利化合力。针对跨境电商中小企业融资难问题,引导金融机构利用“单一窗口”大数据资源,创新金融服务,加快推进与建设银行山东分行2000万元跨境电商授信风险补偿资金设立进度,推广青岛银行跨境电商信用融资业务。

(三)积极争取先行先试政策

加快推进省级跨境电商综试区建设,争取条件成熟的升级为国家级。

加快“外贸新旧动能转换示范县”试点培育工程，发展“出口产业集群＋国际自主品牌＋知名电商平台＋外贸综合服务企业＋公共海外仓”五位一体模式。积极推进跨境 O2O 展示交易发展，鼓励电商平台企业利用综保区的政策功能，开设保税展示交易中心连锁店，实现线上跨境电子商务、线下保税展示交易及 O2O 体验店一体化经营模式。

（四）拓展整合跨境物流通道

完善我省中欧班列跨地区、跨部门协同联动机制，整合中欧班列资源，提高运行时效性，促进常态化稳定开行，推动中欧班列成为我省跨境电商贸易新通道。加强我省与国内重要干线机场和国际航空枢纽的中转联运合作，建设国际航空联运通道，增强空港国际航运功能，提升跨境电商核心物流竞争力。发挥我省濒临日韩区位优势，推动威海市建设“中日韩跨境电商海上高速物流通道”。引导有实力的企业在日韩欧美等目标市场及“一带一路”沿线国家，布局设立一批新的公共海外仓，健全境外仓储物流体系，引导跨境电商企业通过 B2B2C 模式扩大出口。

投资促进篇

2018山东省商务发展调研报告

2018 ANNUAL REPORT ON SHANDONG COMMERCIAL DEVELOPMENT RESEARCH

“儒商大会 2018”总结报告*

2018 年 9 月 28～30 日，由山东省委、省政府主办的“儒商大会 2018”在济南举行。省委、省人大、省政府、省政协等 25 位省级领导和 17 市党委政府、61 个省直部门(单位、院校)有关负责人出席。其间举办了省主要领导会见签约、嘉宾恳谈会、欢迎晚宴、明湖秀(粉墨剧)演出观摩、大会开幕式、11 场平行论坛和山东省属企业混合所有制改革资本对接会共 17 场活动，组织参会嘉宾赴 17 市返乡考察。来自海内外的 1096 名嘉宾应邀出席开幕式，4000 余名专家学者和优秀企业家参加平行论坛和资本对接活动，“十强”产业 11 场平行论坛共签约项目 134 个，其中，投资类项目 128 个，合同总金额人民币 4763 亿元、美元 6.92 亿，基金类项目 6 个，合同总金额人民币 1880 亿元。按来源初步统计，省内投资项目 37 个，合同总金额人民币 1605.67 亿元，省外投资项目 88 个，合同总金额人民币 4882.795 亿元，国外投资项目 9 个，合同总金额人民币 154.5 亿元、美元 6.92 亿。活动达到预期目标，取得圆满成功。现将有关情况报告如下：

儒商大会是省委、省政府贯彻落实习近平总书记视察山东重要讲话和对山东工作的重要指示批示精神，站在推动山东高质量发展，实现“两个走在前列、一个全面开创”的高度上，着眼打造对外开放新高地、加快新旧动能转换，在更大范围、更高水平推进招商引资招才引智，加快新时代现代化强省建设的大背景下决策召开的。大会以“大儒商道，至诚天下”为宗旨，以“新时代、新动能、新儒商、新愿景”为主题，旨在为海内外各界精英搭建高层次对话交流、洽谈合作、共谋发展的平台，共享山东开放新机遇，把握山东发展新优势，抢占动能转换制高点，使山东再领风气之先、再立开放潮头。

---

* 作者：张维克、李延辉、马翎、许雷、刘庆、张文秀。

一、以儒为根，厚植家国情怀

为筹备好此次大会，充分借鉴吸收外省经验做法，根据省领导要求，4月中旬，省委办公厅和省商务厅组成联合调研组，赴浙江、江苏省分别就世界浙商大会、江苏发展大会有关情况进行调研。从调研情况看，世界浙商大会和江苏发展大会均聚焦本省特色和优势：浙江省侧重在“商”，借助全球1200万浙商的影响力提升大会层次；江苏省侧重在“人”，突出邀请院士、长江学者等海内外高层次人才参会，形成招商引资招才引智的品牌效应。

习近平总书记2013年在视察曲阜时强调，山东是孔孟故乡，儒家推崇君子人格，今天依然具有重要价值，要结合时代条件加以继承和发扬，努力实现中华传统美德的创造性转化、创新型发展。相比于“鲁商”，“儒商”突破了地域局限，是价值体现，是精神追求，是品牌境界，更能凸显山东文化特质的金字招牌，更能体现习近平总书记重要指示的内在要求，更能引起海内外的广泛关注，展示山东海纳百川的开放情怀。儒商大会不仅仅是一场活动，而是通过召开大会建机制、搭平台、拓人脉、优环境，弘扬新时代儒商精神，广交天下各界朋友，千方百计捕捉商机，吸引资本、人才、技术、管理等各类创新创业资源回归，实现招商引资数量、质量和层次的全面提升，为山东的新旧动能转换、高质量发展服务，为山东重塑开放型经济发展新优势服务。围绕这个办会目标和主题，确定了儒商大会的四个定位：

一是弘扬理念、振奋精神，成为世界儒商共同的精神家园。正如刘家义书记在主旨演讲中所讲：“山东是儒家思想的重要发祥地，是天下儒商的精神家园。儒家的‘仁义礼智信’‘修齐治平’等理念，影响了一代又一代商贾。儒商精神穿越千年时空，跨越地域界限，融会多元文化，已成为商界精英的一种价值追求和特有标志，展现出旺盛的生命力和持久的感染力，一批又一批儒商闪耀在世界舞台。当今时代，大儒商道，追求‘仁义’之道，以人为本，义利兼顾；追求‘诚信’之道，以诚立身，以信为重；追求的是‘创新’之道，因时而变，变中求进；追求‘和合’之道，以和为贵，竞争合作；追求‘规矩’之道，正人正己，遵规守法；追求‘担当’之道，厚植家国情怀，勇担社会责任。”举办儒商大会，就是要深度挖掘儒商精神的丰富内涵和典型特质，号召海内外优秀企业家和杰出人士聚首山东，以儒为根、合道而行，重塑现代商业精神和商业文明，让儒商文化成为从商经商的精神坐标和行为标尺，成为新时代企业家的精神丰碑。

二是汇智汇心、互鉴合作，成为报效桑梓共谋发展的平台。山东人热爱家乡、重情重义，这些分布在全国各地、世界各地的老乡，是我们宝贵的人脉资源。举办儒商大会，就是要把他们发动起来、联络起来、凝聚起来、组织起来，激发其责任感、使命感、荣誉感、归属感，构筑海内外山东人情系故乡、报效桑梓、共筑梦想的平台。当大会开幕式响起“天边飘过故乡的云，它不停地向我召唤，当身边的微风轻轻吹起，有个声音在对我呼唤……”的熟悉旋律，现场无数人为之动容。洪泰资本控股董事长盛希泰深情感言：“儒商大会让散落在世界各地的山东人感受到一种温情、乡情的呼唤，这种力量是最能激发斗志的。”韩国山东同乡会张加明会长说：“此时此刻，我和所有企业家一样，回到日新月异的家乡，内心充满喜悦。在这里既能回报家乡，又能赢得发展，两全其美，我们一直在寻求这样的投资机会。”“回家去创业！”海内外参会企业家对家乡的赤子之情，浓缩在投资故土再创事业辉煌的满腔干劲中。

三是转变观念、优化环境，成为展示山东营商环境的平台。相比于南方先进省市，山东发展理念滞后、开放意识不强、观念变革不深、敢领风气之先的魄力不足，营商环境不优、重文轻商、思想观念保守等问题比较突出。面对长期存在的问题和痼疾，需要以排山倒海的气势来摧枯拉朽。举办儒商大会并进行全媒体现场直播，就是要达到让全社会为之一震、全省干部群众的精神状态为之一变的效果，尽快形成新时代的山东新气象，进而实践新作为。刘家义书记在演讲中指出：“深度优化政务环境，让服务更高效；深度优化商务环境，让服务更给力；深度优化人才环境，让服务更精准。”龚正省长在嘉宾恳谈会上强调：“山东实心实意创环境，大力加强制度创新、增加有效制度供给，努力打造‘1+4’五大生态系统，培育‘审批事项少、办事效率高、服务质量优、群众获得感强’的营商环境，塑成政策、服务、环境三位一体的集成优势。山东一心一意强服务，积极构建‘亲’‘清’新型政商关系，尽心竭力为企业提供‘店小二’‘保姆式’的一流服务。”山东以深化“放管服”改革为抓手，叫响“一次办好”品牌，做到应办即办、说办就办，实现马上办、一次办、网上办。所有市、县(市、区)将在年底前全部建立行政审批服务局，实行“一枚印章管审批”。承诺铿锵有力、掷地有声，受到参会嘉宾的广泛赞誉。香港铜锣湾集团董事局主席陈智说：“现在来山东发展正是好时候，因为我们感觉山东对企业家的服务意识大大提升，对招商引资的意识大大提升，让企业能放心在这里发展。”

四是建立机制、突出重点，成为“双招双引”永不落幕的平台。招商引资招才引智是推动经济发展的常态性工作，不能变成一场阶段性、活动性、运动式的工作。举办儒商大会，就是要打造一个永不落幕的平台。以后大会每两年举办一次，闭会期间通过设立秘书处作为常设机构及“选择山东”云平台，打造集投资服务、项目招商、人才引进等功能于一体的线上线下服务平台，吸引更多的儒商投身山东改革发展的生动实践，为开创新时代现代化强省建设新局面提供有力支撑。中国日报网、《华西都市报》等媒体纷纷转载报道，称“山东加快新旧动能转换、实现高质量发展又增添一个互联网利器，向全球推介山东又增添新的窗口”。

二、以商为先，弘扬大儒商道

（一）群贤毕至，全球儒商精英汇聚齐鲁

经过全省各市和省有关部门的共同努力，“儒商大会 2018”嘉宾邀请工作成效显著，一大批商界翘楚、专家学者云集齐鲁、相聚泉城、共谋发展，在海内外产生了广泛影响。儒商大会开幕式共有参会嘉宾 1096 人。从地域分布看，港澳台海外 368 人，占 33.5%；省外 372 人，占 34%；省内 356 人，占 32.5%。从界别看工商界，包括空客、惠普、三菱、壳牌、现代汽车等世界 500 强企业 84 个；中国核工业集团、中国航空工业集团、中国华能集团、中国中车集团、中粮集团、中铁股份、中国建材集团等大型央企 21 个；海尔集团、传化集团、三一集团等中国企业 500 强、中国民企 500 强 115 个。科技界，包括诺贝尔奖获得者 4 人，中科院上海生物学研究中心、煤炭开采水资源保护与利用国家重点实验室、国家卫星海洋应用中心等科研机构的海内外院士 24 人。教育界，包括清华大学等知名大学负责人 11 人。文旅界，包括故宫博物院等知名文化机构 16 个，中国国际旅行社总社、上海春秋国际旅行社等知名旅游机构 24 个，海内外文化界知名人士 14 人。医卫界，包括复旦大学附属中山医院教授、海军军医大学第一附属医院教授等国内外顶尖专家 11 人。金融界，包括慕尼黑再保险集团、中国光大集团、华夏银行、阳光保险集团、中国人民保险集团、小米金融、蚂蚁金服等海内外知名金融机构 47 个。海外社团及侨界，包括香港山东商会联合总会、韩中交流协会、德国山东商会等港澳台海外社团负责人 80 余人。新生代和青年创业者，包括重庆猪八戒网络有限公司负责人、深圳点猫科技有限公司负责人等创业成功青年 36 人，知名鲁商家族继承者 19 人。

嘉宾邀请是宣传山东、推介山东的过程，也是海内外各界朋友认识山东、熟悉山东、走进山东、融入山东的过程，充分体现了山东人的重情重

义、尚礼尚宾、热情真诚，营造了山东敬儒重商、亲商富商的理念和氛围。有的受邀嘉宾虽然本次因为各种因素没能参会，但纷纷表示要在适当时机到山东考察，与新时代新山东携手，共享山东发展新机遇，谱写合作共赢新篇章。

(二)纵论商道，与会嘉宾为山东发展建言献策

2018 年 28 日下午到 29 日上午，大会密集组织了刘家义书记、龚正省长亲自出席的会见签约、嘉宾恳谈会和大会开幕式等系列活动。9 月 28 日，刘家义书记、龚正省长在济南会见了前来参会的惠普公司全球副总裁、全球政府关系总裁狄峤安一行。刘家义说，当前山东省正在按照习近平主席的指示要求，深入贯彻新发展理念，加快实施新旧动能转换重大工程，打造乡村振兴齐鲁样板，建设海洋强省，努力推动高质量发展。这为包括惠普公司在内的海内外企业搭建了广阔平台，提供了无限机遇。欢迎惠普公司及合作伙伴来山东投资兴业，期待双方合作愉快，实现互利共赢。狄峤安说，惠普公司在山东的发展得益于山东省各级政府的大力支持，这也为未来双方深化合作奠定了基础，相信双方的合作伙伴关系将结出更加丰硕的成果。会见后，举行了捷普电子(威海)制造基地及其供应链项目签约仪式。该项目是威海打造惠普全球激光打印机基地的标志性突破，形成 A3 智能复合机 200 万台、A4 激光打印机 1500 万台的产业规模，并逐步引进 3D 打印、宽幅打印等新的产品和技术，逐步发展到向世界各大品牌打印机提供机芯的全球基地，形成 1500 亿元～2000 亿元的产业规模，打造全球激光打印机产能第一、技术水平第一的新高地。

在嘉宾恳谈会和大会开幕式发言中，与会嘉宾带着对家乡、对山东的浓情厚谊，紧扣高质量发展、新旧动能转换，阐释大儒商道，把脉山东创新发展，探寻合作共赢的新机会和新途径，畅谈对山东美好未来的憧憬与期待，带给我们智慧的碰撞，更是一次思想大解放。

十三届全国人大常委会副委员长、民建中央主席郝明金在致辞中说，“儒商大会 2018”的成功召开，是山东认真贯彻落实习近平新时代中国特色社会主义经济思想的生动实践和推进高质量发展的重大举措。山东坚持古为今用、以古鉴今，积极推动包括儒家思想在内的中华优秀传统文化创造性转化、创新性发展，将优秀传统商业文化思想发扬光大，为推动经济社会发展提供了有益探索。“儒商大会 2018”凝聚着海内外朋友的深切期望，凝聚着山东人民对美好生活的热切期盼。希望山东坚持新发展理念，弘扬中华优秀传统文化，打造最优营商环境，扬帆起航再出发。希望各位嘉宾敞开心扉、互学互鉴，大力支持山东发展，与山东共同擘画“百家争鸣、功成业就，百花齐放、姹紫嫣红”的美好未来。全国工商联党组副书记、副主席樊友山在致辞中说，中国经济正处在由高速增长迈向高质量发展的新阶段，民营经济正处于爬坡过坎的关键时期，这对广大民营企业弘扬儒商理念，传承儒商精神，形成符合新时代要求的商业精神和商业文明提出了新要求。要践行“忠义”之道，做爱国敬业、艰苦奋斗的表率；践行“诚信”之礼，做遵纪守法、诚信经营的表率；践行“智慧”之举，做开拓进取、创业创新的表率；践行“仁和”之美，做履行责任、回报社会的表率。

中华大成至圣先师孔子协会会长、孔子第七十九代嫡长孙孔垂长认为“以义取利”的儒家义利观就是大儒商道。小商谋利、大商谋道，个人和企业只有将自身的利益与民众和国家的需求相结合，才能获得长久发展的动力源泉，才能求得企业的可持续发展。中国美国商会主席蔡瑞德认为让百姓们能够去做对其有利的事，不仅说明了一种政府施政的态度，也描述了一种经济运行与商业活动的理想状态。“因民之所利而利之。”让我们不仅“心向往之”，也一起“行向往之”。海尔集团董事局主席、首席执行官张瑞敏认为儒家精神的核心就是“内圣外王”，新旧动能转换的关键，就是要抓住一个制高点，那就是创新商业管理模式。“内圣”就是要求企业练内功，“外王”就是在市场上要争第一，这也和儒家文化强调的“修身、齐家、治国、平天下”相一致。

美国麻省理工学院教授、诺贝尔物理学奖获得者丁肇中建议山东成立高等技术研究院，他认为高等技术研究院应该选择一些有关未来技术发展及探索自然规律的课题，开展前沿研究，做出创造性的贡献。“这个研究院可以和美国的麻省理工学院合作，用五六年的时间，变成顶级研究中心。”阿里巴巴集团合伙人、公共关系委员会主席王帅建议依托阿里巴巴和蚂蚁金服在技术赋能方面的优势和民生服务方面的经验，在社会治理和民生服务领域积极创新，打造出具有山东特色的全国标杆。紫光集团联席总裁、新华三集团总裁兼首席执行官于英涛说山东省传统产业占比较大，在加速新旧动能转换的节点上，可以把发展数字经济作为突破口，推进产业升级。紫光集团计划投入120亿元建设“紫光云”，在山东计划建设“紫光云”数据中心节点，探索推动紫光芯片产业、云网产业在山东的战略布局。中国科学院院士、复旦大学生物医学研究院院长葛均波建议创新处于国家发展战略的核心位置，医疗科技创新是当下潮流，与国家战略保持高度一致。要推动医疗技术创新，应该在政策扶持、产学研合作和投入、环境营造等方面下功夫。英国伦敦大学名誉教授、诺贝尔生理医学奖获得者蒂姆·亨特指出：“创新、技术和经济增长是联系在一起的。

创新在推动发达经济体的发展中发挥了重要作用。山东应抓住技术不断更新换代的机遇，加快技术创新，快速发展。”

新加坡金鹰集团主席及首席执行官陈江和说：“山东是我的第二故乡，也是金鹰集团投资的热土。山东给了我们很多关心和帮助，创造了良好的营商环境，保证了企业持续健康发展。外资、侨资对山东的改革开放起到了很大的促进作用，除了带来资金、技术、人才，还带来了一些新的管理模式、理念、思维等。希望山东能借改革开放 40 周年的契机，进一步解放思想，敢为人先，步子再快一点，思维再活一点，实现创新、创造领先。”陈江和对山东的发展和投资前景非常看好，表示会继续以自己的实际行动引领海外侨商投资山东，集团正在规划山东后续项目投资约 200 亿元，助力山东新旧动能转换。中粮集团总裁于旭波说：“儒商文化自古就是从商经商的精神坐标和行为标尺。‘儒商大会 2018’是山东省委、省政府深入贯彻落实习近平总书记关于山东工作重要指示精神的实际举措，中粮集团将以此次儒商大会为契机，积极探索央地合作的新模式、新路径，为服务山东经济社会发展、服务山东人民的高品质生活，提供中粮智慧，做出中粮贡献。”正威国际集团董事局主席王文银说：“2018 年 6 月习近平总书记视察山东时提出，要不断增强经济社会的创新力。新动能是山东高质量发展的一个重要支柱。今天的齐鲁大地正说着大智大慧的故事，天地有大美而不言，齐鲁有文化而不骄。在山东省委领导下，在所有山东人民的努力下，山东一定能实现转型发展，未来山东一定会更加美好。”空中客车直升机集团公司全球执行副总裁沃尔夫冈·绍尔德说：“过去几年，我们看到山东在中国的整体发展中扮演了重要角色。上合组织青岛峰会的成功举行以及外交部山东全球推介活动的成功举办，都展现了山东的良好形象和山东的领先发展。空中客车直升机集团很高兴成为山东工业发展新的驱动力量。”清华大学副校长、中国工程院院士尤政说：“我们将以山东实施新旧动能转换重大工程为契机，打造优势产业链和产业聚集区为目标，把 MEMS（微机电系统）培育和发展成为山东最具特色和竞争力的战略性新兴产业。”

（三）紧扣主题，十强产业论坛推动务实合作

“儒商大会 2018”举行了新一代信息技术、高端装备、新能源、新材料、现代海洋、医养健康、高端化工、现代高效农业、文化创意、精品旅游、现代金融服务产业等 11 场论坛，并举办山东省属企业混合所有制改革资本对接活动。上述论坛和对接活动均有省级领导出席并致辞，发表在《大众日报》上的《营商，山东有多拼？》一文中有这样的描述：“相信拼营商的山东,未来也将会异常光明!”

作为儒商大会的重要组成部分,“十强”产业论坛发挥着产业发展研究、营商政策宣传、重大项目推介、成熟项目签约等精准化的“双招双引”作用,充分展现了山东在培植新兴产业和改造传统产业进程中蕴含的广阔空间,让与会嘉宾尤其是企业家与山东携手共享发展机遇。一是论坛规模大场面热烈。各论坛共有637名大会嘉宾和3500余名专家学者、优秀企业家参加活动,这些人员分布在“十强”产业链条的上下游,横跨政产学研金服用各领域,涵盖面非常广、代表性非常强。人民网《论坛火爆儒商大会　新动能凸显》一文中这样描述:“人气爆满,一位难寻,凸显新旧动能转换给山东带来的新气象。”二是演讲嘉宾层次高。各论坛共邀请63名重量级嘉宾发表主旨演讲,其中有“两院”院士、重点研究机构、国外一流大学的专家学者,有世界500强、民企500强的高管,也有省内“十强”产业典型代表。通过嘉宾演讲,分享前沿技术和创新观点,交流发展趋势和投资机遇,为加快新旧动能转换、实现高质量发展等建言献策。三是推介项目质量优。围绕“全面起势、合作开放、园区阵地、支撑保障”四个主题,大会集中推介了600个重大项目,11场论坛精准推介一批产业优质项目,充分体现了山东在培植新兴产业和改造传统产业进程中蕴含的广阔空间,为与会嘉宾特别是企业家们提供了良好的合作平台和投资商机。四是签约项目内容实。各论坛遴选一批现场签约项目,且均为签约一年内能够落地的合同项目。省有关部门将定期调度,督导项目及时落地,结果纳入年度考核。五是“双招双引”氛围浓。各平行论坛通过发放宣传资料、摆放宣传展板、播放视频宣传片等多种形式,多渠道、多批次、立体式宣传山东在新旧动能转换、“双招双引”等方面的优惠政策措施。人才组先后向组委会推荐院士、泰山学者等高层次人才嘉宾人选1500多名,汇总收集高层次人才2200多名、征集发布人才岗位需求3200多个,收集汇总省、市和重点用人单位的人才政策300多条,制作发放《山东省招才引智推介》画册4000多份、《聚天下英才、赴齐鲁之约》人才政策折页3000多份,制作播放《聚天下英才、绘齐鲁宏图》人才宣传视频100多场次,营造出浓厚的“双招双引”宣传氛围。

(四)返乡考察,激发与会儒商报效桑梓

大会主场活动结束后,参会嘉宾分赴各市返乡省亲寻根考察,17市精心安排了形式多样的特色交流活动。一是返乡特色交流活动精彩纷呈。各市根据返乡考察嘉宾的特点,组织寻根访祖、参观旅游、项目考察、经贸恳谈等系列活动。济南市精心策划了12场“至诚儒商聚泉城”特色返乡考察活动，青岛市举办儒商大会2018青岛投资说明会、青岛市现代产业招商政策推介项目对接会等特色活动，淄博市举办首届淄博齐商大会，东营市举办“相约黄河口，儒商东营行”活动，烟台市举办“乡情·乡约烟台之夜”2018烟台市招商引资招才引智洽谈会，济宁市举办“2018儒商大会嘉宾东方圣城行”活动，威海市举办以“选择威海，共赢未来”为主题的招商洽谈活动，日照市举办“儒商大会2018·日照发展”恳谈会，滨州市组织了“儒商滨州行、乡音叙乡情”系列活动，德州市举办“儒商家园尚德之州”双招双引恳谈会，临沂市举办了“情系沂蒙”恳谈会，莱芜市举办儒商莱芜行暨“三招三引”大会等。二是返乡嘉宾心心念念为故乡做贡献。阿联酋华侨华人联合会副主席、阿联酋中正集团董事长包有增，在得知家乡受灾的消息后，呼吁阿联酋侨胞们踊跃捐款，且个人为青州市王坟镇一所幼儿园捐赠10万元。从肥城市走出去的董凌，现为香港维堡家族办公室有限公司CEO，与泰安洽谈的项目成为省重点项目。从东营市利津县走出去投身商海、创建了杭州宏峰纺织集团有限公司的李泽洪，推动全国500强企业——恒逸集团己内酰胺—聚酰胺项目正式落户东营。三是返乡恳谈成果丰硕。据不完全统计，各市也自行签署一批重点合作项目，其中烟台市签约招商引资和人才合作项目73个，总投资3447.7亿元；威海市签约项目25个，总投资1473亿元；淄博市签约项目36个，总投资1115.32亿元；济南市签约项目29个，总投资879.8亿元；济宁市签约项目26个，总投资444.2亿元；东营市签约项目11个，总投资201亿元；临沂市签约项目20个，总投资134亿元；聊城市签约项目2个，总投资40亿元。

（五）选择山东，开启“双招双引”新征程

在大会开幕式上，美国麻省理工学院教授丁肇中，全国工商联党组副书记、副主席樊友山，山东省委书记、省人大常委会主任刘家义，省委副书记、省长龚正，共同启动“选择山东”云平台。“选择山东”云平台由山东省商务厅主办，山东省互联网传媒集团具体承建，运用云计算、大数据、人工智能等先进技术，汇集全省各省直厅局、产业部门及17市、180多个经济园区和十强产业的项目、人才、资本等供需信息。

“选择山东”云平台围绕山东新旧动能转换重点发展“5+5”十强产业，建立了重点产业项目数据库，数据库收录了此次儒商大会着力向全球推介的600个重点项目。投资者可以在平台的产业项目库里搜索到目标项目，也可通过注册登录平台，提交自己的意向需求，系统自动为投资智能匹配项目。同时，投资者也可以关注“选择山东”云平台的微信服务号，完善个人意向需求资料，即可完成对相关投资信息、产业项目等内容的订阅。围绕解决“引进什么样的人才”的问题，平台搭建了“十强”产业岗位需求库，汇集了539家单位提供岗位需求。围绕解决“需要什么样的人才”的问题，平台搭建了“十强”产业重点产业人才信息库，收录了2000多高层次人才信息，用于平台的智能匹配。“选择山东”平台上线后，将以“选择山东　共赢未来”为主题，紧紧围绕服务于全省新旧动能转换，打造对外开放新高地的功能定位，全面汇集全省产业部门信息，满足项目和人才供需信息及时发布、智能匹配、精准对接；建立完善相互协作、上下贯通的工作机制，通过线上线下有效结合和实时跟进，打造集投资服务、项目招商服务、人才引进服务等功能于一体的公共服务平台。

（六）宾客盈门处，浩浩东道情

在坚持安全底线的前提上，安保组充分借鉴上合组织青岛峰会、第22届国际历史科学大会的安保经验，确定了“内紧外松”安保模式，安检等工作坚持灵活性与原则性相结合，加强社会面治安管控，坚持文明执法执勤，强化队伍内部管理，大力营造和谐安保氛围，实现了政治效果、社会效果和安保效果的有机统一。大会工作人员和志愿者劳而不怨，从接站送站，到车辆保障、宾馆接待服务，都让儒商高朋感受到了山东扑面而来的东道情谊。在车站、机场，志愿者青春的脸上始终洋溢着暖心的微笑。他们着装统一，高举迎送牌，引导嘉宾出站，帮助搬运行李，及时将嘉宾送至入住酒店……而这些，仅仅是志愿者服务工作的一个缩影。本届大会有281名大学生志愿者参与了志愿服务工作，包括日、韩、德、法、西班牙、阿拉伯等61名小语种志愿者参与了接待服务。志愿者分成7组，在11类岗位上为大会宣传、接待、安保引导等工作提供服务。志愿者上岗前进行了礼仪知识、行为规范、山东省情、外事纪律、大会情况等培训，以确保能以良好精神风貌和干练工作能力投入大会接待服务工作。本次大会志愿者共为1000多名参会嘉宾提供了14560小时的优质服务，得到嘉宾、媒体和有关单位的高度好评。大会稳妥完成电力、通信、车辆保障，制定工作预案，细化完善风险预警预控措施。专门制定了《儒商大会2018车辆保障服务手册》，切实抓好人员培训，确保车辆保障万无一失。大会期间，共调度车辆1000余班次，接送嘉宾1500余人次，无一差错，无一差评，亮出了好客山东的优质名片。大会宾客盈门，服务无处不在，迎面而来，俱是浩浩东道情。

（七）海内存知己，谦谦君子情

虑嘉宾所需，尊嘉宾所愿，中英文会议指南、选择山东、返乡考察手册、论坛推介项目册、山东省招才引智推介画册、山东画报、明信片、大会日程卡、乘车温馨提示的个性化设计让四海宾朋更切实地感受到了儒商大会的君子风范、谦谦诚意。对会议服务进行了全方位数字化提升，从签到环节到掌上服务平台，增强嘉宾体验度。安全保障坚持“内紧外松”，原则性与灵活性相结合，做到“无感安检”。医疗保障专业贴心，共响应处理20余起嘉宾医疗需求。组委会安排的各平行论坛、资本对接会以及各市返乡活动，充分尊重嘉宾的需求与愿望。大儒商道，追求的是“仁义”之道，君子务本，本立而道生。儒商大会的谦谦君子情即发乎此，必扬乎海内。海内存知己，纵使天涯，也定能召若比邻；谦谦君子情，尽我“仁义”，必不负四海贤能。

（八）宣传造势，铸造儒商大会金字招牌

任爱荣副省长两次出席新闻发布会宣传推介儒商大会。大会邀请人民日报、新华社、中央广播电视总台等30余家中央新闻媒体，21世纪经济报道、第一财经日报、界面等国内知名经济媒体，澎湃、今日头条等移动新媒体平台，北京、广东、江苏等兄弟省市媒体，中国网视台、中外新闻社、日本读卖新闻、东森电视台、韩国中央日报等十几家海外媒体，组织十余家省直媒体及省内17市媒体的372位记者参与大会报道。会议期间专门设立大会新闻中心，为记者提供了周到服务和丰富素材，大会官网及微信公众号、官方微博每天精准推送大会最新动态，助力与会媒体掀起多层次全矩阵的宣传高潮。伴随着大会成功举办，省和各市主要新闻媒体、经济类、都市类、网络媒体开设专栏、专题、专版、专刊数十个，采写稿件千余篇，一大批有速度、有深度、有温度的融媒体新闻产品取得了“刷屏”效果。9月27～30日，省主要新闻媒体集中推出原创新闻报道和融媒体新闻产品300多篇。加大对大会报道的网络宣传推广力度，专题和重点稿件被人民网、新华网、中新网、央广网、国际在线等中央重点新闻网站，央视新闻+、腾讯新闻、新浪新闻、今日头条、一点资讯、凤凰新闻等商业门户网站和知名客户端，红网、荆楚网、华龙网等21家地方重点新闻媒体转发，浏览量9015.9万PV，累计覆盖人数超8亿人次，形成了全媒体、多样态、多声部、立体化的强大宣传声势，全方位地展现了山东机遇、传递浓郁乡情，全面烘托树立了儒商大会品牌，为重塑山东开放型经济发展新优势、加快新旧动能转换、推进高质量发展凝聚了强大合力。

大会海外推广推介效果显著。大会宣传广告和新闻稿件以英文、德文、法文、西班牙四种语言发布，在福克斯、华尔街精选、美国国家广播电视台、雅虎、商业周刊、哥伦比亚广播公司、美国广播公司、道琼斯市场观察等全球知名媒体落地863次，浏览量近两亿人次。今日俄罗斯通讯社、美国合众国际社、韩国京仁放送、欧洲新闻图片社、葡萄牙通讯社、美国外交官杂志等15家境外媒体记者应邀到山东采访，所发原创稿件被全球300余家媒体刊登转载，总访问量达2000余万人次。山东广播电视台纪录片中心（外宣中心）制作的主题宣传片《东风催商潮　机遇在山东》在开幕式现场播放，突出新旧动能转换等重大决策带来的山东机遇和广阔的发展空间，大量运用最新的航拍镜头，受到与会嘉宾一致好评。

大会期间，在山东大厦主会场精心策划举办了山东经济社会发展成就展、新旧动能转换重大工程规划展，让参会嘉宾了解家乡的发展变化；设置了山东"老字号及非遗产品技艺展"专区，精选出东阿阿胶、德州扒鸡、泰山桃木王、潍坊风筝和木版年画、东明粮画、鲁绣、诸城派古琴、泰山玉、巨野工笔画、淄博陶瓷等极具山东特色的老字号和传统技艺，让参会嘉宾体验乡土人情、特色美食和传统民族工艺，感受家乡的浓郁乡情。3个高规格的主题展览，整体突出商业氛围和文化底蕴，通过图文并茂、现场展示和互动体验等方式，充分展示了十八大以来我省经济社会发展取得的成就和重大发展战略，展示了山东省独具特色的地域传统文化，是一次成功的、别开生面的对外交流展示。参会各级领导和海内外嘉宾给予高度赞扬、纷纷点赞。刘家义书记、龚正省长专门参观展览并现场体验老字号技艺，认为交流活动有力地宣传了大儒商道的理念。第一次来济的诺贝尔奖获得者蒂姆·亨特教授表示大会文化交流活动非常好，如果有机会还要继续深入了解。

三、以会为媒，感悟儒风乡情

儒商大会充分发挥平台效应，以会为媒，透过细腻醇厚的乡情，将儒家风范彰显得淋漓尽致，让前来参会的四海友朋通过细致周到的接待服务，时刻感受到齐鲁大地散发出的浓浓的故乡情、赤子情、手足情、东道情、君子情。

（一）海上生明月，殷殷故乡情

餐饮方面，大会在保障千人用餐的同时，还根据地域特色设计了诸多家乡风味餐点，严把食品安全标准关。欢迎晚宴菜品中，以最具山东文化标志性的孔府菜开宴，胶东海鲜菜第二、博山菜第三，作为东道主的济南菜最后压轴。宴会点心、小菜均采用17地市的知名特色小吃。此外，还特别兼顾嘉宾的清真、素食等个性就餐需求，让来宾就餐放心、满意。儒商大会恰过仲秋，大会特意为每一位参会嘉宾准备了一块月饼。月饼虽小，但它凝结着故乡对每一位游子殷殷的情义。这普通到极致的五仁月饼，却满载着儿时的记忆，满溢着老家的味道。犹让嘉宾们感到意外惊喜的是，在这块普普通通的月饼上，还印有他们各自的生肖属相。另外，晚宴上山东籍著名小提琴演奏家吕思清演奏的一曲《沂蒙山小调》，这一切都在传达着故乡人的敦厚和温暖。此时此刻，海上生明月，殷殷故乡情。

(二)久客思归处，拳拳赤子情

游子心底最柔软的部分，藏着故乡褪不去的文化印痕。济南市为大会精心准备的两场活动——湖光泉韵明湖秀、京剧意象杂技剧《粉墨》，恰如其分地唤醒了嘉宾们对故乡的记忆。为组织好这两场活动，组委会多次实地查勘，反复组织演练，科学精细设计交通路线，制定了严密的工作措施，确保万无一失。用精彩文化活动欢迎游子回家的背后，凝结着故乡人太多夜以继日、事无巨细、严谨细致的筹备服务，这不竭的动力源自每一个山东人拳拳的赤子情怀，让每一位嘉宾顿生敬意，心念归途。为了舒展每一位嘉宾的心底印痕，济南市精选了既具有历史文化内涵又不失时代精神面貌的“伴手礼”系列，集中了代表老济南印象的“兔子王”泥塑、画着济南老街老巷的手绘明信片、漫画版的济南攻略、泉城济南城市游记卡片等文创产品以及宏济堂阿胶片速溶粉、秦老太“济南二怪”(甜沫、茶汤)、平阴玫瑰鲜花饼等，并诚邀山东老字号及非遗产品技艺展亮相，代表性传承人现场亮绝活，将浓郁的乡土气息展现给每一位嘉宾。久客思归处，勾起归乡赤子拳拳深情。

(三)朋自远方来，浓浓手足情

组委会经反复考察、遴选，确定山东大厦、南郊宾馆、舜耕山庄、维景大酒店、中豪大酒店、珍珠泉宾馆、喜来登酒店、香格里拉酒店等8家接待经验丰富、内部管控有序的宾馆承担嘉宾接待服务工作，以儒家思想主题布置酒店接待客房，根据来宾不同生活习惯，精心安排房间的各项设施，贴心配备迎宾果盘与茶点，嘉宾不论是凌晨还是半夜到达，都能体验到回家的感觉。济南在全市星级饭店开展“微笑，绽放城市之美——2018年泉城微笑行动”，同期举办中国鲁菜美食文化节，全面提升酒店餐饮服务质量，让嘉宾在济南期间生活安心顺心放心。大会期间，优雅、端庄的接待人员让每一位嘉宾都倍感亲切，周密细致的安排、热情周到的服务让每一位嘉宾都感受到家的温暖，纷纷通过电话、短信等方式表达诚挚谢意，入住中豪大酒店的新西兰嘉宾还专门为驻宾馆接待工作人员表演了民族特色的毛利战舞。乡梓旅归日，倾情待宾朋。俱为盛会至，手足情更浓。

四、几点体会及下步工作打算

此次活动取得圆满成功，主要得益于以下几个方面：

1. 领导重视是关键

省委、省政府对举办“儒商大会 2018”高度重视，刘家义书记、龚正省长亲自担任组委会主任。王清宪同志担任执行主任，邢善萍、王忠林、王随莲、任爱荣、申长友同志担任副主任。刘家义书记、龚正省长分别对大会做出重要批示指示，王清宪同志多次召开专题会议，听取筹备工作情况汇报，对许多重大问题亲自协调、亲自督办，强有力地推进了各项工作的顺利进展。

2. 团结协作是前提

活动之初即建立儒商大会组委会，下设组委会办公室、综合组、联络组、宣传组、人才组、项目组、接待组、安保组和监督审计组，各工作组牵头部门主要领导亲自抓、分管领导靠上抓，明确主要工作任务，根据需要抽调人员组成工作班子，细化责任分工，制定进度计划，认真推进落实。各市也参照省里的架构，政府主要领导亲自协调，设立了相应的工作机构。各专项工作组、省有关部门和各市密切沟通、团结协作、相互配合，形成了合力，共同完成工作任务。

3. 精心策划是保障

大会提炼确立了定位精准的宗旨和主题，彰显了省委、省政府站在实现“两个走在前列、一个全面开创”的高度，以儒为媒，推动新旧动能转换，实现高质量发展的决心和定力。组委会各工作组、省有关部门和各市在宣传推介、嘉宾邀请、联络接待、活动设计、后勤保障等各个环节精心筹划，形成工作细案，使各项工作落到实处。坚持节俭办会，提供经费保障，使活动达到了预期目标，取得了实实在在的成果。

下一步工作打算：

1. 适时举办第三次新闻发布会

发布“儒商大会 2018”嘉宾邀请及参会情况、总体成效和平行论坛签约项目成果，选择山东云平台今后的运维工作，闭会期间大会秘书处的工作安排等。

2. 督导落实大会各项成果

省有关部门及各市要认真梳理签约洽谈项目，形成项目推进落实台账，建立重大项目领导分工推进责任制，实行定期督查调度，年底按项目落地率进行考核并通报，及时协调解决项目推进中遇到的困难和问题，对项目涉及的环保、土地、规划、审批、注册等手续问题，要依法简化程序，提高工作效率，节约项目投资时间和经济成本，为项目搭建“绿色通道”。

3. 进一步做好跟踪服务

充分发挥大会秘书处的领导协调作用，省有关部门和各市要继续加强与大会嘉宾后续的联系沟通，跟进落实现有的合作计划，探讨寻求新的合作机遇，了解与会嘉宾提出的意见和建议，对相关问题尽早研究并提出解决办法，及时反馈给对方。汇总制作大会特刊、音视频集锦、嘉宾的精彩发言论文集，发各市、县(市、区)学习。

4. 做好“选择山东”云平台运维工作

山东省商务厅会同有关部门、各市共同维护运营“选择山东”招商引资招才引智云平台，实施项目责任制的垂直管理和政府行政服务机构横向管理的矩阵式模式，以招商项目云平台建设和招商一体化服务体系培育为支点，着力打造线上线下相结合，集“大数据收集—云计算分析—人工智能对接—精准招商对接”于一体的招商数字产业链；构建以政策赋能体系、信息共享体系、资源整合体系、招商服务体系、立体推广体系为支撑的一体化招商生态链；构造工作模式平台型、复合化的招商价值链。

5. 认真策划下一届儒商大会

认真总结此次活动的经验和问题，从筹备工作的各个环节查找不足和短板，研究提出解决方案，探讨对大会的主要标识、设计进行商标和版权的国际注册保护。为赢得主动，适时策划下一届儒商大会，力争早启动、早筹划、早落实，努力实现定位更准、效率更高、内容更实、收获更大。

山东日本商务周活动的总结报告*

经省政府同意，2017 年 12 月 8～15 日，山东省商务厅联合日本住友商事、三菱企业集团、伊藤忠商事、三井物产、青岛日本商会举办了“2017 山东日本商务周”活动。这是我省深入贯彻落实十九大关于推动形成全面开放新格局的战略部署，努力推进新一轮高水平对外开放、积极利用外资的重大举措。期间，举办了“选择山东——新旧动能转换合作新机遇对话会”“中国—东亚博览会平台研讨会”以及日本企业品牌产品展等活动。活动宣传展示了我省与日本的经贸合作成果；围绕新趋势、新理念、新商机深入交流洽谈，达成了投资、贸易、商品采购和共同开拓“一带一路”市场等一系列合作协议，取得了圆满成功，现将有关情况报告如下：

一、主要活动情况

（一）高层推动，精准务实

省委、省政府高度重视此次活动。12 月 8 日，省委副书记、省长龚正集体会见了三菱重工业、住友商事、三菱商事等日本世界 500 强及行业领军企业东亚区、中国区负责人，详细介绍了我省深化供给侧结构性改革、推进新旧动能转换重大工程的战略部署和合作机遇。任爱荣副省长出席“选择山东——新旧动能转换合作新机遇对话会”并作了主旨演讲，中日双方代表超过 400 人参加了对话会。12 月 12 日，任爱荣副省长在青岛会见洋马控股公司客人，洋马（山东）研发中心举行了开业仪式。12 月 14 日，王随莲副省长会见了住友商事客人，出席了“山东省—住友商事战略合作圆桌会议”致辞并见证重点项目签约。

---

* 作者：山东省商务厅亚洲处。

在对话会、圆桌会议、专题洽谈、产品展示与采购、项目签约等13场系列活动中，筛选了全省有关开发区和企业的150余个项目推荐给日方，日方反馈并提出83个方面的合作意向，双方进行了精准对接洽谈；部分流通百货企业和市场采购平台与20家日本企业，就商品进出口采购举行了洽谈；日中经济协会、日本能率协会等综合商社及国内会展专家围绕发挥我省毗邻日韩的地缘优势，打造对接“一带一路”中欧班列贸易通道的东亚博览会进行了深入研讨。会后，多家知名日企分别赴济南、青岛、烟台、威海、日照等市实地考察合作项目，部分参展企业在济南银座和谐广场进行了为期两天的品牌商品展销活动。

（二）参会踊跃，反响强烈

“2017山东日本商务周”是近年来我省举办的最大规模的对日经贸交流活动。商务部亚洲司、外贸发展局有关负责人应邀出席开幕日主要活动；住友商事、三菱商事、三井物产等日本大商社、大企业东亚地区、中国区负责人，日中经济协会、日本贸易振兴机构、日本能率协会、日本国际贸易促进协会、日中经济贸易中心等经济团体负责人，共计153人来访，其中世界500强企业21家，隐形冠军及行业领军企业15家。我省17市政府、13个省直部门负责人，部分经济开发区和100多家企业350余人参加了各项系列活动。《大众日报》、山东广播电视台等省内媒体以及齐鲁网、新浪等门户网站都对活动进行了报道；日本影响力最大的门户网站雅虎网以专题形式报道了山东举办“2017山东日本商务周”活动，日中经济协会、参会企业也在其官网上发布了日本商务周相关信息，引起了日本经济界的广泛关注。

（三）互利双赢，成效显著

双方企业围绕智能制造、智慧城市、医疗健康、节能环保、商品贸易等领域精准对接，达成了一批合作意向，其中医疗健康、先进制造业、智慧城市、现代农业、大宗商品贸易等领域的7个重点项目签署正式合作协议。洋马控股在青岛新设洋马（山东）研发中心。我省65家零售采购企业与参加品牌商品展的日本企业进行了超过200轮的对口洽谈，达成采购意向21个、采购合同4个。三菱商事、三井物产与山东电建总公司、电建三公司分别就联合采购成套设备，合作开发西亚、东南亚电力工程，共同拓展“一带一路”市场达成合作意向。

特别是借助“2017山东日本商务周”对外发布我省策划创办东亚博览会平台、培育国家级综合性展会。商务部外贸发展局副局长金虹出席研讨会并明确表示给予支持。与会专家提出以“一带一路”倡议为切入点，围绕东亚区域合作特点探讨"1＋X"模式，即综合性展会与专业性展会有机结合，积极创立东亚博览会。省内10家会展机构表示，期待政府发起并大力扶持、引入国际高端展会运营商，共同将东亚博览会培育成引领我省会展经济发展的标志性平台。

二、几点体会

（一）抢抓机遇，扩大我省在日本经济界影响力正当其时

2018年正值中日邦交正常化45周年，两国领导人连续会晤，双方就在"一带一路"框架内加强合作等达成共识，2019年将迎来《中日和平友好条约》缔结40周年。对接会上，日中经济协会专务理事专门介绍了李克强总理11月接见日本大型企业家代表团的相关情况。参会日方代表普遍表示，山东适时举办日本周在日本经济界有力强化了山东声音，两国关系回暖向好必将推动经贸合作快速发展。2017年，日本进出口保持了10％左右的增速，上半年海外投资907.3亿美元，增长12.3％，日本企业界预计，人工智能、数据处理、高端装备等新技术、新产业对华投资将增多，特别是日本大商社、大企业和创新型中小企业，从供给端、技术、基础设施和"一带一路"沿线第三方市场寻求与我企业合作愿望十分强烈。深化与日本等周边国家的经贸合作，积极参与跨国公司新一轮对华布局迎来了重要机遇期。

（二）聚焦主题，新旧动能转换重大工程孕育巨大商机

"2017山东日本商务周"以"选择山东——新旧动能转换合作新机遇"为主线，对我省以"四新"促"四化"和十大重点产业进行了集中推介。活动中，省领导多次与跨国公司高管当面沟通推介新旧动能转换重大工程和扩大对外开放的最新举措，探讨互利合作的新空间、新商机，大大增强了吸引力和影响力。龚正省长在集体会见日方嘉宾时，详细介绍了山东省全面贯彻落实党的十九大精神，深化供给侧结构性改革、推进新旧动能转换重大工程时间表、路线图和加强环境建设的有关情况，并就与日本加强战略合作提出了具体措施。山东省商务厅编印了智能制造、新信息、高端化工、能源原材料、海洋经济、现代农业、医疗健康、文化产业等领域109个重点项目和《2017中国山东省外商投资报告》发送给日方参会代表。山东省发改委两次专题推介新旧动能转换重大工程，省民政厅、农业厅、卫计委、环保厅、国资委现场解答日方关心的专题问题。通过"2017山东日本商务周"，日本经济界加深了对我省实施新旧动能转换重大工程的全面理解，十大重点产业领域与日方的发展契合点多，为双方在技术、

管理、服务、人才等方面带来了巨大合作空间。

(三)创新模式,深化大企业战略合作是有效平台

日本跨国公司在项目布局与投资决策时,注重企业间共同协商,崇尚精细化经营管理模式,在汽车、电子、机械、化工等重点行业由为数不多的大企业形成了稳定的产业链协作关系。尤其是各综合商社除了自身开展贸易、投资外,还牵头成立了三菱集团、住友集团、三井集团等企业战略联盟,在联盟中负责全球范围的资源能源供应、产品销售、经济信息收集分析和市场渠道拓展,掌控着供需全链条,是日本跨国公司“走出去”的引路者。我省与三菱企业集团、住友商事、伊藤忠商事、三井物产、丸红、永旺、富士通等23家日本世界500强及行业领军企业建立了战略合作关系,借助与大商社、大企业建立的战略合作平台,务实举办系列活动,是深化对日经贸合作的重要支撑。

(四)互利双赢,提升对日经贸合作水平大有可为

日本是世界第三大资本输出国、第四大货物贸易国,也是我省第三大投资来源地和第五大贸易伙伴,不是我省吸收世界500强投资最多的对象国。当前,日本企业认识到制造业IT技术的广泛应用和劳动者教育程度大幅提升、劳动时间较长使我国成为劳动力素质、劳动生产率提升最快的国家,其在东南亚、南亚的投资项目已经出现回归中国的现象。近期海信收购东芝电视家电部门、歌尔声学投资设立东京研发中心、迪尚在日本布局品牌展示中心和线上线下连锁研发服务网点等,双方“双向投资”合作趋势明显。在贸易方面,我省内需市场和辐射空间巨大,其中农产品对日本出口占到了中国对日农产品出口的40%以上,依托全国首个出口食品农产品质量安全示范省,推动双方产品标准和检验检疫认证互通互联,进一步提升贸易便利化水平潜力巨大。日本国际贸易经济研究所专家在对接会上表示,日本对“一带一路”倡议的关注度正快速提升,今后在“一带一路”沿线国家的投资势必会增加,山东省与包括已经在山东的日资企业一道开发第三国市场商业合作的机会,会成为双方新的合作增长点。

(五)通力配合,各市各部门团结协作是日本周成功的重要保障

省政府印发“2017山东日本商务周”活动总体方案后,全省17市、13个省直单位迅速明确责任人和联络人,建立了内外一体、双向沟通、上下联动的工作机制,快速反应、高效对接,确保了参会组织、项目洽谈等筹备工作的有效运行。省有关部门密切配合,共同策划和主动参与各项活动;各市除组织商务部门、开发区、企业参会外,还积极邀请日方

企业5次派遣项目工作组前期来访考察，济南市举办了"济南—住友商事高层对话会"，枣庄市安排三菱集团考察洽谈动力电池产业，威海市邀请日医集团考察养老服务，日照市协调三菱商事（上海）有限公司访问山钢日照精品钢基地等，这都大大增强了整体效应。

关于深化对日高质量“双招双引”工作情况的报告*

当前，中日关系出现战略性调整，两国双边经贸合作正在进入新的历史机遇期。为抢抓机遇，积极贯彻落实全省招商引资招才引智工作会议精神，需要我们发挥好山东面向日本、韩国的独特区位优势，主动融入国家开放大局，深度融入“一带一路”建设，全面深化与东亚国家特别是日本的经贸合作，不断创新合作方式，拓展合作空间，提高合作层次，为打造对外开放新高地提供强力支撑。

一、深化对日高质量“双招双引”基础坚实

借助与日本隔海相望的区位优势和资源禀赋丰沛、产业体系完备等综合优势，我省积极开拓与日本的交流合作，成为日本对华投资的聚集地和重要合作伙伴。

(一)日本已经成为山东实体经济利用外资的主阵地

日本是我省第三大外资来源地。2017 年，全省新批实际利用日资 42.2 亿元，增长 11.3%，占日本对华投资的 19%。截至 2017 年，我省累计吸收日本直接投资 110.4 亿美元。从投资领域看，主要集中在制造业，2017 年占比达 93.1%，高于全省制造业利用外资占比 39.7 个百分点，成为我省利用外资促进实体经济转型升级的重要对象国。

(二)双方企业间产业链战略合作日益密切

我省企业积极对标日本的优势产业，开展先进技术、资本、品牌、市场网络等领域的合作。

2002 年，海尔集团引进三洋电机合资成立三洋海尔株式会社，以两

* 作者：贾继庆、马俊。

国白色家电市场为基础，互换市场资源，建立新型的竞合关系。

2011 年，海尔出资 100 亿日元并购三洋在日本和东南亚地区洗衣机、冰箱业务，中国制造业首次完成对日本大企业主力事业部门的收购。

2011 年 8 月，山东如意科技集团引进伊藤忠参股 30%，通过双方战略合作实现了面料—服装—销售产业链国际化整合。

2017 年 11 月，海信投资 1.2 亿美元收购东芝映像解决方案公司 95%的股份，进入日本多媒体研发、生产、销售及云服务高端市场。

现有在鲁日资企业中，越来越多的企业开始自日本转移引进 R&D 环节实现技术研发本土化，目前已经有 83 家“生产＋研发”日资企业，研发中心投资总额 20.8 亿美元。世界 500 强小松制作所自 1995 年与山推集团合资以来，逐渐将在中国的生产重心集中到济宁，并先后投资了液压件、叉车、铸钢、履带、材料实验中心，带动了日本胜代机械、大京机械、东洋热交换机等 10 多家供应商跟进投资，培育了济宁锐博、恒松机械等一批本土配套企业，形成了具有国际竞争力的工程机械产业集群。

（三）新产品、新模式合作不断拓展

日本是我省第三大国别贸易伙伴。2017 年，我省与日本进出口额 1447 亿元，占全省进出口贸易额的 8.1%，占中日双边贸易总额的 7.1%。日本是我省农产品、纺织服装产品和文化产品的第一大出口市场、轻工产品的第三大出口市场，机电设备和电子电器、化工、钢材也占据重要份额。特别是农产品领域，2017 年山东对日出口 276.6 亿元，占全国对日农产品出口的 40%，连续 19 年位居首位。

双方企业不断拓展合作新方式。2010 年 5 月，如意集团收购日本上市公司瑞纳，成为其第一大股东，通过该公司旗下雅格狮丹、登喜路、都本、浪凡、MANO 等 30 多个国际品牌和 2400 家门店，成功地将高档服装引入日本市场。迪尚集团在日本实施贸易与服务科技化战略，推广数字化服装设计系统、供应链云平台定制化服务。鲁泰、佰宜、桑莎、威高、歌尔声学等一大批企业在日本设立了销售网络和研发中心。

（四）日本经济界对提升两国经贸合作充满信心

2018 年 6 月 20 日，中国日本商会发布《中国经济与日本企业 2018 年白皮书》。该商会会长平井康光介绍，2017 年日本对华投资 32.7 亿美元，增长 5.1%，扭转了连续 4 年的下降趋势，虽然还没有回到 2012 年 73 亿美元的峰值，但反弹的势头将持续下去，并表示，中日关系正迎来友好的机遇期，双方经济合作也必将更加密切。《白皮书》依据对 8841 家日企的调查显示，日本企业关注的领域包括机器人在内的智能自动化、制造业的零部件以及服务业。同时，日企也非常关注“一带一路”，双方的合作不再限于中国国内，还有两国企业在第三国的投资合作。

二、深化对日高质量“双招双引”前景可期

深化对日高质量招商引资、招才引智，应深入研究日本经济发展趋势，我省与日本产业链上下游的内在关联度和配套能力，以实体经济为着力点，聚焦聚力新技术、新产业、新业态、新模式合作，进一步促进全省对日投资贸易合作升级。

（一）日本经济和海外投资持续向好

自 2013 年以来，日本经济成功走出了多年徘徊低谷，实现平稳增长（见图 1）。2017 年，日本 GDP 达到 545.8 万亿日元（约 4.88 万亿美元），增长 1.6%，人均 3.84 万美元；出口实现 6983.7 亿美元，增长 8.3%；进口 6714.3 亿美元，增长 10.5%。日本政府确立的目标是到 2030 年经济规模提高到 846 万亿日元。

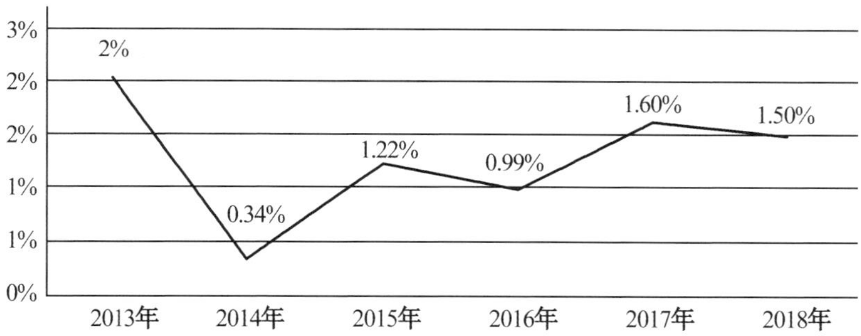

图 1　2013～2018 年日本经济增长情况①

日本是世界第二大对外投资国，企业海外直接投资活跃（见图 2）。2017 年，日本对外直接投资 1685.9 亿美元，较 2012 年底增加 91%，几乎翻了一番。据日本乐国富（RECOF）咨询机构统计，2017 年日本海外并购案达到667起，继 2016 年再创新高，特别是内需型企业海外投资日趋突出，柒和伊控股公司投资 3660 亿日元从美国接手了约 1100 家便利店；中小企业也开始进行海外并购，如高级公寓管理公司 Anabuki Housing Service 投资越南同行企业等。

① 注：2018 年为 OECD 预测值。

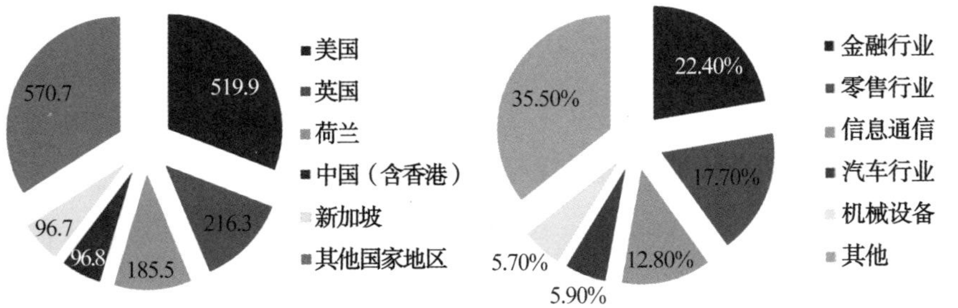

图 2　2017 年日本分国别、分行业对外投资情况①

（二）日本主要产业聚集孕育合作商机

2017 年，日本经产省发布“2030 年新产业结构愿景”目标，将大力推动技术革新，重点发展物联网、AI 和机器人等高新科技产业，在制造业、能源、金融、医疗、教育等广泛领域创造出更多的新服务、新业务，确保支柱产业的核心竞争力。

1. 汽车及零部件产业

汽车及零部件产业是日本第一支柱产业。丰田、本田、日产等 10 大厂商每年生产汽车约 2800 万辆，占全球市场份额的 1/3，其中海外生产比例超过 60%。日本在全球率先开发出纯电动汽车，混合动力、氢燃料电池技术全球领先。除整车外，日本汽车零部件产业规模巨大，2017 年世界 100 强零部件供应商日本占据 29 席，电装、爱信精机、普利司通、丰田自动织机、精工、康奈可、矢崎都是世界知名汽车零部件供应商。

2. 机床产业

日本 20 世纪 80 年代取代美国成为世界数控机床的领跑者，以高品质和卓越的可靠性赢得广泛声誉。据日本机床协会统计，2017 年，日本机床获得订单 17803 亿日元（约 150 亿美元），增长 38%；其中出口 10923.7 亿日元（约 100 亿美元），增长 44%。山崎马扎克、天田、大隈、森精机、牧野等是世界知名的机床制造商。

3. 机器人产业

日本号称“机器人王国”，自 20 世纪 80 年代以来，机器人的生产、出口和应用都居世界首位。在机器人世界 4 大顶级公司中，发那科、安川电机来自日本；前 10 位机器人制造商日本占 5 家，不二越、川崎、爱普生在列。据日本机器人工业协会统计，2017 年，该协会会员企业获得订单约

① 数据来源：日本贸易振兴机构《日本的国际投资》2018 年版。

64.3 亿美元，增长 28.5%；其中出口 47.6 亿美元，对华出口达到 20.6 亿美元，增长 57.9%。目前，软银、本田、安川电机等厂家正在大力研发包括医疗护理、养老、导游导购、农业等领域的商用机器人。

4. 电子电器产业

受中韩企业的激烈竞争，富士通、东芝、NEC 等日本企业纷纷从电视、电脑、手机终端产品撤出，将重心转向关键电子元器件领域，在音频、视频、半导体、电子材料、专用设备等方面依然维持技术领先。东京电子是全球最先进的集成电路和平板显示器成套设备供应商，佳能、尼康、京瓷、夏普等在各自领域保持行业领军地位。

5. 医疗健康产业

在 2017 年世界制药企业 50 强排名中，武田制药、第一三共制药、大冢制药、太阳制药、田边三菱制药等 8 家日本企业入围。2018 年 5 月，武田制药斥资 460 亿英镑收购欧洲制药巨头夏尔。日本高端医疗器械研发制造居于领先地位。例如，日本的重离子肿瘤治疗装备和技术居世界最前沿，全球投入运营的重离子治疗中心共 8 家，日本占了 6 家，可生产医疗重离子加速器的厂家只有日立、三菱电机、住友重机和德国西门子。

（三）中日韩自贸区谈判提速激发合作新动能

中日韩三国 GDP 总量 15 万亿美元，占东亚 GDP 的 90%，占全球 GDP 的 20%。2017 年，三国对外贸易总规模 6.52 万亿美元，但三国之间的贸易量只占到 19.7%。从产业结构上看，中日韩各自产业优势不同，具有产业链协作的需求，相互资本、技术、配套、服务等领域的联系日益密切，为设立自贸区奠定了基础。从贸易结构上看，中国对日本、韩国机械设备和电子产品的出口比重明显增加，进口的商品也逐步从工业半成品、零部件向终端制成品发展，三国产业内和公司内贸易日益增多。

中日韩自贸区谈判于 2012 年 11 月开始启动，到 2018 年 4 月已经进行到第 13 轮。5 月 8～11 日第七次中日韩领导人会议期间，三国就加快推进自贸区谈判，促进东亚地区贸易投资自由化和便利化达成共识。尽早达成一份全面、高水平、互惠、具有独特价值的自贸协定，促进地区产业结构调整和经济发展，符合三国经济利益和长远发展，为企业间追求产业协作和共同拓展国际市场增添新动力。

（四）中日地方经济合作潜力巨大

中日经贸合作是双边关系的推进器。近年来，日本经团联、日本商工会议所、日本国际贸易促进协会、日中投资促进机构、日中经济协会等知名团体每年都组织大型企业界代表团访华。2017 年 11 月，由经团联会长榊原定征、日中经协会长宗冈正二、商工会会长三村明夫率领的250人大型访华团，2018年4月国贸促会长河野洋平率领的访华团，均得到了李克强总理的会见。我省与日本建立了多层次战略合作关系，其中与三菱、住友、三井物产、伊藤忠、丸红、富士通、瑞穗银行等30多家大商社、大企业和金融机构分别签署战略合作协议。自2011年起每年举办山东省—三菱集团战略合作交流会，是三菱集团与中国地方政府间搭建的唯一的交流平台，其成员企业累计在山东投资项目达到51个，投资额12.6亿美元。2014年9月，淄博市政府与日中经济协会签署协议，建设中日大气污染防治综合示范区，第一批电解铝除尘器等7个合作项目已经取得初步成果。

三、措施建议

（一）划分功能区，全域推动对日高质量“双招双引”

1. 济南、威海“服务贸易”板块，依托济南国际医学科学中心和国家健康医疗大数据北方中心建设，规划建设中日医疗健康产业园，争取赋予日本医疗器械、药品、医师和研究人员市场准入扶持政策，带动两国企业和医疗机构在医疗器械生产、重离子肿瘤治疗、手术、健康查体等方面的合作。策划主题园区，大力发展对日跨境电商、服务外包、健康养老等现代服务业合作。

2. 青岛、烟台“汽车与新一代信息技术”板块，瞄准日本未来汽车产业发展，按照“互联网＋企业＋科研机构”合作模式，探讨组建山东省无人驾驶汽车技术创新中心，并设立未来汽车产业合作基金，培育对日合作载体，推动中日两国在移动互联网、大数据、人工智能、卫星导航和新能源汽车技术和人才上的深度合作。

3. 济宁、淄博、德州“装备制造和新材料”板块，依托小松济宁工程机械项目、旭硝子淄博电熔材料项目、有研艾斯德州硅晶圆材料项目等重点合作项目，积极延展产业链，完善研发、技术培训、金融服务、销售和配套环节，培育行业龙头企业和产业集群。

4. 潍坊、临沂、菏泽“精细农业”板块，依托出口农产品质量安全示范区，深化与日本能率协会等经济团体的战略合作，积极引进日本农产品、畜产品种养殖品种、培育技术、管理方法和合作伙伴，按照有机健康、循环农业理念，建设一批肉类、乳制品、蔬菜、水果等高附加值农产品精细化种养殖与加工示范基地。

5. 全域搭建个性化对日合作载体。各类开发区结合各自产业基础、配套能力特别是各自产业链的短板，围绕汽车零部件、机床、机器人、电子电器、化妆品、健康养老等日本优势产业的细分产品和生产性服务，开展小分队、点对点精准招商。定期组织省级高层经贸代表团访日，精准发布新旧动能转换重大战略，推介“双招双引”重大合作项目。力争每个月都有在日市级务实经贸活动。对出访日韩公务招商团组实行不计入出国限量、限次政策。

(二)聚焦新模式，深耕与日本大商社、大企业和中小企业的合作

1. 聚焦三菱商事、三井物产、住友商事、伊藤忠、丸红等五大商社的企业战略联盟，特别是联盟成员的资源供应、产品销售、商贸信息、国际化经营，深化我省与其常态化战略机制的战略研究和信息共享，筛选我省优质企业主动与日本五大综合商社及其成员对接合作，整合相关领域整体合作条件，积极融入上下游关联配套企业，实现产业集群项目合作。瞄准大商社供应链龙头作用，推进冷链物流等新模式合作。

2. 聚焦日本产业创新体系，特别是在全球核心零部件、上游材料、创能蓄能、人工智能、B2B商务服务等领域的行业龙头企业，通过基金、出让股比、并购和“生态圈”招商等多种方式，培育重点合作项目。例如，烟台联合夏普并购东芝笔记本电脑事业，在烟台建设东芝笔记本电脑研发制造和智能服务总部。对产业引领性强的大项目给予“一事一议”的重点支持和奖励。

3. 聚焦日本中小企业先进技术、高品质产品和精细化管理，积极搭建中小企业交流与孵化合作平台。据日本帝国征信公司2016年1月发布的调查结果显示，老龄化导致66.1%的企业“没有接班人”，销售额不到1亿日元的小微企业缺少接班人的比例达到约八成水平。预计将有越来越多的日本企业出让股份。争取中信资本旗下的日本并购基金(CCJP)等支持，推动有条件的企业探索并购日本中小企业，在日本设立研发机构获得关键技术、核心人才等创新资源。

4. 聚焦7-11、罗森(Lawson)、全家(Familymart)等世界三大便利店品牌和佳世客、伊藤洋华堂等日本大型超市网络，积极与日本开展便利店和物流配送合作，重点引进食品冷链、生鲜冷链、餐饮冷链、农产品冷链战略投资者，提升我省冷链物流设施标准化、信息平台、低温配送、信息追溯、智能化管理建设水平。

5. 大力引进日本实用型产业人才。日本的工匠精神培育了大量高级工程师，“一门手艺、一位技师”延续着一家企业。结合我省产业发展需要，改进和放宽外国人来华工作许可年龄限制等政策，建设文化、教育、医疗、居住等专业社区，鼓励和引进日本越来越多的60岁退休工程师、技师来我省就业。

（三）加快东西国际大通道建设，打造中日投资贸易便利化“黄金通道”

1. 构建中日东西双向物流通道。2017年，日本对欧洲、中亚出口达到869.8亿美元，进口888.2亿美元，其中有部分商品经由山东铁路运往欧洲。借助我省中欧班列，推动运营平台赴日本货源港口合作设立集货运输服务分支机构，实现与青岛、日照、威海等口岸站场的有机衔接。主动与日本大商社、物流企业对接并建立货源运输合作关系。适时推动中欧班列平台公司与日本大型物流公司在沿线国家共同投资铁路集货运输中心站项目。

2. 推动青岛、烟台、日照、威海、荣成港与日本东京、川崎、横滨、大阪、福冈等港口间开展转口贸易、过境贸易、多式联运合作，积极发展货物滚装船航线。参照中韩陆海联运模式，与日本协商开通中日陆海联运运输通道，在集装箱托盘、陆海联运港口费、一站式通关等方面给予政策扶持。

3. 建设省会济南国际内陆港。面向日本和东亚，大力发展集国际空港、国家铁路一类口岸、中欧班列等功能于一体的区域集结中心、陆港监管中心、保税物流中心，办好（济南）东亚博览会。积极争取青岛建立中日韩自贸区地方经济合作示范城市。

4. 积极推进中日第三方市场合作。促进日资企业布局面向“一带一路”第三方市场的产能和新产品开发，进一步承接日本实体产业向山东转移。推动我省企业与日本优势互补，采取联合投标、投融资服务以及设备采购、品牌、技术、人才等多种合作方式，共同开拓东南亚、中亚、欧洲市场。

（四）积极争取参与中日高访相关配套活动

针对农产品、服务贸易等中日韩自贸区谈判的焦点难点敏感点，积极推荐我省典型企业、产业集聚区和项目案例，争取国家在我省布局先行先试项目，在山东先行开展压力测试，进行政策培训，探索最优解决方案，为自贸区谈判提供实践支撑。

以两国领导人首脑会谈为契机，积极向商务部、国家发展改革委员会推荐我省与日本地方经济合作成果和重点合作项目，组织参加首届中日第三方市场合作高端论坛及签约仪式、中日企业家高端峰会、中日和平友好条约缔结40周年庆纪念活动等配套活动。

2018年欧美投资我省形势展望*
——基于2017年全球跨境直接投资情况分析

2017年1月，联合国贸发组织发布《全球投资趋势监测报告》，2017年全球外国直接投资(FDI)下降了16%，从2016年的1.81万亿美元下降至1.52万亿美元，这与全球GDP和贸易增长的显著改善形成了鲜明对比。美国减税、降息、缩表并未带来外资的增长，反而出现大幅下降。2018年全球资本流动有望出现强势反弹，欧美企业未分配利润普遍增加、市值高估、现金充沛，对外投资意愿增强，我省与欧美合作，既面临严峻挑战，也适逢难得机遇。

一、2017年全球跨境直接投资回顾分析

根据联合国贸发组织分析，发达国家FDI流量下降27%是全球FDI减少的主要原因，其中欧洲和北美FDI流量降幅达26%和33%，英国和美国的FDI流量降幅达90%和33%。地缘政治风险和政策不确定性仍会对2018年全球外国直接投资前景产生影响，但是基于全球宏观经济基本面，主要经济体经济增长同步回升、大宗商品价格逐步上涨、世界经济的增长加速，全球FDI预计将出现反弹，达近1.8万亿美元。亚洲内部以及北美的贸易投资预计增长强劲。全球宏观经济前景的改善将对跨国公司的投资能力产生直接的正面影响。

(一)发达国家内顾性的政策取向对全球资本流动起到了一定的抑制作用

英美两国保护主义政策抑制了外国资本的流入。2016年，英国“脱欧”及特朗普胜选等事件凸显出强烈的民粹主义倾向，在一定程度上使全

---

* 作者：贾善和、李迎春。

球投资者心态焦虑。尽管随后英国出台了一系列政策鼓励外国投资，美国亦推行“促制造业回流”及大幅税改措施，但是保守主义和政策内顾倾向明显，全球投资者对两国心存疑虑。

美国财政部数据显示，2017 年 12 月全美资本净流出 428 亿美元。特朗普政府鼓励资本回流，也对资本流出进行了干预，主要采用征收金融交易税和托宾税等一系列手段阻止资本外流。同时，美国外资投资委员会(CFIUS)加大了对外国投资者的审查力度，屡屡干预发展中国家投资者对高新科技及关键基础设施的投资。根据 BBC 的报道，被美方纳入交易审查的包括阿里巴巴对增强现实开发者 Magic Leap 的投资、华为与美国加利福尼亚大学的 AI 研究伙伴关系等项目。即使中国香港的一笔教育基金向美国大学的捐款也遭到了拒绝。近期，美国还加大了对农业种植及食品加工行业的安全审查力度，推出 CFIUS 新法案等，以上均增加了外国投资者对美国投资的不确定性。

(二)高估值推升了发达国家企业的资产价格，对境外资本流入形成阻碍而使资本流出呈现增势

2017 年，美国道琼斯股市创历史新高 70 余次，累计上涨 25%，处于历史高位水平。受此影响，美国公司估值大幅升高，自身股价的上升阻碍了外国投资者对其并购，同时助长了发达国家投资者对外投资并购的热情。2017 年末，美国税改法案最终落地，公司税由 35%降至 21%，大部分企业的递延所得税减少，未分配利润出现爆发性增长，自有现金流大幅增加，现金红利将在一定程度上推高股市和商品价格，通货膨胀的上涨将削减税改红利，有利于投资者向境外投资，导致资本流出。

美国作为全球第一大经济体，通过贸易保护这种稍显短视的方式扶植本国制造业，说明短期内确实没有可行的政策可以复振相关产业，只有通过这种激进的方式来进行。而减税是更符合民粹主义特征的贸易保护，导致留下更多可支配资金，间接带动企业投资和个人消费的增长。

(三)发展中国家经济潜力尚未完全发挥，外国投资者通过并购重组加速国际布局

2017 年，流入发展中国家的外国资本缓慢增长了 2%，但资本流入方式出现了分化。其中，通过跨境并购流入的资本增长 44%，通过绿地投资方式流入的资本下降 49%。由于全球经济仍处于产能相对过剩状态，新增产能的绿地投资发展相对滞后。2017 年，欧美发达经济体内需回暖拉动了全球经济复苏，发展中国家出口迅速复苏，外向型产业发展红利将逐步转移到其他产业中。外国投资者通过并购方式进入市场，实现提前布局，享受未来发展红利。

2017年，服务业跨境并购占全球并购总额的60%以上，成为吸引外资"强磁场"。北京、上海等地利用外资已经进入"结构换挡期"，形成服务经济、总部经济和研发经济为主的利用外资新格局。大型公司面临新经济的挑战，传统企业需要通过并购实现转型和跨越式发展。跨境并购将拉动2018年全球跨境直接投资的恢复。毕威迪公司数据显示，647个跨境并购项目正等待监管机构和公司股东批准，涉及交易金额高达2084亿美元。此外，还有1785个对外宣布的跨境并购项目正在推进中，涉及金额3035亿美元。这些待完成的并购金额占2017年并购总额的3/4。随着跨境并购的迅速恢复，我们有望看到2018年跨境直接投资规模达到新一轮高度。

二、2017年欧美在我省投资情况

作为全球增长最快的市场之一，中国经济持续向好，加上一系列促外资政策的密集发布，增强了外商投资信心。2017年，中国吸引外国直接投资为1440亿美元，增长7.9%，创历史新高，是仅次于美国的全球第二大外资流入国。具有明显"新动能"属性的IT、环保和新能源产业正成为外资布局热点。Volkswagen、BMW、Audi、西门子、BP、液化空气集团、宜家等大幅增加对华投资，显示了跨国公司植根中国、深耕发展的信心和决心。从我省利用欧美外资来看，具有以下特点：

（一）利用欧美外资快速增长

2017年，全省吸收欧美实际外资205亿元，同比增长10.8%，高于全省1.8个百分点。其中，欧洲投资项目116个，增长34.9%，实际使用外资115亿元，增长30%，主要来自德国、荷兰、卢森堡等国家。欧盟实际投资99.7亿元，增长21.3%；新设英国投资企业19家，实际使用外资8.5亿元，增长6.8倍。北美洲投资项目101个，实际使用外资54亿元，增长15.3%。新设美国投资企业74家，实际使用外资48.6亿元，增长1倍。拉美地区在我省投资项目21个，增长23.5%，实际使用外资36亿元，主要来自开曼群岛、巴西、巴巴多斯等国家。

（二）欧美世界500强投资活跃

《财富》2017年发布世界500强排行榜，美国有132家、德国29家、法国29家、英国24家公司上榜。2017年是实施《山东省深化与世界500强合作行动方案(2015～2017)》的收官之年，也是取得新突破的一年。全省共与63家世界500强公司签约外资项目149个，总投资280.2亿美元，合同外资额 111.4 亿美元。其中,美国世界 500 强公司 9 家,分别是高盛、江森自控、谷歌、惠普、通用汽车、苹果、泰森食品、摩根大通和甲骨文,共 17 个项目,外资额 5.2 亿美元;德国世界 500 强公司 6 家,分别是曼、林德气体、赢创、大陆集团、蒂森克虏伯和西门子,共 7 个项目,外资额 2 亿美元。美国谷歌、江森自控、苹果、英国石油公司、荷兰路易达孚、德国赢创等首次来我省投资。

(三)与欧美合作存在的问题与挑战

从国家和地区看,对德国、美国等重点国家发力较多,对法国、英国、加拿大等国家谋划较少,对西语区、俄语区、北欧和中东欧地区国家有待拓展。

从省内各市看,济南、青岛、烟台、威海等市以及青岛中德生态园等重点园区与欧美经贸交流活跃,中西部地区对欧美招商投入明显不够,人才匮乏的问题突出。

从合作主体看,大批省内有实力的企业还没有参与到对欧美合作中来;中小企业普遍缺乏对欧美合作交流平台和渠道,没有形成欧美企业“生态圈”。根据产业优势和企业实际提出的有针对性的招商活动偏少,产业部门牵头招商的责任还未落实。

从当前国际并购看,欧美是主要平台,服务业是热门产业。2017 年,我省外资并购企业仅 81 家,合同外资 8.9 亿美元,占全省实际利用外资不足 9%。以并购方式利用外资存在短板,同时存在巨大的发展空间。我省服务业利用外资占比 38.6%,低于全国 29 个百分点。世界 500 强中有 400 家以服务业为主导业务,我省引进以服务业为主导的世界 500 强企业数量较少。

三、应势而谋顺势而为抢抓与欧美高端合作新机遇

面对全球 FDI 流量变化,我省与欧美合作挑战与机遇并存,练好“内功”才能应势而动,只有“内外结合”精准施策,才能积极对接国际高端要素,吸引国际资本集聚。

(一)明确发力方向

2018 年是贯彻落实党的十九大精神的开局之年,也是改革开放 40 周年。党的十九大对发展更高层次的开放型经济做出新的部署,提出进一步扩大外资准入,不断完善外商投资环境。我省开放型经济发展大会之后,全省开放氛围日益浓厚,应在开放布局中突出欧美,以服务业为重点持续扩大市场开放,拓展外资并购,通过放宽准入,优化环境,打造适合

外资落地生根的生态圈和对欧美外资的引力强磁场。

(二)聚焦动能转换

1月3日,国务院批准了山东新旧动能转换综合试验区建设总体方案。山东将重点聚焦十大产业,加快建设现代化经济新体系。刘家义书记强调:"要推动新兴产业快成长、上规模,推动传统产业提层次、强实力。按照产业链国际延伸、供应链全球整合、价值链高端提升的原则,加强全球布局,把产能压力转化为合作优势。研究制定总部经济扶持政策,加快形成总部经济发展与产业集群发展联动互促的格局。"实施新旧动能转换需要欧美发达国家高端资本、技术、管理和人才,双方存在互利合作的新机遇。

(三)实施高层推动

2017年,我省对欧美地区重要经贸活动总数达到50个,其中省级以上39个,数量和层级创近年来新高。2018年,将组织实施"美国商务周""外商投资环境提升年"系列活动,举办"齐鲁之约"系列招才引智活动。要以省主要领导出访德国、法国之机,重点筹划"2018山东欧洲商务周"。利用山东综合试验区"招牌"优势,不仅亮出我们的特色产业,而且主动宣传潜力产业;不仅紧盯世界500强,而且注重引进细分领域的"隐形冠军";不仅建立我省在外人员有效联络机制,而且吸引他们回山东投资兴业。充分发挥各市各部门和大企业的作用,鼓励企业务实开展项目对接,深化战略合作,推动重大项目。

(四)搭建合作平台

加快推进山东—巴伐利亚中小企业合作平台建设,加强支持与服务,深入挖掘合作潜力,激发活力。充分调动省(州)、市、经济园区(产业集群)及企业等各方面积极性,切实发挥开发区利用外资主阵地作用,打造利用外资高地。依托省内国家级开发区搭建更多的对接平台,进一步提升与欧美的经贸合作水平。

(五)加强动态分析

密切跟踪中美、中欧经贸政策变化,充分发掘我省与欧美合作潜力,深入分析全球特别是欧美FDI变化态势,多措并举,精准发力,不断提高吸收欧美外资的质量和效益,同时提升我省商务工作应对国际国内政策调整外溢效应的能力。

创新招商引资激励机制初步研究*

根据省深化改革领导小组安排，山东商务厅围绕创新招商引资激励机制，加强招商引资考核进行课题研究，从中央和地方、政策与实践等维度进行深入探析，在此基础上提出对策建议。

一、中央对地方的招商引资激励

改革开放40年来，中央对地方招商引资激励采取的主要方式包括放宽市场准入、下放管理权限、财税政策调剂等，具体政策取向在不同时期不尽相同、历经反复。1986年，国务院出台《关于鼓励外商投资的规定》(国发〔1986〕95号)，除了明确给予外商投资各种优惠政策外，对地方政府保障外商投资企业经营自主权、禁止向企业乱摊派、提高办事效率等方面进行了明确。1999年，国家外经贸部、计委等9部门以新闻稿的形式发布了进一步鼓励外商投资的政策措施，要求地方政府简化审批手续、加快审批进度。2006年，国务院召开全国电视电话会议，要求坚决禁止各级政府代替企业招商引资，层层分解并考核招商引资指标；政府要将抓经济的主要精力放在为各类市场主体服务和创造良好发展环境上。2007年，商务部印发《关于制止层层分解并考核招商引资指标的通知》，要求各级政府部门和机构坚决执行国务院要求，杜绝层层分解并考核招商引资指标。2008年12月，商务部制定出台《关于建立招商引资综合评价体系的指导意见》(商资发〔2008〕510号)，推动各地转变重规模、轻质量的投资促进方式，实现由招商引资向招商选资转变。2013年，商务部印发外资工作指导意见，要求切实杜绝招商引资中违法违规变相给予优惠政策的行为。2014年11月，国务院印发《关于清理规范税收等优惠政

* 作者：夏炳军、何辉。

策的通知》(国发〔2014〕62 号),对各地各部门制定出台的税收等优惠政策,特别对与企业签订的合同、协议、备忘录、会议或会谈纪要以及“一事一议”形式的请示、报告和批复等展开专项清理,明确未经国务院批准,各地区、各部门不得对企业规定财政优惠政策。2015 年 5 月,国务院发布《关于税收等优惠政策相关事项的通知》(国发〔2015〕25 号),紧急叫停国发〔2014〕62 号要求开展的专项清理。2016 年 6 月,国务院印发《关于在市场体系建设中建立公平竞争审查制度的意见》(国发〔2016〕34 号),要求政策制定机关在制定招商引资等涉及市场主体经济活动的规章、规范性文件和其他政策措施时应当进行公平竞争审查,并明确了 18 条审查标准。2017 年1 月,国务院出台《关于扩大对外开放积极利用外资若干措施的通知》(国发〔2017〕5 号),允许地方政府在法定权限范围内制定出台招商引资优惠政策,支持对就业、经济发展、技术创新贡献大的项目。2017 年 8 月,国务院出台《关于促进外资增长若干措施的通知》(国发〔2017〕39 号),要求各地严格兑现向投资者及外商投资企业依法作出的政策承诺,认真履行在招商引资活动中依法签订的各类合同。2018 年6 月10 日,印发《国务院关于积极有效利用外资推动经济高质量发展若干措施的通知》(国发〔2018〕19 号),鼓励各地提供投资促进资金支持,强化绩效考核,完善激励机制;支持各地在法定权限范围内制定专项政策,对在经济社会发展中做出突出贡献的外商投资企业及高层次人才给予奖励。

通过对历年国家政策梳理可以发现:国家层面所提招商引资,主要是利用外资;国家对招商引资的政策取向根据各个时期经济社会发展情况进行调整;国家对于各地招商引资采取的具体方式和手段,既规范约束,又鼓励支持,但对地方加快转变政府职能、改善营商环境的工作要求是一贯的;经济发展进入新时代,积极利用外资是坚持开放理念的必然要求,如何调动各地招商引资积极性,更好地发挥外资作用,推动经济高质量发展,是当前和今后一个时期招商引资总体政策取向。

二、省市政府对下级政府部门的招商引资激励

2017 年国发 5 号文出台后,各地招商引资的积极性被重新调动起来,纷纷以省政府名义制定贯彻落实意见(见表 1),多措并举促进外资稳定增长。福建最早出台文件(3 月 7 日),其次是湖北(3 月 21 日),最晚的是海南(12 月 6 日)。与 5 号文相对应,各省市文件的主要内容包括三个方面:一是进一步扩大对外开放;二是创造公平竞争环境;三是加强吸引外资工作。在条目数量上,上海最多(33 条),广东最少(10 条),但含金量最高。

表 1　　2017 年各省市外商投资政策列表

序号	省市	文件名	文号	条目	印发日期
1	上海	《上海市人民政府关于进一步扩大开放加快构建开放型经济新体制的若干意见》	沪府发〔2017〕26 号	33	2017.4.26
2	天津	《天津市人民政府关于扩大对外开放积极利用外资的若干意见》	津政发〔2017〕26 号》	26	2017.8.8
3	广东	《广东省人民政府关于印发广东省进一步扩大对外开放积极利用外资若干政策措施的通知》	粤府〔2017〕125 号	10	2017.12.1
4	江苏	《省政府关于扩大对外开放积极利用外资若干政策的意见》	苏政发〔2017〕33 号	23	2017.4.7
5	山东	《关于做好新时期利用外资工作的通知》	鲁政发〔2017〕16 号	22	2017.7.16
6	浙江	《浙江省人民政府关于扩大对外开放积极利用外资的实施意见》	浙政发〔2017〕22 号	25	2017.6.6
7	福建	《福建省人民政府关于印发贯彻落实国务院扩大对外开放积极利用外资若干措施实施方案的通知》	闽政〔2017〕10 号	17	2017.3.7
8	河北	《河北省人民政府关于落实国务院扩大对外开放积极利用外资若干措施的意见》	冀政发〔2017〕6 号	27	2017.6.22
9	河南	《河南省人民政府关于扩大对外开放积极利用外交的实施意见》	豫政〔2017〕26 号	24	2017.7.23
10	湖北	《湖北省人民政府关于扩大对外开放积极利用外资的实施意见》	鄂政发〔2017〕13 号	21	2017.3.21
11	湖南	《湖南省人民政府关于积极推进招商引资工作的通知》	湘政发〔2017〕28 号	22	2017.9.5
12	四川	《四川省人民政府印发关于扩大开放促进投资若干政策措施意见的通知》	川府发〔2017〕36 号	28	2017.6.4
13	吉林	《吉林省人民政府关于进一步扩大对外开放积极利用外资的实施意见》	吉政发〔2017〕72 号	21	2017.9.30
14	辽宁	《辽宁省人民政府关于进一步扩大对外开放用外资的实施意见》	辽政发〔2017〕24 号	25	2017.5.18

续表

序号	省市	文件名	文号	条目	印发日期
15	甘肃	《甘肃省人民政府关于进一步加强招商引资促进外资增长若干措施的通知》	甘政发〔2017〕90号	24	2017.12.5
16	广西	《广西壮族自治区人民政府关于扩大对外开放积极利用外资的实施意见》	桂政发〔2017〕60号	26	2017.11.16
17	海南	《海南省人民政府关于扩大对外开放积极利用外资的实施意见》	琼府〔2017〕93号	16	2017.12.6
18	青海	《青海省人民政府办公厅关于印发青海省贯彻落实国务院扩大对外开放积极利用外资若干措施的工作方案的通知》	青政办〔2017〕152号	20	2017.8.16
19	山西	《山西省人民政府关于贯彻落实国务院扩大对外开放积极利用外资若干措施的实施意见》	晋政发〔2017〕30号	30	2017.7.7
20	陕西	《陕西省人民政府关于扩大对外开放积极利用外资的实施意见》	陕政发〔2017〕45号	22	2017.9.28
21	新疆	《新疆维吾尔自治区人民政府关于贯彻落实国务院扩大对外开放积极利用外资若干措施的实施方案》	新政发〔2017〕94号		2017.7.4

(一)广东省

广东政策最大特点是与经济实力匹配的高含金量,加大利用外资财政奖励力度。2017～2022年,对在广东设立的年实际外资金额(不含外方股东贷款)超过5000万美元的新项目(房地产业、金融业及类金融业项目除外)、超过3000万美元的增资项目和超过1000万美元的跨国公司总部或地区总部,省财政按其当年实际外资金额不低于2%的比例予以奖励,最高奖励1亿元。对世界500强企业、全球行业龙头企业在广东新设(或增资设立)的年实际外资金额超过1亿美元的制造业项目,以及新设的年实际外资金额不低于3000万美元的IAB(新一代信息技术、智能装备、生物医药)和NEM(新能源、新材料)制造业项目,可按"一项目一议"方式给予重点支持。外资跨国公司总部或地区总部对省级财政年度贡献首次超过1亿元的,省财政按其当年对省级财政贡献量的30%给予一次性奖励，最高奖励1亿元。各地可在省财政奖励的基础上另行安排奖励。文件要求，各地在3个月内制定针对性政策措施。同时，健全利用外资激励机制，对实际利用外资成效好的地区予以通报表扬，对招商引资成绩突出的干部在同等条件下优先提拔使用；对出国（境）招商公务团组支持优先办理出境手续；对工作不力的地区、部门及相关责任人实施问责。

（二）江苏省

围绕加大招商引资力度，江苏省主要采取的措施包括：借助省外经贸发展联席会议机制，加强对全省利用外资工作的统筹指导；建立全省招商引资重大项目信息库，加强地方和部门之间的沟通协调；进一步强化全省外资通报、督查、考核、激励、约谈等工作机制，形成良好的工作氛围。支持各地根据实际需要对重点行业、重点项目实行“一业一策”“一企一策”，突出地方特色，实现错位发展、良性竞争。

（三）四川省

四川省明确提出，吸引外资和招商引资工作实行“一把手”总负责。加强政府目标管理对吸引外资和招商引资工作的考核，重点考核外资和国内省外资金实际到位情况。省政府对考核排名前1/3的市（州）人民政府予以通报，对先进市（州）适当调增土地、能源等要素指标，优先支持开发区扩区、调区和升级。加强签约项目落地督查，项目所在地政府承担属地管理职责，抓好项目落地实施。探索建立投资促进容错机制，鼓励支持干部大胆创新、勇于担当、激情干事。加大表彰奖励力度，省政府对在吸引外资和招商引资工作中作出显著成绩及突出贡献的集体和个人按相关规定给予表彰，对表现特别优秀、贡献特别大、成效特别好的机关事业单位工作人员可按规定给予奖励并向组织人事部门推荐。

（四）陕西省

陕西省一是建立利用外资工作联席会议制度，加强对利用外资工作的组织领导，统筹重大外商投资项目“一事一议”“一企一策”等扶持政策。二是完善利用外资考核激励机制，要求各市（区）、各省级以上开发区确定本地区“十三五”期间利用外资的发展规划和目标，制定年度工作目标并列入考核。省商务主管部门每月向各市（区）通报实际利用外资情况。三是建立外商投资政策落实和项目落地保障机制，要求各市（区）、各开发区对每个总投资3000万美元以上外商投资项目建立一名领导、一个责任单位、一名责任人、一名联络人“四个一”工作服务机制。四是加强督促检查。陕西省商务厅会同省政府督查室和相关部门定期对省级有关部门和各市（区）贯彻落实《实施意见》情况开展督查，并将督查结果作为年度目标考核的重要依据。

通过抽取部分省份2017年出台外资政策比较分析，可以发现：省级部门担负承上启下的职责，决定了其出台招商引资政策既要符合中央精神，又要结合地方实际提出具体落实意见，具有较强的指导性和可操作性；各省财政状况差异较大，鲜有省级财政直接拿钱对具体引资项目予以扶持或奖励；新一轮招商引资政策比拼下，难免出现“马太效应”，国家重大区域发展战略恐也将大打折扣；省级调动各市的积极性，主要措施包括下放权限、督促检查、通报表彰等；省级一般不对地市制定招商目标，一般不进行目标考核；招商引资目标考核主要是市对下辖的县（区、市）。

三、部分省市招商引资工作考核实践

考核就是风向标，就是指挥棒。招商引资工作考核是构建招商引资激励机制的重要途径。考核的关键，在于考核谁、考什么、怎么考以及考核结果如何运用。

（一）浙江省

近年来，浙江省持续推进浙商回归工程，制定实施了《浙江省浙商回归目标责任制考核实施办法》，采取百分制考核。考核的内容主要包括各市完成浙商回归到位资金年度增长目标任务、各市增量占全省增量比重、回归项目结构、项目服务推进和重点工作督评情况，分别占40分、15分、15分、20分和10分。2017年，浙江省出台了《浙江省浙商回归考核奖励办法》，省财政每年安排浙商回归考核奖励资金1亿元，对浙商回归工作年度考核优秀的市、县（市、区）给予奖励。考核奖励办法采取分级考核方式，各市浙商回归工作年度考核由省支持浙商创业创新促进浙江发展工作领导小组办公室负责，各市所属县（市、区）年度考核由各市领导小组办公室负责。

（二）山西省

2017年4月，山西省制定出台了《关于改革和创新招商引资工作的若干意见》（晋政办发〔2017〕39号），提出将招商引资工作纳入对各市年度目标责任考核体系，由省商务主管部门、省投资促进机构会同有关部门研究制定《山西省招商引资考核办法》；8月22日，以山西省招商引资工作领导小组的名义印发《山西省招商引资考核办法（试行）》（晋招商组〔2017〕1号）。根据该办法，考核对象为各市人民政府，考核内容为年度招商引资目标任务完成情况、重大项目引进情况。考核采用分项计算、累计得分制，最高分值为100分，考核采取数据报送、数据审核、抽样调查、综合评价、公布结果等程序进行。年终将各市招商引资工作考核结果纳入省政府年度目标责任制综合考核体系。对招商引资优秀市予以表彰，综合得分前三名的市在目标责任考核中加分。

（三）云南省

2017年9月，云南省以招商引资工作委员会的名义印发《云南省招商引资考核办法》（云招商委办发〔2017〕23号），同时印发《云南省招商引资奖补办法》。根据考核办法，考核对象为各州、市人民政府和省重点产业主抓部门。州、市人民政府考核其年度招商实绩、工作重点落实情况以及本地区招商引资对全省产业培育发展和转型升级的贡献，分值为100分。产业主抓部门考核其推出重大招商引资项目、开展重点产业招商工作情况及协调推进省重大项目落实情况，分值为100分。考核方式分三种，分别是月通报、季督查和年考核。考核结果提交省考评办省委组织部等部门作为年度综合考评、干部选拔任用及问责等的重要依据。

（四）广西壮族自治区

2016年7月起施行《广西壮族自治区招商引资激励暂行办法》。激励的对象包括承担年度招商引资任务的各级政府、园区，招商引资贡献突出的集体和公务人员以及重大招商引资项目和招商引资中介结构。其中，对各设区的市进行招商引资绩效目标考核，考核排名前6名给予100万～600万元的财政奖励；对贡献突出的集体和个人，通过评选记二等功。

（五）西安市

2016年6月，西安市政府办公厅印发《西安市区县及开发区招商引资工作考核办法》（市政办发〔2016〕45号），按照“定性、定量、定标准、定时限、定责任单位、定责任人”的原则，对各区县政府、各开发区管委会主要负责人进行考核。考核内容包括招商引资基础工作建设、重大项目引进、重大项目落地以及招商引资活动开展、投资环境建设和年度招商引资任务完成情况。其中年度任务由市考核办每年下达，考核各区县、各开发区全年招商引资实际到位资金的完成情况。考核工作组织实施由市招商引资领导小组办公室负责，考核日常工作和数据收集由市商务局（市招商局）负责。考核坚持现场查看评估与资证查实相结合，平时考核与年终考核相结合，市招商引资领导小组办公室按评分标准计算出考核对象全年得分，报市政府审定。市政府按照考核对象全年得分情况，分别确定前6名和后3名在全市通报，对区县排名前3名和开发区排名前3名给予一定资金奖励，对连续两年后3名的考核对象由市政府主要领导约谈。2018年6月27日，《西安市重大招商引资签约项目开工注册率资金到位率竣工投产率考核管理暂行办法》出台，办法明确考核各区县、西咸新区和各开发区连续3年在丝绸之路国际博览会上签订的合同项目“三率”完成情况，即开工注册率、资金到位率和竣工投产率，“三率”得分结果换算成相应分值计入全市招商引资工作年度目标责任考核总分。对于考核中位列前3名的区县、开发区，予以通报表彰；对于考核中位列后3名的区县、开发区，将予以通报批评。

四、我省加强招商引资工作考核的几点建议

（一）坚持将招商引资工作考核作为打造对外开放新高地、推动实现经济高质量发展的重要抓手

一个时期的主要工作，包括考核工作，是由一个时期经济社会发展的主要矛盾决定的。当前，我省处于新旧动能转换关键期，落后的动能通过去产能、做减法，取得了明显进展；新的动能尚未形成，客观上存在一个空窗期。如何缩短这个空窗期，需要通过加强招商引资，引来靓鸟、俊鸟，实现新旧动能转换，加强招商引资工作考核必要而迫切。

（二）坚持用好“关键一招”，通过考核充分激发和调动各级各有关部门招商引资工作积极性

刘家义书记在全省招商引资招才引智工作会议上指出：要加大对党政主要领导同志高质量、精准化招商引资、招才引智的业绩考核，对有关省直部门也要建立相应考核机制，注重在招商引资、招才引智中锤炼干部、发现干部、选拔干部。应科学制定考核指标体系，真正激励一把手招商引资的热情和干劲，切实发挥“关键少数”的作用。

（三）坚持单项考核与综合考核相结合，进一步健全完善科学考核体系

考核体系关乎招商引资导向，体系设计应促进招商引资工作，体现更充分、更平衡发展的新内涵。我省制定招商引资工作考核，应处理好国家正在制定的经济高质量发展指标体系、我省经济社会发展综合考核指标和全省党政领导班子考核三者的关系，建议将招商引资工作考核纳入全省经济社会发展综合考核。在考核内容上，既重视招商引资的数量，更重视质量和结构，突出对“十强”产业招商引资的考核；考核指标应与我省新旧动能转换相关考核指标以及国家正在制定的高质量发展指标做到有机衔接。

（四）坚持强化结果运用，加快形成招商引资工作激励长效机制

制定出台招商引资工作考核办法，有利于进一步形成科学完备的经济社会发展考核体系，激发和调动各个层面的积极性、主动性，形成以"关键少数"带动"绝大多数"真抓实干的良好局面。借鉴外省做法，采取评先树优、奖励表彰、约谈通报等办法，对考核结果加以综合运用，促进全省上下将招商引资当作一种推动经济高质量发展的思维方式和工作方法，使招商引资成为一种长期性、常规性的行为习惯，加快形成人人想招商、处处议招商、事事为项目的良好发展氛围。

从利用外资案例看如何围绕大项目改善投资环境*

投资环境包含众多要素，牵涉面广，涉及部门多。要快速改善投资环境，需要找到一个合适的切入点，由此入手，牵一发而动全身，从而提高改善环境的工作效能。通过分析全省利用外资典型案例，认为围绕大项目落地、大企业增资，回应投资者诉求改善投资环境，是一个很好的切入点。

一、利用外资的三个典型案例

(一)德州醇源牧场项目

醇源牧场项目由美国雅培集团、新西兰恒天然集团(恒天然占股51%、雅培占股49%)合作建设，总投资2.99亿美元，注册资本1亿美元。该项目计划建设运营4个单体奶牛养殖场，引进新西兰纯种荷斯坦高产奶牛，存栏总量约为3万头，预计年产牛奶1.6亿升。醇源牧场有限公司的经营范围为：收购养殖用的饲草、饲料以及其他材料，饲养奶牛，销购奶牛、犊牛，销售牛奶、乳制品、固体及液体污粪。项目建成后，公司预计每年从周边购买青储饲料就能达到3亿元人民币，还能解决周边农村劳动力就业问题。该项目1号晏城牧场占地850亩，于2016年5月份开工建设，2017年1月实现全面运营。截至2017年底，牧场奶牛存栏量为5397头，其中泌乳牛3101头。2号潘店牧场占地1278亩，2017年3月开工建设，9月份从新西兰进口纯种荷斯坦奶牛5300头，2017年底正式投入运营。

(二)威海惠普打印机项目

位于山东威海的三星(山东)数码打印机曾是山东省最大的韩资项

---

* 作者：夏炳军。

目，主要生产A4打印机和A3打印机。2017年11月1日，美国惠普公司宣布完成对三星电子有限公司打印机业务的收购，交易金额为10.5亿美元。收购三星打印机业务之后，惠普可提供业内最强大的A3智能复合机产品组合，同时兼具打印与复印功能。A3市场是惠普在商业打印领域的一个强劲增长点。此次整合还带来了三星打印机拥有的超过6500项强大的打印专利和由近1300名研发人员和工程师组成的顶级团队，他们都是激光打印、电子成像及耗材和配件领域的专家。

（三）烟台东岳汽车项目

上汽通用东岳汽车有限公司成立于2003年，由上汽集团和通用汽车投资建设，占地1.86平方公里，投资总额43亿元，注册资本16.78亿元；上汽通用东岳动力总成有限公司成立于2002年，占地0.65平方公里，投资总额139亿元，注册资本57.8亿元，是上汽通用国内最大的动力总成生产基地。通用东岳基地累计投资总额182亿元，注册资本74.58亿元，整车产能60万辆，发动机产能72万台，变速箱产能72万套。自通用东岳基地投产以来，累计生产整车457万辆、动力总成1306万台套，累计固定资产投资346亿元，出口整车28万辆，实现产值4564亿元，纳税324亿元。产业集群年产值近1000亿元，产品覆盖别克、雪佛兰31款车型，12款发动机和20款变速箱。

2017年3月，上海通用东岳汽车动力总成有限公司增资47亿元。其中，CVT变速器二期项目投资总额30亿元，年产CVT变速器45万台，年销售收入50亿元，年利税7亿元；C-NGC+发动机制造项目投资总额17亿元，年产C-NGC+1.0T发动机30万台，年销售收入40亿元，年利税6.7亿元。

二、围绕大项目改善投资环境的做法

（一）围绕大项目引进配套企业，形成适合产业发展的配套环境

利用外资大项目对行业具有较强的牵引作用，需要就近配套的企业多，尤其是汽车、机械行业，对配套企业地理上的接近要求尤为突出。要争取大项目落地并持续增资发展，就要积极吸引配套企业就近落地，降低企业物流成本，缩短供货时间，提高企业的竞争力。烟台市为完善通用东岳基地相关产业配套，加大产业上下游关联项目招商，形成了以整车为龙头，发动机、自动变速箱、汽车底盘为核心的汽车制造全产业链条。仅2010年以来，即引进总投资过1000万元以上的汽车零部件项目102个，总投资过5000万元以上的汽车零部件项目42个，总投资过1亿元以上

的汽车零部件项目 23 家。小松山推公司在济宁投产运营后，济宁市积极引进日资配套供应商和小松下属业务公司投资建厂，并与山推股份公司投资新上工程机械零部件项目满足企业主机生产需要。截至目前，围绕小松山推公司挖掘机主机项目，已投资建设产业链条相关项目 20 余家。为争取惠普项目落地威海，威海市政府先后引进香港亿和、韩国大振、台湾 FIT、新加坡茂森等总投资 12 亿美元的 5 个配套项目，与日本富士电机等一批配套项目达成协议，在惠普落地之前实现了"产业全链条"，核心配套企业全部布局在 3 公里半径内。威海市还引进工信部电子信息技术综合研究中心等高端平台，确保惠普不出园区就能享受到全链条配套服务和国家级检验、检测、认证等专业服务。

（二）围绕大项目促进部门之间协调互动，提高行政效率，创造良好的政务环境

项目能否落地，企业是否增资，投资者不是简单地算经济账，还将政府信用、办事效率、服务质量等隐性成本作为重要的考虑因素。从以往成功的项目看，良好的政务环境，是促成项目落地的重要条件。德州为促成雅培项目落地，全面推行"绿色通行证"制度，不仅"马上办"，而且"要办好"，确保项目从"纸上"落到"地上"。德州市齐河县成立招商、工商、国土、财政等部门负责人参加的帮扶小组进驻企业，并联合项目所在乡镇进行全员服务，对企业项目手续、行政审批等工作进行代办、领办，对其缴纳税收、土地款之外的其他费用实行挂账处理，由县政府年底统一结算。土地清表过程中，项目所在地乡镇分管副镇长、党政管理服务中心、支部书记齐上阵，位于晏城街道的 1 号地块牧场 850 亩场地清表仅用 5 天就完成了。围绕上汽通用东岳基地发展建设，烟台市连续出台了领导分包项目、项目特派员、绿色通道、项目引进和推进联席会议等制度机制，对通用重点项目领导靠上、专人包帮、贴身服务，帮助企业解决困难问题，搭建起政府与企业间互信互助的桥梁。烟台市在解决项目审批、建设用地、人员招工等多个方面给予强力支持。烟台市高度重视知识产权保护工作，健全完善知识产权保护机制，严格执行知识产权保护法律法规，坚决打击侵犯知识产权案件，消除了知识密集型研发机构的后顾之忧，为德尔福亚太研发中心落户营造了良好环境。

（三）围绕大项目，出台、落实普惠政策，构建良好的政策环境

烟台市围绕发展东岳汽车项目、德尔福工业园等项目，出台加快工业发展、支持企业技术改造等系列政策，从基础设施配套、场地资金支持、技术平台搭建等多个方面，拿出真金白银支持企业。2013 年，烟台开发区出台了《关于进一步加快创新型开发区建设的意见》，明确提出对增资项目从用地、审批等方面给予支持。2017年，烟台市出台了《关于实施制造业强市战略的意见》，针对制造业龙头企业，在政策、土地、资金、人才等要素资源方面给予支持。日照市围绕现代威亚汽车发动机、现代派沃泰自动变速箱、现代威亚汽车模具、现代岱摩斯传动系统和凯菲克汽车系统5个总投资16亿美元的韩资项目，设立了汽车及零部件产业发展引导基金等扶持企业发展，切实降低企业经营成本；在土地政策上，调整园区土地利用规划，扩大建设用地规模，倾斜用地指标分配；在金融政策上，与人民银行合作共建金融服务示范区，加大金融机构信贷投放的支持，拓宽直接融资渠道。威海市围绕日本软银项目，加快推进服务贸易创新发展试点城市的企业所得税、职工教育经费扣除比率等政策落地，在此基础上，威海市为软银项目量身打造了"一对一"的扶持政策，市里组成了专门的项目推进领导小组，研究软银集团服务外包基地项目选址、配套规划等推进事宜，针对软银集团提出的推进计划，就协助建设办公楼、提供过渡期营业场所、短期内招聘培训软件人才、建立长期人才培养机制、铺设通信专线和双回路电源以及外地移转人才的子女上学、社保、医保等事宜提出专门方案。

（四）围绕大项目，对标欧美，创建国际化生活环境

烟台市围绕东岳汽车项目、德尔福工业园等项目，用精品意识打造国际化的氛围和"家"一般感觉的高品质城市环境。聘请一流团队规划设计，城市总体规划由中规院设计，滨海旅游休闲带由英国阿特金斯设计，金沙滩公园由美国AECOM设计，海滨雕塑及道路交通系统由澳大利亚UAP设计，一流设计带来一流建筑品质和国际化城市氛围，从根本上保障了城市功能和品位形象。坚持引进大品牌开发商、高资质施工队伍参与城市开发建设。万达广场、永旺梦乐城等10大商业综合体陆续开工投用，聚集了希尔顿、喜来登、万豪等国际品牌五星级酒店。建成了金沙滩公园、福莱山市民文化公园以及黄金河、白银河、柳林河等系列绿地水系景观，打造了一批城市靓丽新名片。高品位的城市环境、便利的工作生活条件、文明的社会氛围让外地的企业家们在烟台市可以舒心生活、安心发展。

三、思考和启示

利用外资大项目对于一个地区的影响往往超出项目本身，对项目所在地包括理念、产业、人才、创新、开放等环境要素施加积极影响。通用汽

车之于烟台、惠普打印机之于威海、小松挖掘机之于济宁、现代汽车之于日照，都体现了引进一个项目、带动一个产业、改善一地环境的放大效应。回应利用外资大项目的需求，创造优良的投资环境，是吸引项目落地的重要因素；反过来，大项目本身也会创造环境，推动环境的改善。

（一）大项目容易引起高层重视，从而调动资源，系统改善环境

我们常说"多大的领导招多大的商"，这里面有两层原因：一是大领导与大企业决策层沟通，通常更容易；二是大领导更强的协调地位更容易满足大项目落地的条件。大项目的投资者一般都是业界的大企业，企业决策层一般都会到项目所在地与当地的行政官员见面洽谈，围绕项目落地和运作向当地政府提条件。而所提的条件除了一些针对项目特定的优惠政策外，往往还包括基础设施、产业配套、人才、生活等环境要素。当地政府为了达到项目落地或促进项目增资扩大规模，高层一般会调动本地资源，协调相关部门，满足投资者的合理诉求。例如，为满足通用汽车项目和德尔福汽车工业园项目汽车人才的需求，在省政府和教育部的支持下，烟台在短时间内就成立烟台汽车工程职业学院，不但为上述两个项目培养了大量汽车产业人才，也为其他的企业输送了所需的汽车人才。

（二）大项目影响面大，受益面广，改善环境的阻力小

大项目一般需要雇员比较多，对当地的就业贡献大；大项目一般需要较大规模的上下游产业支持，周边企业受惠面较大；大项目预期收益大，对当地税收贡献大。由于大项目对当地的诸多显性的贡献，从而在改善环境时推动力会更大，相应的阻力也就更小。东岳汽车对当地的税收贡献、醇源牧场带动周边农户收入水平提高，对改善环境起到积极的助推作用。中德生态园的建设诠释了大项目如何带动环境的改善。中德生态园规划面积 11.6 平方公里，规划范围内涉及 15 个社区、2654 户、7685 位原居民的拆迁安置，市政府和开发区在征地、就业、创业培训、保险、社会福利、村庄改造等方面制定并实施了相关配套政策。在项目建设运营阶段，园区优先招聘规划范围内的村民，园区物业管理公司清洁、保安等岗位用工都基本来自附近村庄，入驻园区的企业也为本地人提供大量工作岗位。中德生态园的成功，为本地其他项目提供了有益的借鉴，带动了当地投资环境的改善。

（三）大项目技术、管理水平和标准一般较高，对本地产业环境提升具有促进作用

大企业通过大项目在市场上获得更高的市场占有率，而领先的市场份额往往是由领先的技术、管理甚至是标准保证的。因此，为了获得市场成功，大项目一般都会采取比较领先的技术和先进的管理模式，对本地配套企业也会相应提出更高的要求，从而改善本地的产业环境。东岳汽车项目启动以来，当地通过成立汽车行业协会、规划建设配套零部件生产基地等措施，积极承接上海通用汽车配套体系转移，引导本地企业提升产品质量和研发水平，满足整车采购商的需求，有力地提升了本地汽车产业发展环境。中德生态园按照“先标准、后规划、再设计、后实施”的发展思路，请德国机构、引德国专家、按德国标准，建设德国特色、产城融合的生态园区。坚持“德国＋、＋德国”的发展模式，引进高端产业融入中国发展，引进德国技术助推转型升级，着力建设生态型、智能型、开放型园区，已建成一流的国家级示范园区。

（四）大项目带来更多的“外地人”，对本地教育、医疗、生活等环境要素的改善带来新的理念

大项目对人才的需求本地一般不能满足，特别是在项目建设期间，一般都需要从外地，甚至国外调入大量的技术和管理人才，造成围绕大项目外地人才的集聚。这些人带来不同的理念，不同的生活方式，不同的价值追求，对本地固有的观念、生活方式、价值观都会带来冲击，迫使本地做出更加开放的改变。因此，围绕大项目，在医疗、教育、娱乐等方面加快开放，为外来人才创造更加舒适的生活环境，是非常好的机会。

太仓市吸引德资企业集聚发展的经验做法及启示*

太仓市依托独特的区位优势、良好的投资环境和优质的政府服务，大力吸引德国中小企业集聚发展，对德合作领域中，在德企数量增长、行业类别拓展、交流领域扩大等方面均取得明显成效，累计成功吸引300家德资企业，项目总投资超过45亿美元，成为中国聚集德资企业最多的县级市。太仓先后被授予首个"中德企业合作基地""国际科技合作基地""中德中小企业合作示范区"等称号，享有中国"德企之乡"的美誉，其经验做法值得学习借鉴。

一、太仓市德资企业集聚发展呈现"三多"特点

（一）拥有核心技术的"隐形冠军"企业多

太仓市德资企业以精密机械加工、汽车配件制造、新型建筑材料为主体产业，技术含量普遍较高，已有数十家德企被认定为高新技术企业。这些企业大都是家族式中小企业，注重人才培养，继承了德国传统的学徒模式，大部分都设有专业的培训中心，不贪大、也不盲目扩大规模或者跨界，而是守住一个细小领域做精、做深、做透，以工匠精神成就一批行业内的"隐形冠军"。目前，在太仓投资的300家德资企业中，有近50家为"隐形冠军"企业。汽车制造业杂志发布的德国汽车零部件企业10强榜单，上榜的舍弗勒公司、博泽公司都在太仓设有生产基地。2017年11月10日，中德"隐形冠军"首届峰会在太仓召开，就是对太仓20多年来对德交流合作的高度肯定。

---

* 作者：张型成、蔡玉祥、满其伟。

(二)增资扩产深耕发展的企业多

太仓德资企业对中国市场的广阔前景充满信心,对太仓的营商环境满意,因此德资企业大多增资扩产深耕太仓,不仅在太仓市建立制造基地,还逐步将研发中心、销售中心和中国区总部布局于此。威格玛等20余家德企在太仓设立研发中心,通快等10多家德企设立在中国区域的总部。早期投资落户太仓的德资企业有90%以上完成了增资扩产。其中,舍弗勒、托克斯、慧鱼、瑞好等一大批德企完成了第三甚至第四、五期的增资扩产。

(三)产出综合效益好的企业多

太仓德企均呈现科技含量高、占用资源少、能耗低,环境污染少的特点,产出效益优势十分明显。以购地规上德企为例,亩均产值、利润、税收分别达1400万元、160万元和110万元,每万元产值能耗仅为0.022吨标煤,年吸纳劳动力近1.8万人。2017年,太仓市德资企业实现产值321.65亿元、利税43.4亿元、利润35.99亿元,同比分别增长18.8%、4.7%和6.6%。产值超亿元企业50家。德资企业二产规模集聚带动三产发展,特别是德企的技术、研发、管理、销售更多地向太仓转移,对德合作进入了迈向深层次、走向全方位的新阶段。2016年,太仓新引进的德企约1/3是商贸服务性企业,涉及金融保险、管理咨询、商贸旅游、服务外包、创意设计、会议展览、会计法律等专业领域。

二、太仓市吸引德资企业集聚发展的主要经验做法

(一)服务德资企业精准化

太仓市多年来持之以恒地为企业发展提供富有针对性、高效优质的服务,全面营造国际化、法治化的营商环境。在“2014中国开发区创新发展年会”上,太仓新区获评“最受德国企业欢迎的开发区”。

1.坚持按需服务的原则

政府和各部门坚持“有求必应,无事不扰”的服务理念,坚决不干扰企业正常的生产经营活动,而是根据企业实际需要,积极提供个性化、优质、高效服务,及时解决德企遇到的各种问题。太仓市成立了德企服务联盟,由市委组织部牵头,成员包括市人社局、住建局、城管局等40多个市级机关部门,围绕服务德企,梳理项目、资源、需求的“三份清单”,收集结对企业126个需求,分门别类制作32个服务项目和112个

服务资源,制定服务流程,实施“标准化、专业化、个性化”服务,为德企健康发展提供保障。

2. 搭建对德合作平台

围绕精准招引、用心服务德资企业,太仓打造了对德合作“三园、两办、两中心和一馆”的八大载体平台。“三园、两办、两中心和一馆”分别指中德中小企业工业园、德国留学生创业园、中德友好幼儿园,太仓驻德国办事处、中国德国商会驻太仓办事处,德国中心(全球第八家、中国第三家)、史太白中心(培养高端复合型人才),中德合作成果展示馆。在这些平台中,有招商服务平台,有工业园区,有人才项目孵化基地,也有生活配套服务、展示交流中心。这些载体平台为在太仓德资企业提供了本土化、国际化的服务支持,从不同方面构筑起太仓深化对德合作的基石。

3. 破解人才紧缺难题

借鉴德国“双元制”教育模式与成功经验,建立了太仓德国企业中心、太仓欧美企业中心、德国巴伐利亚中心、AHK-健雄职业技术学院、舍弗勒中心、高迈特中心、海瑞恩中心、乐客精工中心、太仓中专—森太汽车等9大专业技术工人培训中心,成立了机械制造、电子信息、生物医药、文化创意产业、化纤产业等9个校企联盟,形成了创新型的股东合作式、企业订单式、企业参与式、学校参与式四种“双元制”人才培养模式,成为全国最大的“德国职业资格”考试和培训基地,累计培育出3000多名“技术蓝领”,奠定了德企本土化成功的基础。

4. 强化知识产权保护

太仓重视对德资企业知识产权的行政和司法保护,通过推出面向德企的知识产权联席会议制度和绿色通道、审限跟踪、主动协商等“组合式”司法服务,涉及德企商事案件连年下降,知识产权案件更是实现“零诉讼”。20多年的合作历程中,基本未出现过针对德资企业的重大侵权事件,这也使得区内德资企业的投资信心倍增,一些德资企业更是将核心技术和核心设备引入太仓工厂。太仓市成为“全国专利保护重点联系基地”中的唯一县级市和苏州首个获得国家级“国际科技合作基地”称号的县级市。

5. 完善生活配套服务设施

太仓能成为中国的“德企之乡”,不仅在于太仓这座江南小城有着德国小镇的绿色、安宁与和谐,更在于“精致和谐、务实创新”的城市精神契合了德国发展理念，促进了中德文化的交流与融合。具有浓郁德国风情的城市建设、越来越多的德国餐厅和酒吧、每年举办的“啤酒节”活动以及积极筹建的德国中小学、幼儿园，不断为德国人营造着家一样的感觉。一批德籍人士不断融入到太仓的生活娱乐中，他们学习中国的传统文化，喜爱太仓的民俗民风，把太仓当作自己的“第二故乡”。

（二）面向德资企业招引方式多样化

发扬锲而不舍的钉子精神，采取灵活多样、多管齐下的方式引进德资项目，使太仓成为德企入驻中国的首选地。

1. 专题招商

每年组成招商团队赴德国举行大型招商恳谈会。一次恳谈会突出一个专题，项目明确，便于投资者集中把握项目的特点与优势。

2. 借力招商

与德国中心、德国伟思管理公司、德国巴符州国际经济合作协会、德国工商大会上海代表处、中国—欧盟职业教育培训项目办公室等国内外多家知名业务咨询公司和投资中介机构合作，多渠道了解欧洲企业的对华投资战略，捕捉其投资信息，掌握其投资动向，跟踪其投资进展，从而使招商具备广泛的信息来源、畅通的沟通渠道和明确的主攻方向。

3. 以商引商

注重发挥先入企业的示范作用和连锁辐射效应，以商招商，以外引外。舍弗勒集团前任总裁克罗斯特先生退休后在太仓成立咨询公司，以自身的深切体会，向德国企业家介绍太仓是一个值得信赖和投资的城市。每年太仓的德国各地宣介，邀请已经在太仓投资的德国企业现身说法，宣传效果尤其突出，从而吸引了越来越多的德企入驻，产生了虹吸效应。

4. 网络招商

中国太仓招商网站全天候向德国各行业及各界传播相关招商信息。

（三）太仓与德国文化交流深层化

经济的密切合作带动了文化的互动交流，太仓已与德国建立起了较为完善的双向交流机制，太仓中德合作的知名度越来越高。

1.“走出去”常态化

在德国，连续 11 年在斯图加特、慕尼黑、杜塞尔多夫、弗赖堡、多特蒙德、图特林根等地成功举办“太仓日”活动。2018 年，“太仓走进德国”活动在法兰克福举办，签约一批产业合作、平台载体、教育培训等项目。太仓定期选派优秀学员和民营企业代表赴德国学习交流，2016 年还首次走进德国大学招揽人才。

2.“请进来”高端化

邀请德国政要团体前来太仓参观考察，其中包括德国社民党前主席、德国前国防部长鲁道夫·沙平尔，德国联邦经济和技术部议会国务秘书恩斯特·布格尔巴赫，德国联邦议会议员、前联邦教研部部长安妮特·沙万，德国巴伐利亚州财政部部长马库斯索德尔、德国黑森州中国合作促进中心主席阿尔弗雷德·施密特以及德国联盟党代表团、中欧政党论坛嘉宾等，有效地促进了中德政治互信和文化互动。

3. 双边活动多样化

太仓成功承办了第三次中德中小企业政策磋商会议、德国中小企业经理人来华交流、“一带一路”与新时期中德合作对话会等国家高规格双边活动，举办了中德经济合作论坛、德国企业科技成果展、德国中小企业经理人研讨会、奇迹太仓推介会等交流活动，开展了中德足球友谊赛、乒乓球赛、中德学生共舞等民间交往，特别是连续 13 年举办太仓啤酒节，受到在太德籍人士以及上海、苏州等周边地区德国友人的热烈欢迎。啤酒节不但成为展示德国文化、凝聚德企人心的一个平台，更为加强太仓与德国的经贸合作与交流、促进双方多领域的双赢发展搭起了一座沟通的桥梁。德国的社会生活和人文特质已经融入到太仓文化中，吸引着越来越多的德国企业和德国人来到太仓。

三、对我省开发区招商引资工作的几点启示

开发区是开放型经济发展的主阵地，国务院批复我省建设新旧动能转换综合试验区，赋予了全省开发区在塑造开放型经济发展新优势上新的使命。全省开发区应牢记使命担当，牢固树立新发展理念，按照建设现代化经济体系、推动高质量发展要求，发挥利用外资的排头兵作用，积极学习借鉴太仓等先进地区精准招商引资的经验，用创新的思维理念谋划招商引资引智工作，推进开发区招商体制机制、载体平台、方式方法创新，推动开发区经济发展质量变革、效率变革、动力变革，建设新旧动能转换的引领示范区。

（一）聚焦产业链式集群发展，持续优化提升开发区营商环境

“德企扎堆太仓”给我们最大的启示是，聚焦培育产业生态圈、生态链，营造具有强“磁力”的营商环境。太仓引进德企得益于软硬兼施、刚柔并济，营造了“硬环境过硬，软环境更优”的发展环境。太仓独特的地理位置以及相对完善和优越的软硬环境、产业生态，构筑了德资企业认同的“同城效应”及“集聚效应”。德国《世界报》将太仓称为德国企业眼中的“模范城市”；太仓市政府的优质、高效服务，被德资企业称为“五星服务”。我省开发区应以发展新兴产业培育壮大新动能、推动传统产业改造形成新动能为导向，坚持“以人为本”，塑造适应新时代产业经济发展的营商环境。对照国际化标准，不断完善基础设施建设，提升服务配套水平，培育产业集群发展生态链，高品质推进产城融合发展。同时，赢得人心，更要懂得人心，要深刻了解外商所在国家（地区）产业、文化、历史、建筑、风土人情以及生活细节等要素，打好经贸文化等多方面交流牌，完善快速响应和精准服务机制，塑造政府优质服务品牌，营造能让外商“心动”并“行动”的法治化、国际化营商环境。

（二）创新精准化招商机制，建立双向沟通交流的通畅机制平台

研究分析国际产业分工格局、产业集群、产业链发展情况，把握目标国（地区）企业需求，结合开发区自身优势，坚持择商选资标准，创新精准化招商机制，实行精准化定向招商。突出行业（领域）精准化、国别（地区）精准化，大力拓展精准招商渠道，搭建互联互通平台，强化招商引资网络建设，建立与招商目标国（地区）双向沟通交流的通畅机制，应用互联网思维、技术，探索建设招商资源载体数据库，以信息化手段构建服务中小企业的双向投资促进平台。要对接并用好山东与德国巴伐利亚州中小企业双向投资促进平台，线上线下齐头并进，拓展强大的境内外营销网络。依托开发区内龙头企业、特色产业集群，突出以商招商，产业链招商，研究、追踪目标国（地区）在国际上的领先行业、企业，对标寻找合作切入点、共赢点，以引入跨国公司、行业领军企业、隐形冠军企业以及高端人才为突破口，带动相关行业的“专精特新”中小企业跟进，通过跟随效应形成产业集群，培育规模经济。

（三）强化专业素养导向，培养锻炼一批专业化的招商团队、服务团队

学习借鉴先进地区招商体制机制改革创新经验做法，按照专业化、市场化、国际化标准，加强专业化招商队伍建设。开展招商团队专业强化工程，创新招商机构和招商人员管理机制，优选高层次、专业化、复合型人才，从事专业招商。建立招商人才柔性引进模式，完善市场化人才招聘流程和管理。建立外部招商顾问团队支持体系，加强对招商工作团队资源重组和专业力量培训，打造一支高素质、高效率、充满激情的招商队伍。项目引进来，同时服务要跟得上。企业落地发展也需要能提供精准、精细、高效服务的专业化团队，确保项目“引得进”，更能“留得住，长得好，结硕果”。

从独角兽企业的发展看如何拓宽招商引资工作新思路*

一、独角兽企业概述和特点分析

独角兽企业被视为新经济发展的一个重要风向标，代表着科技转化为市场应用的活跃程度，是新产业、新模式、新技术、新业态、新动能的代表。研究独角兽企业的发展路径和规律，能够为培育新兴产业提供借鉴，为招商引资工作拓宽思路，为我省新旧动能转换重大工程提供新动力。

（一）独角兽企业概述

“独角兽企业”这一概念由美国著名投资机构 Cowboy Venture 的投资人 Aileen Lee 在 2013 年提出，指的是那些估值达到 10 亿美元以上、未上市的初创企业。美国调查公司 CBInsights 统计显示，截至 2018 年3 月底，全球共有 237 家独角兽企业。其中，来自美国的共 118 家，占 49.79%；中国紧随其后，共 62 家，占 26.16%。虽然从行业分布来看，独角兽企业主要分布在高端制造、互联网和高新科技三大领域，但是按行业估值来看，排名前三的为金融科技、电子商务和软件服务，约占整体估值的 45%。

在我国，根据科技部火炬中心的评选标准，“独角兽企业”是指在中国境内注册、具有法人资格、成立时间不超过 10 年、获得过私募投资且尚未上市、总估值超过（含）10 亿美元的企业。依据这一标准，截至 2017 年年底，中国有独角兽企业 164 家，总估值 6284 亿美元，平均估值 38.3 亿美元，主要分布于 19 个城市、18 个行业。

---

* 作者：金晓峰、张庆国。

(二)中国独角兽企业的特点

1. 分布集中

中国的独角兽企业集中分布在北京、上海、深圳、杭州等大城市,以上4个城市聚集的独角兽企业数量超过总数量的84%。主要原因在于这些城市经济、科技和教育发达程度高、政府扶持力度大,拥有大量高端人才和科技创新头部企业,具有创新的"密度"和"浓度"。其次,有独角兽企业的城市中,拥有阿里、腾讯和小米的杭州、深圳和北京表现得更加突出,阿里巴巴投资、孵化的独角兽企业最多,高达29家,企业总估值达到3028.4亿美元,占全部独角兽总估值的48%。腾讯布局了美团点评、自如、滴滴出行、威马汽车等26家独角兽企业。小米布局了蔚来汽车、小鹏汽车、金山云、智米科技等12家独角兽企业。

2. 主要集中在新经济领域

中国独角兽企业主要分布在高端制造、互联网和高新科技三大领域。细分行业有32种,电子商务、互联网金融、大健康、文化娱乐和物流领域的独角兽企业数量排名前五,这五大领域的独角兽企业估值占据估值总额的53.9%。电子商务领域独角兽企业最多,共有33家,占比20%;互联网金融领域有21家,占比12.8%;大健康领域有14家,占比8.5%。其中互联网金融领域估值最高,为1592.7亿美元,占总估值的25%,比第二名电子商务领域高出690亿美元。

3. 高新区已成为孕育独角兽企业的重要载体

全国独角兽企业中有116家是在高新区成长和发展起来的,比例达到72.5%。北京中关村更是拥有77家独角兽企业,处于遥遥领先的地位,是全球除美国硅谷外,独角兽企业最多的区域。深圳南山、上海张江高科等分别是深圳和上海独角兽企业的主要聚集区。

4. 中国独角兽企业的成长,离不开外资、外脑和海外技术的支持

首先,中国的独角兽企业在发展初期,大部分都得到了美元基金的投资,这些风险投资为独角兽企业快速发展提供了资金和各种专业支持,为其快速发展打下了良好基础。例如,在中国市场上以美元基金见长的红杉资本、IDG资本分别捕获上榜独角兽企业40家和22家,凸显了其对产业深刻的理解能力。其次,中国许多模式创新型独角兽企业的成长,是通过先模仿海外企业,再注入创新元素,并结合中国的国情不断完善,走向成功的。第三,对于人工智能、大数据、云服务、基因组学、精准医学、新能源、智能网联等技术驱动型独角兽企业而言,许多企业的技术本身都来源于有海外经历的创业者或者直接嫁接国外好的技术和模式。

二、我省独角兽企业发展缓慢的原因分析

（一）产业结构偏重

从产业结构看，我省主营业务收入靠前的轻工、化工、机械、纺织、冶金等，多为资源型产业，能源原材料产业占40%以上。这些产业属于资源消耗型、劳动密集型、环境污染型、大量投资型、中低端产品大量出口型，决定了我省企业发展更多的是依靠资源和资金的大量投入，企业形态多为国有或民营大型企业为主。这些传统企业产业链较短，对上下游产业的带动作用比“长三角”“珠三角”以制造业为主的产业结构带动作用小，也因此造成了我省中小型民营企业活跃度不足，对人才吸引力不够，创新力欠缺的局面，制约了独角兽企业的出现。

（二）科技投入有差距，对人才吸引力不足

科技投入不够，创新力不足也是我省新兴产业发展缓慢的主要原因。以2016年为例，山东省科研投入为1566.1亿元，科研经费投入强度为2.34%，明显落后于广东、江苏的2035.1亿元（科研经费投入强度2.56%）和2026.9亿元（科研经费投入强度2.66%）。① 以象征中国最高科技水平的中国科学院院士为例，截至2017年12月份，全国共有院士796人，而山东仅有10人，大多分布在海洋、工程等领域。② 即便是一般的技术人才，如IT人才，山东也很难和“长三角”“珠三角”和“京津冀”地区相媲美。独角兽企业选择在山东发展往往面临无法招聘到高水平人才的局面。

（三）对新兴企业的政策倾斜度不够

近年来，山东各级政府从创新创业环境到资金、人才，措施不断，但与先行一步的苏浙粤相比，在顶层设计、政策倾斜力度、政策执行等方面都存在不小的差距。目前，省内各级政府仍将老牌企业、传统行业作为补贴发放的主要扶持对象，对新兴企业关注度不够。在创造良好区域营商环境，创造适合企业发展土壤上，我省还需要进一步努力。

（四）金融环境亟待改善

在山东，企业的发展更多是依靠银行贷款等传统方式，对独角兽企业发展需要的从天使轮投资基金到ABCD轮等不同阶段的风险投资，还相对缺乏。目前，注册地在山东的私募基金管理人仅占全国的2.8%，管理

---

① 《2016年全国科技经费投入统计公报》，科技部网站，http://www.most.gov.cn/kjbgz/201710/p020171012374292508458，2017年10月10日。

② 《院士按工作地分布栏目》，中国科学院学部网站，http://www.cas.cn/xb/pd5/。

基金规模仅占全国的1.4%。[①] 在风险投资方面，更是远远落后于江苏、浙江、北京、上海和广东等先进省份。2016年，仅江苏、浙江和北京三个地区就占据了风险投资的大半江山，创投机构数量与管理资本数量分别占全国的56.2%和65.6%。[②]

三、对我省招商引资工作的几点建议

其一，中小企业是独角兽企业的成长起点，在继续做好针对世界500强企业招商引资工作的同时，加强与各国中小企业的合作，特别是科技型、研发型和创新型中小企业的合作刻不容缓，大型外企在我国的投资越来越多采用独资形式，虽能带来就业和税收，但无法实现技术转移。国外中小企业单独开拓中国市场存在困难，需要本地合作伙伴，可利用其掌握的科技来弥补我们的创新不足，提升我省企业技术水平。通过为这些企业提供成长土壤，有利于培养出我省的独角兽企业。

其二，技术创新是独角兽企业成长的灵魂。跟踪技术的发展，寻找世界未来的500强企业，与其前期合作，是一种与现有世界500强合作之外另外一种合作选择。这种选择需要在跟踪大企业研发方向的同时，关注引入最新科技的中小企业，这些中小企业往往通过院校或者科研机构取得最新科技的知识产权，然后进行成果转化，把产品推向市场，迅速发展成为行业领军企业。2019年，科技领域可以关注机器人、生物技术革命、大航天、大公司的人工智能布局、人工智能的行业机会、5G的发展、自动驾驶和电动车等。

其三，中国的庞大市场和生产能力是利用海外种子培养我省独角兽企业的肥沃土壤。掌握了先进科技的中小企业，经过大量的研发成果转化工作后，往往需要投资人对其进行最后投资，协助其产业化。为掌握核心技术的海外中小企业进行投资，特别是对即将产业化的中小企业进行投资，并将其引进到我省进行量产是一种可操作的引进先进技术的方式。经过改革开放40年的发展，我省已具有了许多产品的“大规模、复杂性、开放式”生产能力，具备对掌握核心技术的中小企业进行收购的条件，也具备为其发展提供助力的条件。对外投资与引进技术相结合，能够在改善我省产业结构的同时，深度融入国际市场，有利于我省独角兽企业的

---

① 《刘家义在山东省新旧动能转换动员大会上的讲话》，齐鲁网，2018年2月22日。

② 《2016年中国创业风险投资统计分析》，科技部网站，http://www.most.gov.cn/mostinfo/xinxitenl/jtgyf2bg/kjtjbg/kjtj2018/2018017/p020180713403098l9197.pdt。

培养。

其四,引入更多"美元基金",可以为具有"独角兽"潜质的企业的成长提供新动能。美元基金的资金管理者和资金一般来源于有海外背景的个人或者公司,投资期限比较长,与海外科技发展和商业模式创新有着紧密联系。引入更多美元基金投资我省企业,特别是创新型企业,可以在解决我省都与企业资金不足问题的同时,实现更高层次发展,为独角兽企业的形成提供便捷高效的途径。

其五,新旧动能转换重大工程是我省培育独角兽企业的重要机遇。新旧动能转换需要大量引进新科技、新投资和新模式为我省产业升级改造,进行自主创新和智能制造提供了动力源泉。没有落后的产业,只有落后的企业。我省传统的转型升级,可以为提供相关服务的本省新兴企业创造机会,也可以吸引国外企业弥补我省的技术、资金不足,我省的经济将会成为这些新兴企业的最终受益者。

新时代我省利用外资工作的思考*

2018年是贯彻落实党的十九大精神的开局之年，是改革开放40周年。3月份，习近平总书记在主持中央政治局第三次集体学习时提出，要着力发展开放型经济，提高现代化经济体系的国际竞争力。4月份，习近平总书记在博鳌亚洲论坛上强调："中国开放的大门不会关闭，只会越开越大。"这是党中央适应经济全球化新趋势、把握国内改革发展新要求给对外开放工作作出的重大战略部署，为利用外资等工作指明了发展方向，明确了行动指南。

一、溯既往，利用外资为对外开放做出了重大贡献

改革开放以来，我省坚持把利用外资作为推动对外开放的重要工作，紧抓国际国内发展机遇，依托沿海区位优势，实施了一系列促进利用外资政策，积极营造良好的投资环境，不断创新利用外资方式，取得了令人瞩目的成绩。截至2017年底，共批准设立外商投资企业7.1万多家，合同外资3145.3亿美元，实际使用外资2070.7亿美元。

（一）从时间进度看，推动了开放型经济结构优化升级

改革开放之初为探索起步期，利用外资明显加快了项目单位的技术改造和设备更新，提高了产量和出口创汇能力。20世纪90年代是快速发展期，外商投资企业逐渐成为山东发展外向型经济的主力军和出口创汇的重要支柱之一。进入21世纪是量质提升期，在机械、化工、造纸、汽车、造船、纺织、建材等产业形成了一批全国知名的外资高端制造企业集群。2012年至今，进入了转型创新期，瑞东农牧、醇源牧场等推动传统农业向"新六产"转变，提供了"新六产"体系范例；空客直升机、江森自控填

---

* 作者：朱希昕。

补领域空白，提升了制造业的国际竞争能力；西门子在青岛中德生态园设立创新中心，引领智能制造新方向。全省形成了一批以机电一体化、电子信息、生物工程为代表的外商投资高新技术产品群体。麦德龙、宜家等企业不断为山东商业零售业带来新理念、新模式，日本软银在威海投资集服务智能化和专业化于一体的基地型项目，促进了现代服务业的大发展。

（二）从开放广度看，形成了全面开放的态势

从开放领域看，除国家禁止对外资开放的领域外，制造业已对外资全部开放，服务业利用外资由传统服务业向金融、医疗等领域不断拓展，农业领域利用外资开始向一、二、三产业交叉融合发展。外商投资日益成为推动改革发展的强大动力。利用外资倒逼改革，推动着行政审批制度、工商注册制度、税务登记制度、知识产权保护制度、政府采购制度、市场竞争规则等全方位改革，促进了法制化、便利化、国际化的营商环境构建。

从外资来源看，已吸引全球 170 个国家或地区来我省投资，香港、韩国、日本、美国、新加坡投资居前五位，实际投资分别占我省外资总量的 40.3％、19.2％、5.6％、5.4％和 5.3％。

从投资区域看，外商投资遍布 17 市 137 个县市区，东部沿海发挥先发优势，集聚了一批重大外商投资企业，成为全省对外开放高地，实际使用外资占全省的近八成。济南市利用外资发展城市公用设施和软件服务外包行业，济宁、德州、聊城市吸引世界 500 强企业投资，临沂、滨州等市民营企业境外上市，各具特色，亮点纷呈。

（三）从发展角度看，外商投资经济社会贡献度不断提升

大批产品品质优良、技术创新能力强、占据价值链高端的外商投资，产生了明显的技术、管理、知识、信息和营销理念等外溢效应，促进着我省创新发展和经济结构升级，为我省培育了一批具有国际水平的先进企业和优秀人才。

一是利用外资为企业改革发展和自主创新注入了强大动力。重汽、海尔、张裕、兖矿等一大批全国知名企业与跨国公司进行强强联合，实现了借力发展。龙大食品、太阳纸业、成山轮胎等一批民营企业与世界一流企业合作，引进消化吸收，增强了自主创新能力和可持续发展能力。

二是为节能减排和资源综合利用做出了表率。外商投资企业在节能减排和资源综合利用等方面的经验和做法，得到当地环保、节能有关部门的高度认可，一些经验和做法被内资企业借鉴使用，外商投资企业正成为转变经济增长方式及节能、减排、降耗的积极力量。

三是经济和社会效益日益提高。2016 年度，外商投资企业完成生产

总值 1534 亿美元,占全省生产总值的 15.2%;纳税总额 575 亿美元,税收贡献率 28.7%;出口额 629.8 亿美元,占全省出口总额的 46.2%;吸纳新增就业 8.6 万人,占全省城镇新增就业人口的 7.1%。

二、看大势,利用外资机遇犹存,压力趋大

利用外资是我国对外开放国策的重要内容。2017 年,国务院先后两次下发通知推进利用外资工作,力度之大,前所未有。2018 年,习总书记在博鳌亚洲论坛上宣布放宽金融、汽车、造船等领域外资准入限制,超乎预期。同时,国际局势发生深刻变化,国内区域引资竞争呈现新特征、新趋势,利用外资提高质量、平稳发展机遇和挑战同在,优势和短板并存。

机遇:2017 年,欧美企业未分配利润普遍增加、市值高估、现金充沛,对外投资意愿增加。联合国贸发会议预测,2018 年全球资本流动有望出现强势反弹。近年来,全球经济重心向亚洲转移的趋势日益明显。中日、中韩关系转暖,中日韩自贸区建设稳步推进。2018 年是中日和平友好条约缔结 40 周年,双方将加强各层级交往,在文化、地方、媒体、青少年等领域开展形式多样的交流,为两国关系重回正轨营造良好民意和社会基础。我国进一步扩大对外开放,汽车、船舶、飞机制造业将取消外资股比限制,在能源、资源、基础设施、交通运输、商贸流通、专业服务等市场高度关注领域推出一系列开放措施,对于我省相关产业完善链条、扩大外商投资具有重大意义。我国、我省消费市场规模扩大快速升级,2018 年 1～3 月,全国社会消费品零售总额达到 90275 亿元,同比增长 9.8%;我省社会消费品零售总额达到 7840 亿,元同比增长 9.8%。消费新动能快速成长,消费需求不断释放,旅游娱乐、高端消费等居民个性化、品质化和多样化消费需求不断扩大,这些都将持续拉动与消费直接相关的投资较快增长。

挑战:美国特朗普政府执政以来,倡导“美国优先”,推行缩表、加息、减税的货币财政政策,尤其是中美贸易摩擦,对我国部分高技术产品加征进口关税,限制美国企业对我国高技术产业投资。未来一段时期,对我国引进高端制造、先进设备、研发人才的限制约束不仅不会放松,还有可能收紧。美国是我省第五大外资来源地,2017 年实际投资占全省实际使用外资的 4.0%。2018 年一季度,美国实际投资增长 7.4%,占全省实际使用外资的 3.5%,减少 0.5 个百分点。美国投资占我省实际使用外资比重不大,而且,由于具有注重我国内需市场、制造业投资占比大和根植性

强等特点，美国的政策调整不会造成我省大量美资的回流，美国投资下降也不会对我省利用外资平稳发展产生重大影响，但美国对我省加征关税的相关产业投资或因关联效应受到影响。同时，美国采取减税、缩表等政策，可能引发主要国家减税竞争和资金争夺；发展中国家对外资优惠政策有增无减，加上低廉的要素资源成本，我国利用外资"两头堵"的问题将更加凸显。

优势：国务院批复同意《山东新旧动能转换综合试验区建设总体方案》，这是党的十九大后获批的首个区域性国家发展战略，也是我国第一个以新旧动能转换为主题的区域发展战略。对外开放是新旧动能转换重大工程的三大动力之一。山东省委、省政府即将实施一系列招商引资招才引智的重大举措，全省全面贯彻落实《国务院关于扩大对外开放积极利用外资若干措施的通知》（国发〔2017〕5号）、《国务院关于促进外资增长若干措施的通知》（国发〔2017〕39号）和《山东省人民政府关于新时期积极利用外资若干措施的通知》（鲁政发〔2017〕16号），为利用外资创造了良好的环境和氛围。

劣势：国内区域引资竞争向引资建校抢才拓展，且日趋激烈。我国自贸试验区建设形成"1＋3＋7＋1"格局，以雄安新区为核心的河北自贸试验区创建提上议事日程，在长江经济带、京津冀协同发展、中原崛起、雄安新区建设等重大区域发展战略环围中，我省缺少自贸试验区强有力的政策支撑，拓展引资空间的难度不断加大。近年来，我省很多地区对利用外资工作进行了许多有益的尝试与探索，但在利用外资规模和质量、营商环境、政策体系等方面与先进省市仍存在差距这些"短板"，反映出我省一些地方仍然没有将利用外资作为促进当地经济和社会发展的重要抓手，在发展定位、思想境界、工作状态、政策力度、担当作为、能力水平上都有待提升。

三、找定位，推动利用外资优化结构拓展深度提高效益

"中国特色社会主义进入新时代，我国社会主要矛盾已经转化为人民日益增长的美好生活需要和不平衡不充分的发展之间的矛盾"，这是十九大作出的重大政治判断，明确了我国经济社会发展新的历史方位和社会主要矛盾变化。新时代赋予新的使命和任务，站在新的历史方位，贯彻落实习近平新时代中国特色社会主义思想和十九大精神，需要重新界定利用外资的定位。

（一）在肩负新时代赋予的新使命中找准定位

站在历史的维度看，利用外资在经济社会发展中发挥了创新发展、持续发展、领先发展的积极作用，做出了重大贡献。党的十九大明确了新时代的新思想、新战略、新理念、新任务，以习近平新时代中国特色社会主义思想为指导，下一步做好外资工作，要落实高质量发展要求，发挥好外资在建设现代化经济体系中的独特作用，引资引智并举，大力引导外资投向实体经济、高技术产业、新经济、节能环保和现代服务业；要落实新发展理念，发挥好外资企业溢出效应，鼓励外资投资节能环保领域，推动绿色发展，引导外资投向农村、贫困地区，使外资在乡村振兴战略、打赢脱贫攻坚战中发挥更大作用；要推动形成全面开放新格局，发挥好外资服务区域协调发展的积极作用，全面贯彻落实国家外资管理体制改革相关措施和扩大开放相关政策，依托新旧动能转换综合试验区建设，更好地以开放促改革、以开放促发展。

（二）在实现新的发展目标中找准定位

党的十九大提出建设社会主义现代化强国的奋斗目标。2017 年6 月召开的省第十一次党代会提出了山东省要在全面建成小康社会进程中走在前列的发展目标，并将对外开放作为新旧动能转换的三大动力之一。在全省开放型经济发展大会和全面展开新旧动能转换重大工程动员大会上，刘家义书记、龚正省长给对外开放及利用外资工作提出了新的更高的要求。发挥好外资在实现走在前列和新旧动能转换重大工程中的动力作用，应紧紧围绕新旧动能转换“十强”产业，以新产业培育为目标，通过引进龙头企业，“补链、建链、强链、延链”，推动互联网、大数据、人工智能和实体经济深度融合。同时，注重引进外商投资的地区总部、投资性公司、创业投资企业等，着力以引才带动引资、建校培育人才，促进产业集聚、消费升级、人才吸引、资本汇集等，在中高端消费、创新引领、绿色低碳、共享经济、现代供应链、人力资本服务等领域培育新的增长点，形成新动能，为实体经济发展和构建现代化产业体系提供支撑。

（三）在落实新的发展理念中找准定位

根据国际专业机构测算，服务业每增长 1 个百分点，可拉动 500 万～700 万人就业。2017 年，我省三次产业结构和利用外资结构中，服务业分别占 48%和 38.6%，与先进地区相比还存在较大差距，大力提升我省服务业发展水平，实现走在前列的奋斗目标，服务业是“短板”，更是发展空间。下一步，利用外资应以“服务型经济”转型为目标，大力引进高端生产性服务业和生活性服务业领域外商投资，提高服务业利用外资比重。在继续扩大中心城区利用外资的同时，结合实施乡村振兴战略把农村和农业利用外资培育成新的亮点和增长点。通过大力引进符合环保要求的劳动密集型外商投资企业、因地制宜发展农业旅游业和休闲观光农业、深入挖掘城市居民农村养老需求，大力发展田园式养老民居等，打造一、二、三产融合发展的“生态圈”，为我省利用外资工作创新发展做出有益探索，切实通过利用外资把“创新、协调、绿色、开放、共享”的发展理念落到实处。

（四）在推动形成全面开放新格局中找准定位

兄弟省市及我省对外开放和利用外资的实践表明，凡是利用外资水平高的地方，开放型经济发展水平也高，经济和社会发展也走在前列。党的十九大报告关于“推动形成全面开放新格局”的承诺，向国际社会彰显了我国坚定不移推进开放合作、包容发展的决心与理念，这将进一步引导各国各类企业、各类人才增强来华投资兴业的信心和预期。我们应抢抓机遇，以优良的营商环境为支撑，继续健全完善高层推动对外开放工作机制，积极研究制定出台鼓励外商投资和招商引资激励措施，充分调动外商投资和招商引资的积极性，让外商投资愿意来、留得住、发展好。2017年，龚正省长带队在香港举办山东周活动，出访澳大利亚、新西兰、白俄罗斯等国家，已经为全省做出表率。各级党政主要领导干部也要深刻认识利用外资促进经济社会发展的巨大作用，把做好利用外资工作作为自觉行动，建立每年赴境外招商的常态化机制，进一步加强对利用外资工作的领导，促进利用外资平稳发展，提质增效。

四、强弱项，打造利用外资竞争新优势

在全省开放型经济发展大会上，刘家义书记、龚正省长指出的有些领导干部存在的问题，应引起高度关注与思考，建议通过加强考核督查、表彰激励、队伍建设三个方面，强化“人”这个关键因素，大力推动利用外资工作。

（一）进一步加强对利用外资工作的考核和督查

在当前对利用外资经济社会发展考核的基础上，加强对利用外资工作的行政督查力度，重点督查政策、会议及工作部署落实，市县（市、区）党政主要领导每年度赴境外招商引资的次数和成效以及联系企业、投资环境建设、外商投资企业投诉调处等方面的工作。

（二）进一步强化利用外资激励机制

建议出台省级招商引资奖励制度，对资本项下实际使用外资增幅超过全省平均水平的县（市、区）、开发区直接给予资金奖励，主要用于补充

招商引资经费，对贡献突出的个人予以表彰。

（三）进一步探索建立灵活的人事制度

突出县（市、区）、开发区招商引资的主体作用，引导各地进一步整合招商引资力量，建立专门的投资促进机构，与商务局合署办公。同时配备一定的聘任编制名额，采取底薪加绩效等市场化薪酬制度从社会招纳招商引资专业人才，弥补招商力量的不足。

发展总部经济的关键要素和路径探析*

总部经济发展至今，既有陆家嘴的崛起奇迹，也有大量CBD闲置的失败案例。成功的案例各有特色，而失败的案例却大多是因为没有认清总部经济的真正含义，将CBD等同于产业聚集，或者楼宇经济。目前关于总部经济的认识主要分为两大观点：一种是按照《中国总部经济发展报告》，总部经济是指某区域由于特有的优势资源吸引企业总部聚集布局，形成总部集聚效应，并通过"总部—制造基地"功能链条辐射带动生产制造基地所在区域发展，实现不同区域分工协作、资源优化配置的一种经济形态。这种"总部—制造基地"的定义更多是将总部经济局限在制造业中，很多地方按照这个思路建立各种总部，迁来众多企业聚集，形成的却是大规模制造业基地。另外一种观点则由总部经济研究专家张鹏提出，认为总部经济是单一产业价值观指引下，将创意、决策、指挥等高端智能的所有关联环节进行大规模的聚集，使之产生极化，拉动整个行业领域或区域经济的高速发展。这个概念囊括了所有行业，契合目前所有总部经济的成功经验，对我们发展总部经济更具指导价值，可以看出对于发展总部经济，人才、产业价值观、产业极化是关键要素和基本路径。

一、溯既往，利用外资为对外开放做出了重大贡献

目前，对于总部经济存在一个很大的误解，不少人认为总部经济发展的关键就是大型总部的入驻和聚集，类似传统的"工业聚集、产业聚集、楼宇聚集、功能聚集"。其实，总部经济被聚集出来的并不是高楼大厦，也不是单个大型企业，而是"智能"，也就是企业中的人才。从大型总部的运作模式分析看出，总部通常是把企业的生产基地、销售与服务基地、物流与

* 作者：王健。

配送基地等产业链上运作的低端环节，配置在劳动力价值比较低廉的地点，甚至会随着生产计划删减或者迁离此地，而把聚集智能活动的企业总部——指挥中心、运营中心、研发中心、管理中心、信息中心等聚集在一个固定地点。比如，美国通用总部设在纽约，下属近千家企业分布在全球五大洲国家和地区。这些总部其实是“司令官”“指挥部”，是决策类企业，是创新性企业，是指挥类企业，就像是人的大脑一样。在经济全球化的当下，谁在配置资源、战略布局？其实就是总部的决策人群。一个领域的决策人群聚在一起，影响的不只是本地的经济指标，更是这个领域的未来发展，这些人才的聚集所产生的能量，并不限于增加税收、拉动就业等指标，而在于它的“黑洞效应”，既吸引着同类企业的入驻，又释放出巨大能量辐射带动整个区域、整个行业的发展。比尔盖茨曾经说过，倘若整个微软全部焚烧一光也没关系，因为公司核心层的专家们能再造一个微软。也就是说，总部经济不仅是总部的聚集，更是高端人才的聚集，是“智慧”的聚集和融合，是人的经济。

山东作为人口大省、教育大省，人才曾经是我们的优势。基础劳动力总量居全国第二，劳动力价格相对较低，具备吸引劳动密集型企业的突出优势。普通高校数量、在校生数量居全国前列，人才储备充足。但是随着产业结构逐步转型，高新技术和现代服务业等人才导向性企业涌现，山东人才结构的不足也逐一显现。普华永道在 2018 年的对外商投资环境调研中发现，不少新兴服务业、生物类、高新技术、金融服务类等企业出现了外语人才、高级金融人才等中高级劳动力相对匮乏的情况，甚至已经成为企业发展的桎梏。这其中凸显了两个问题：外来人才吸引力不够，本地人才流失严重。领英发布的《2017 中国职场全球化指数城市排行榜》显示，全国前十位城市中，山东只有青岛上榜，且位居最后一位。山东人才交流、人才环境开放度等方面与先进城市差距越来越大。不少企业反映，山东高素质人才不愿意留在本地工作，而转向北京、上海、深圳等大城市工作，严重影响了企业人力成本和团队稳定性。高技术企业受限于人才的缺乏难以发展，而这类企业的缺少进一步导致了人才的流失。从政策看，山东与其他先进省市相比，政策力度还不够。在全国出现“抢人大战”时，山东省核心城市的人才引进计划和措施与北上广相比，对国际人才的定义不够开放，政策人性化程度不高，吸引力和竞争力不强。而在争取国内人才时，不少人才出于住房补贴与落户奖励不足等原因，不愿意落户山东省内。当前的人才现状对我省发展总部经济极为不利，下一步，山东需重点在人口大省向人才强省的转变上发力。一方面针对鲁籍人才加强宣传推介力度，畅通信息渠道；另一方面，健全以产业为导向的高技术人才激励机制，对高层次人才及子女从住房、就医、教育等方面提供优质服务，开辟绿色通道，让人才走进来、留下来。

二、产业价值观：总部经济发展的“灵魂”

被誉为“高科技阳光”的硅谷，半个世纪前还只是一个普通农牧区。经过几十年的发展，1999 年，硅谷的 GDP 已经超过当时我国的 1/4，成为高科技产业风暴核心。硅谷迅速崛起的成功经验在今天仍然很有启示意义。当时的硅谷并没有多么有利的发展条件，交通、产业配套都比较落后，当年的斯坦福大学也与东部知名大学无法相提并论，周围甚至连可开发的土地都没有。“硅谷之父”特曼教授通过外租学校土地的方式积累资金，建设学术顶尖院系，聘请顶级教授，对高学历高技术人才采取来者不拒的移民政策，一视同仁地分享发展利好。这种高端智能型人才的聚集成为硅谷发展的原动力。而且，特曼教授允许老师和同学与工业界交友、合作，教授可开办公司，学生可兼职或创业。宽容的创新环境和发达的创业理念成为当时硅谷的文化价值观。这种文化也带动实现了世界上最完备的风险投资机制，推动了硅谷不断前行。今天的硅谷已经成为当今信息技术发展的神经中枢，全世界著名高技术公司的全球总部几乎都布局在此。纵观其发展史，硅谷的成功经验关键在于：依托斯坦福大学，成为人才高地；创新、平等的文化理念促生了相同理念的高技术企业的产生；对高端科技的追求向往形成了硅谷的“灵魂”。

不仅硅谷如此，综观当下知名总部经济，如严谨专业的伦敦金融城、影视创意的好莱坞、敢于冒险创新的华尔街，这些总部经济都是具有同一产业价值观的企业聚集，并且与所在地的发展价值观高度一致。有什么样的城市，就有什么样的总部经济。总部经济的灵魂，就是和这个城市息息相关的文化价值观。当前，很多城市开展招商引资工作，更侧重于分任务、派指标，甚至很多城市在建设写字楼之前，招拍挂就列明需进驻总部机构的条件。这种招商方式的确有效，但这种方式吸引的多是“国”字头的总部。即使引入多个总部，彼此行业之间毫不相干，既不能互融互通，也不能互利互惠，这样的“万花筒”式的聚集，形成的只能称之为“基地”，而不能称为“总部经济”。因此，发展总部经济，起步阶段就要做好产业设计。而产业设计第一步就要找到这个城市独有的气质，结合当地产业特色，形成特色鲜明的产业价值观。只有想方设法将同一价值观的总部聚集，才能放大效应，形成合力，继而吸引更多的总部，成为真正的总部经济。

三、产业极化:总部经济发展的“引擎”

目前,很多城市都有自己的特色产业,当地政府也非常重视发展特色产业集群,但相同产业价值观的企业聚集就能发展为总部经济吗?并非如此。中关村曾被誉为“中国的硅谷”。作为第一个总部经济试验园区,凭借改革开放东风和优质大学人才资源,中关村的发展势头迅猛。但近两年,中关村产品自主创新的含量不断降低,纳税也低于北京朝阳区平均水平。衰落的原因还是产业不够高端,形成了低端产业聚集,但没有产业的极化发展,或者说没有形成产业尖端,而是被低端重复的企业所充斥,往日的美誉也成为今天“水货、盗版”的代名词。再如淄博的陶瓷行业曾经赫赫有名,1993 年天佳集团上市,田家村集体控制的建陶企业成为中国第一批进入资本市场的建陶企业,进入资本市场比佛山还早了 6 年。1998 年前后,淄博已经成为中国建陶的第二大产区。2008 年,淄博陶瓷产能超过 12 亿平方米,占全国建陶产量的 23%。但是这样的行业聚集,形成的只是规模,却没工艺创新和产品研发能力提升,粗放的生产方式和低附加值的产品让淄博陶瓷逐渐走向下坡路,甚至不少山东出售的瓷砖要打出“佛山瓷砖,保证非淄博生产”的承诺才能吸引消费者。近几年,随着环保要求的提高,淄博一再对陶瓷行业进行升级改造。2016 年 9 月,淄博市公布的《建陶行业精准转调工作方案》只保留了 2 亿建陶产能。如果当初陶瓷行业注重极化发展,或是向新材料发展,或是向艺术附加概念上努力,今天的淄博陶瓷可能会是另外一个局面。

淄博陶瓷正是山东经济的一个缩影。山东产业结构主要集中在化工、机械、纺织等传统工业,整体经济实际还处在初级工业化过程之中。高新技术企业比较少,缺少成长性好、具有跳跃式发展态势的高新技术企业集群。从瞪羚企业数目看,广东 652 家、湖北 572 家、浙江 503 家、江苏 396 家,而山东只有 259 家。从研发投入看,山东每万人专利数仅为7.57 件,低于全国平均水平,更远远低于浙江、广东、天津、江苏等省市。这意味着山东企业创新能力不足,创新积极性不高,在高技术领域基础薄弱。而中西部很多城市在新兴领域已经有了一定知名度,比如贵州省虽然扶贫和生态建设任务艰巨,但大数据领域风生水起,其发展思路颇具参考价值。首先,出台数字经济发展规划,制定顶层设计,明确大数据作为全省战略行动。其次,建设贵州大数据综合试验区,形成产业聚集。第三,多渠道宣传,发布“云上贵州”等标识,建设“多彩贵州”门户网站。最后,举办国际大数据博览会，建设与世界大数据对话的窗口和专业化交流平台，成立全球首家大数据交易所，创造性地引入交易模式，吸引全球领先企业投资，形成产业尖端，引领全省大数据发展。

不管是首吃螃蟹的中关村，还是淄博、贵州的例子，这些经验和教训都弥足珍贵。如果说产业聚集是基础，那么产业极化就是生命力，没有这个生命力，这个产业早晚会在科技创新、时代发展中被抛弃，一个活不下去的产业如何发展总部经济？反言之，如果将产业聚集进一步极化发展，形成具有强大生命力，拥有无限未来的产业尖端，充分发挥其引擎作用，那么整个产业都会加速前进，发展总部经济也会水到渠成。山东作为制造业大省，已经有不少特色产业聚集，拥有发展总部经济的基础。但仅有基础是不够的，还应深入分析本地特色、优势，明确优势产业发展导向，瞄准前沿化、高端化、智能化发力，形成未来发展竞争力强、生命力强的产业尖端。同时，聚焦产业尖端重点招商、精准招商、人才储备，充分发挥政策导向，让产业极化成为整个优势产业的"引擎"，全力发展总部经济。

参考文献

1. 赵弘：《中国总部经济发展报告（2014—2015）》，社会科学文献出版社 2015 年版。

2. 张鹏：《总部经济时代》，社会科学文献出版社 2011 年版。

加快智慧康养产业招商引资的思考与建议*

2017 年 4 月，李克强总理视察山东时要求山东"建设国家医养结合示范省"。2018 年，我省实施的新旧动能转换重大工程将医养健康产业纳入重点培植新兴优势产业，努力打造成万亿级体量、全国一流乃至世界有影响的产业集群。我们应按照省委、省政府部署要求加大产业招商力度，鼓励、引领境内外资本参与智慧康养产业的发展。

一、智慧康养"幸福产业"具有广阔的市场发展前景

消费需求是生产供给的"指挥棒"，也是培育发展新动能的"导航灯"。所谓"智慧康养"是指利用物联网、云计算、大数据、智能硬件等新一代信息技术产品，实现个人、家庭、社区、医疗资源与健康养老资源的有效对接和优化配置，推动医疗康复保健养老服务智慧化升级，提升健康养老服务质量、效率和水平。

智慧康养产业人口基数大、增长速度较快，蕴含巨大市场需求。商务部采集数据和《中国康养产业发展报告(2017)》显示，2015 年我国60 岁及以上人口达到 2.22 亿，分别是世界、亚洲老年人口总量的 1/5 和1/2。截至 2016 年底，65 周岁及以上人口达到 1.38 亿(超过日本的总人口)，占总人口的 10.1%，半失能、失能、失智老人近 4000 万，完全失能老人达到 100 万左右，老年康养产业市场消费需求突破 5 万亿元。预计到 2020 年，老龄化水平达到 17.17%，老年人口达到 2.48 亿(接近美国的总人口)，其中 80 岁以上高龄老人群体失能率在 50%以上，智慧康养产业总产值将达到 8 万亿元规模，市场需求巨大。相比全国，山东老龄化进程更快。2017 年，全省 60 岁及以上老年人 2137 万，占总人口的 21.4%，已成

---

* 作者：齐春光、王春燕、王新成。

为全国老龄人口第一大省。与之相随的是医疗、康复、养生、养老等服务需求的持续快速增长。据统计，2016年山东全省智慧康养产业增加值超4300亿元，占地区生产总值比重的6.3%。《山东省新旧动能转换重大工程实施规划》预计，到2022年增加值将达1.15万亿元，占比11.5%。

智慧康养产业链长、关联度大，对培育发展经济新动能至关重要。智慧康养产业涉及一、二、三产，是医疗、养老、养生、金融、文化、旅游、体育、制造等多业态融合发展的朝阳产业，关联城市建设、生态环境、民风民俗、科技信息、文化教育、社会安全等众多领域，包容集群园区建设、大型企业培育、品牌价值提升等多个方面。大数据、云计算、人工智能、物联网等技术在智慧康养各领域的广泛应用，正加速催生多样化、多元化、多业态的“银发”服务业发展新格局，层出不穷的新技术、新业态、新模式形成新动能之后，又不断创造出更多个性化、多样化服务需求和消费市场，吸引上下游关联产业的融合并产生协同效应，助推产业结构转型升级、消费升级，满足老年人的个性化、多元化、差异化需求。通过产业前向、后向关联产生系列连锁效应，可持续带动与“银发”服务业相关的生态农业、高端医疗、高科技医疗器械、生命康复、中医养生、家政养老、新医药研发以及养老地产、养老保险、养老金融、医养文化、健康旅游等诸多产业发展，促进多业融合形成混合型经济形态，以新业态新模式产生新的聚合效应，扩大智慧康养产品供给，完善全方位、全周期智慧康养产业链条。

智慧康养产业亟需社会包括境外资本积极支持。随着老年人收入水平、文化层次的不断提高，智慧康养迎合了当代老年人的心理需求，老年人更加关注提高生命的长度（寿命）、深度（精神层面的丰富度）和自由度（即国际上用以描述生命质量高低的指标体系）。智慧康养新型现代养老模式逐渐成为“市场宠儿”，产业迎来多元化发展良机。近年来，一系列积极促进老龄事业和养老产业的重磅政策持续发布，智慧健康养老产业开始进入发展的快车道、黄金期。嗅觉灵敏的万科、保利、中建、远洋、中投、常青国际、绿地控股等优势企业以及国寿、泰康、合众、新华等保险企业纷纷布局，全国呈现康养经济遍地开花，新技术、新模式和新业态蜂拥而出的新景象。《中国康养产业发展报告（2017）》预计，“十三五”期间，中国将形成具有新时代特色的智慧健康养老产业体系，产业发展将呈现出创新、整合、应用、共享的新趋势。

智慧康养产业在快速发展的同时也暴露了许多亟待解决的问题。从山东的情况看，智慧康养还存在产业发展不平衡不充分、赢利模式不清晰、康养项目融资困难、养老人才匮乏短缺、医疗资源匹配不均、扶持政策难以落地、政府购买体量小、老人支付能力弱、市场化服务占比低等制约发展的瓶颈问题。比如，在人才智力支撑方面，山东健康管理、健康咨询、科学健身、中医药养生等中高端人才缺口严重，人才供给与智慧康养产业发展需求不相适应。健康与养生养老、体育健身、文化旅游等新业态融合的发展较为缓慢，远不能满足多元化、个性化康养服务需求。实现智慧康养产业健康发展，单纯依靠政府或某个社会部门的力量是不够的，必须积极动员社会包括境外资本参与国家“智慧养老”战略的实施，打造互联互融、开放共享、合作共赢的智慧康养新格局。

二、山东智慧康养产业发展面临的新形势

国内外环境发生深刻变化，医疗服务能力和居民家庭健康意识不断提升，我省智慧康养产业发展已具备大发展的良好条件。

从文化传承上看，山东是儒家文化的发源地，仁孝是儒家文化的核心思想，“孝行天下”“孝以载道”的思想根深蒂固地埋藏于齐鲁人民的潜意识之中。在千百年孝文化的熏陶下，尊老、敬老、助老深入人心，为智慧康养产业发展营造了良好的文化环境。

从政策优势上看，山东省委、省政府高度重视智慧康养产业发展，先后出台了加快养老服务业发展、推动医疗服务业和养老服务业转型升级、加快医养结合发展等政策文件，对医养结合机构在设施规划、土地保障、资金扶持、保险政策、税费减免等方面给予大力扶持，为智慧康养产业发展创造了良好的环境。

从产业扶持上看，国务院批复了《山东新旧动能转换综合试验区建设总体方案》，我省将智慧康养产业列为新旧动能转换的“十强”产业，明确提出了到2022年打造万亿级智慧康养产业的发展目标。作为民生改善与新旧动能转换的重要契合点，全省对智慧康养产业的支持力度将持续加大。

从试点成效上看，青岛、烟台、威海三市已成为国家级医养结合试点市。青岛市在全国率先试行职工、居民长期护理保险制度，形成“医中有养、养中有医、医联结合、养医签约、两院一体、居家巡诊”六种医养结合模式。烟台市探索实行了“大养老＋小医疗”“大医疗＋小养老”“医疗养老并重”“分散养老＋医疗网络”四种医养结合模式。威海市打造连锁康养服务平台，协调推动医养结合型多业态融合发展。济南、东营、潍坊、日照、聊城五市开展了职工长期护理保险试点，为智慧康养产业发展积累了较为丰富的实践成果。

从产业趋势上看，生命科学技术不断取得新突破，基因工程、分子诊断、干细胞治疗、3D打印等重大技术加速应用，大数据、云计算、互联网、人工智能等新一代信息、生物、工程技术与医疗健康领域的深度融合日趋紧密，远程医疗、移动医疗、精准医疗、智慧医疗等技术蓬勃发展，推动健康管理、健康养老、健康旅游、休闲养生、“互联网＋健康”等健康产业新业态、新模式蓬勃兴起。

从消费升级上看，我省居民消费结构正加速向发展型和享受型升级，大众健康意识整体增强，健康需求由单一的医疗服务向疾病预防、健康促进、保健康复等多元服务转变，居民对健康产品和服务的需求日益旺盛。同时，社会保障制度的不断完善，医疗保险事业的快速发展，也将进一步激发智慧康养市场需求。

从发展现状上看，我省智慧康养产业尚处在起步阶段，供给侧能力相对不足，优质资源相对缺乏，医养结合覆盖面窄，专业人员不足，难以满足老年人不同层次的健康养老服务需求。

三、强化我省智慧康养产业招商引资的建议

产业发展靠项目，项目引进靠招商。在国家全面放开养老服务市场、提高医疗保健等服务业对外开放程度的新形势下，应创新招商理念、引资方式，紧密结合我省（市、区、县）智慧康养产业发展规划和老年人养老需求，充分利用山东良好的区位优势和资源优势，创造国内领先的投资环境，形成以全球优质资源发展智慧康养产业、以智慧康养新技术新业态助推新旧动能转换的新局面。力争到2020年初步构建起具有山东特色、满足群众基本需求的智慧康养产业体系，到2022年使智慧康养成为我省国民经济的重要支柱产业，到2030年产业增加值占地区生产总值比重达到14％～15％，基本达到发达国家平均水平，全面形成产业集聚、特色鲜明、布局合理的智慧康养产业体系，优势领域引领全国，产业发展水平走在全国前列。

一是加强顶层设计。康养产业涉及的产业形态比较多，应按照产业集聚、错位协同、均衡发展的原则，省市联手、统筹规划，明确主要招商目标，纳入全省重点招商目录，并给予重点支持。围绕资本、土地、人才、技术和市场等几个关键方面提供资源配置和个性化服务。

二是坚持招大引强迎新。认真研究世界、中国500强中康养产业企业和行业领军企业发展动态及投资意向，积极对接大企业、大集团，寻找合作机会。结合数字经济和互联网＋，重点引进智能医疗设备和可穿戴

健康设备等高新技术企业，着力打造产业链集群效应。

三是聚焦重点区域。紧盯“珠三角”“长三角”以及京津冀等重点区域，聚焦北京、上海、深圳、广州、杭州、厦门等重点城市，通过主动上门招商、请进客商、以商招商等方式，形成产业和市场的联动效应，强化与国内外500强和知名康养企业的主动对接，着力引进一批龙头型、基地型、科技型重大项目及补链型配套项目。

四是发挥开发区作用。引导开发区把招商引资作为推动经济发展和转型升级的重要抓手，加大对园区基础设施、生活配套和公共服务平台建设，围绕康养产业，打造特色开发区。

五是精准务实办好重大招商活动。积极参与国家部委主办的与康养产业相关重大经贸活动，省级层面每年组织1～2次大型康养产业招商活动，在香港、上海、北京、广州等地的重大招商活动中也增加相应的针对性，提高精准度和实效性。

六是创新招商方式。鼓励各地采取政府购买服务的方式开展委托招商，大力开展驻点招商、以商招商和产业链招商。借助互联网和大数据平台，构建QQ群、微信群、APP等立体式招商信息平台，实现网络化、高效化招商。

内贸流通篇

2018山东省商务发展调研报告

2018 ANNUAL REPORT ON SHANDONG COMMERCIAL DEVELOPMENT RESEARCH

充分发挥消费的基础性作用 积极推进全省内贸流通领域新旧动能转换*

随着社会主义市场经济体系的发展和完善，消费在国民经济中发挥着越来越重要的作用。党的十九大报告作出了“中国特色社会主义进入新时代”的重大判断，明确指出“我国社会主要矛盾已经转化为人民日益增长的美好生活需要和不平衡不充分的发展之间的矛盾”，提出要“完善促进消费的体制机制，增强消费对经济发展的基础性作用”，对消费地位和作用的重视前所未有。

一、现阶段消费的基本特点和发展趋势

伴随着我国经济发展从高速增长向高质量发展阶段的转换，我国经济增长动力结构调整加快，消费驱动增长的趋势日益显现，消费对经济增长贡献进入新一轮上升周期。2011 年开始，最终消费率出现企稳和逐年回升态势，至 2016 年已达到 53.6%，消费贡献率达到 64.6%，成为国民经济增长的主要动力，2017 年消费贡献率达到 58.8%，继续保持经济增长第一拉动力。

（一）我国城乡居民消费水平正在实现从量到质的升级

近年来，我国人均 GDP 已经突破 1 万国际元（麦迪森 1990），进入中高收入水平国家行列，城乡居民消费水平已基本“从无到有”，正在经历从以往的大规模、同质化、普及型的消费，向多样化、差异化、高品质的消费转型，正在进入“从量到质”“从有到好”“求新求特”的新阶段，更加注重生活品质，对消费品及服务的质量、安全、效能等方面的要求不断提升，多样化、多元化、多层次的全新消费格局正在加快形成。

---

* 作者：任海涛、李益民、许冰波。

(二)消费结构升级已进入以发展型消费为主导的新阶段

改革开放以来,我国城乡居民的恩格尔系数持续下降,从1978年的57.5%和67.7%分别下降到2016年的29.3%和32.2%,标志着我国城乡居民的消费重心出现了根本性的转变,已经从以解决温饱的基本生活消费为主,转变为以发展型消费为主。表现在消费结构上,医疗保健、交通通信、教育娱乐文化等服务消费支出持续扩大,2016年城镇居民家庭服务消费比重已经超过40%,成为城乡居民消费结构升级的主导。

(三)新一轮技术革命及"互联网+"正在推动新一轮消费创新

2012年以来,我国网购消费年均增速高达40%以上。2017年,全国网络零售额7.2万亿元,增长32.2%,其中实物型网络零售5.5万亿,占社会消费品零售总额比重达15.0%。未来,随着互联网更大范围和更深层次的应用和普及,特别是"互联网+"与一系列产业的融合发展,将进一步实现从生产到消费的价值链全过程,实现消费与生产制造、流通服务的深度融合和创新,从而形成消费驱动新产品、新服务、新技术、新业态、新模式发展,促进新兴业态、新兴行业发展壮大,带动经济结构调整升级和实现持续增长的新格局。

(四)新一代消费群体引领消费市场发展格局正在形成

随着我国人口结构的变化和城乡居民收入水平的提高,我国消费群体结构正在发生重大变化,日益壮大的中等收入群体和80后、90后乃至00后的新生代,正在成为消费市场增长的主力。据统计,中国中等收入群体日益壮大,2017年超过3亿人,预计2020年将达5.9亿人。80后、90后等新生代人口占城镇15~70岁人口的比重为40%,2020年对消费增长的贡献占比将达到69%。

(五)不断出现的消费新增长点将成为新时代消费驱动发展的有力支撑

当前及未来5~10年,是我国消费创新快速涌现的关键时期,在消费水平升级、消费结构转型、科学技术进步、人口结构变化、市场经济制度完善等因素作用下,我国将出现一系列具有较大消费规模、较好成长性的消费产品或服务,从而成为带动市场扩张、产业结构调整升级乃至经济增长的动力来源。根据初步估算,这些消费新增长点2020年将达到55万亿元,整体年均增长18%~20%。其中绿色住宅、新能源汽车、智能家电、节能环保产品以及高档商品的增长速度最快,而绿色住宅、智能住宅、信息服务、医疗健康产品、各类服务消费的市场规模巨大,将对我国消费格局乃至经济社会发展产生积极影响和贡献。

据权威机构对未来三年我国消费形势进行的研究，预计消费仍将保持两位数增长，占经济总量的比重继续提升，对经济发展的基础性作用进一步增强，国内消费进入全面升级的新阶段，商品消费规模将超过美国跃居世界第一。

从基本面看，我国经济将稳定在6.5%左右的中高速水平。中科院预测模型显示，我国未来3年的潜在经济增长率仍在6.5%左右。经济的稳定增长，将为消费发展提供较好的基本面支撑。

从三大需求看，消费第一拉动力的作用将进一步增强。预计2020年，最终消费支出占GDP比重将进一步提升至57%左右，对GDP的贡献率将保持在60%以上的高位。

从产业结构看，服务业占比增加的势头将延续。中财办报告显示，到2020年，第三产业增加值比重将从51.6%上升到56%左右。这期间，相对于商品消费而言，服务消费的扩张空间更大。

未来3年，居民收入较快增长，消费增速将持续快于美国。城镇化率将继续提升，为消费提供新动力。2017年，我国城镇化率为58.5%，预计2020年会进一步提升至60%左右，按2017年城镇居民人均消费支出为农村居民的2.2倍测算，城镇化每年会带动我国居民消费1300亿元，3年共增加消费近4000亿元。非劳动人口比重上升，“两头”消费将较快发展。随着我国新生儿和老龄人口数量的增加，非劳动人口比重逐年上升，我国非劳动适龄人口(小于15岁，大于59岁)的比重在2010年达到29.9%的历史低点后，持续上升至2016年的33.3%，预计2020年前将进一步上升至35%左右，婴幼、教育、养老、健康等相关消费产业将迎来快速发展期。

未来三年消费将进入全面升级的新阶段。预计2018～2020年，商品消费(社会消费品零售总额)将分别增长约10.3%、10.5%和11%，继续超过投资和GDP的增速。到2020年，服务消费在总消费中的比重将从目前的35%～40%左右进一步提升至50%左右。预计未来3年，我国恩格尔系数会继续降低至30%以下，达到联合国划分的20%～30%的富足标准。

二、山东消费市场现状

(一)基本特点

1. 消费规模逐步扩大

从最终消费看，2016年，山东最终消费为32151.11亿元，比2007年增长2.1倍，年均增长23.4%，消费规模显著扩大。

从居民消费支出总额看，2007～2011 年，山东省居民消费支出总额均值为 10192.4 亿元，增速不稳定；2012～2016 年，消费支出总额 20272.5 亿元，较上个五年有所提高，增速从 2015 年开始呈上升态势。

从消费对经济增长的贡献率看，2007～2016 年，山东省消费对经济的贡献趋势大致呈两个阶段：第一个阶段为 2007～2013 年，消费对经济增长的贡献率较为稳定，并呈小幅上升趋势。第二阶段为 2014～2016 年，消费对经济增长的贡献率开始明显提升，2016 消费对经济增长的贡献率为 48%，2017 年前三季度达到 48.6%，经济增长第一驱动力趋势显著。

图 1　山东省最终消费支出对经济的贡献率比较

2. 消费水平不断提升

从居民消费水平看，山东居民消费水平 2007～2011 年增加了 5698 元，2012～2016 年增加了 10044 元，2016 年居民消费水平是 2012 年的 1.9 倍，是 2007 年的 3.2 倍，基本实现了每 5 年翻一番。在城乡居民消费水平保持增长的同时，城市居民消费继续领跑，2016 年城镇居民消费水平达到 33016 元，比 2012 年增长了 10460 元，5 年间增长了 46.4%。

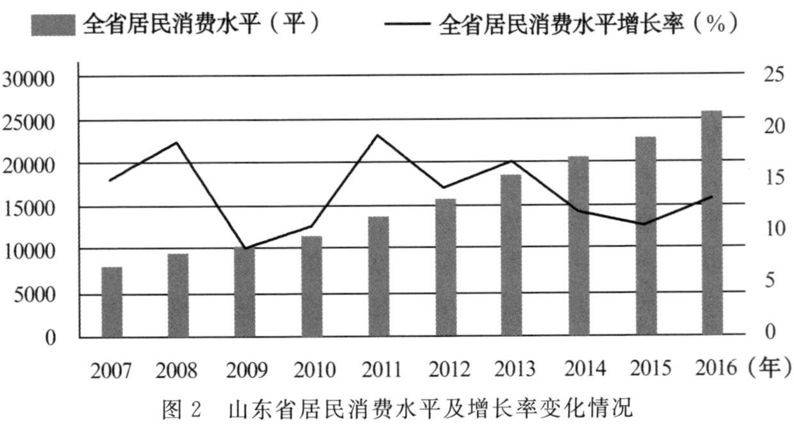

图 2　山东省居民消费水平及增长率变化情况

从恩格尔系数看，2007～2011年，山东平均恩格尔系数为33.2%；2012～2016年，山东恩格尔系数由33.6%下降到28.2%，5年间恩格尔系数均值为30%，可见恩格尔系数逐步递减。根据联合国粮农组织提出的标准，恩格尔系数低于30%，表明山东省已经由相对富足迈向富足阶段，进入了消费升级的新时期。

3. 消费结构持续升级

山东以食品、服装、日用品消费为代表的基本生活类产品消费占比从2012年的10.9%降至2016年的10.1%；以文化娱乐、医疗保健、家电家装为代表的发展型产品消费占比由83.53%提高到89.9%；耐用消费品总量已基本趋稳；汽车及配件消费方兴未艾，2016年每百户家庭拥有家用汽车44.1辆，比2012年增加了12.9辆。体现了山东省居民消费从“衣食”阶段向“住行”“康乐”阶段转型的特点，消费结构的进一步升级。

4. 城乡消费差距逐渐缩小

城镇居民在消费总量中一直发挥主导作用。2007～2011年，城镇居民最终消费支出占比为73%；2012～2016年，占比为74%。2016年，城镇居民消费支出总额同比上年增速为27.7%，高于近5年14.7%的年均增长率。农村居民消费基数不高，但消费水平增速较快。2007年城镇居民消费水平是农村居民的3倍，2012降至2.6倍，2016年进一步缩小至2.1倍。2012～2016年，农村居民消费水平基数虽始终低于城镇居民，但年均增速为17%，而同期城镇居民消费水平年均增速为10%。城镇居民消费水平相比上个5年13%的年均增速而言，近5年增速放缓，而农村居民消费水平增速呈上升态势，高于上个5年15%的年均增速。

5. 消费亮点不时显现

一是银发经济。不同年龄段人群对消费品的品质与数量需求存在明显差异，居民年龄结构是决定社会消费需求变化的重要因素。山东是中国第二人口大省，近年来，老龄人口比重逐渐提高，2016年山东65岁以人口占比13.2%，高于全国2.4个百分点，老龄人口达1313万人，居全国第一位。

二是新生代经济。从阿里研究院发布的数据看，以90后、00后为代表的新生代消费群体占比逐年提高，其消费行为较为活跃，享受和娱乐是新生代年轻群体消费的重要动机，将引领未来主流消费方式，文化娱乐的消费空间未来出现赶超物质消费的势头。

三是互联网经济。从网络零售情况来看，2016年网络零售的实物型消费中，3C数码、服装鞋包、食品保健位列前三，占比分别为28.73%、

13.41%和10.11%;服务型网络零售额中,在线餐饮、在线旅游、生活服务位列前三,分别占比39.34%、28.91%和17.01%,网络消费主要人群为15~35岁人群,体现出该类群体消费网络化、个性化、智能化的特点。2016年山东省人口自然增长率从2015年的5.9%提高到10.8%。

四是"二胎"经济。预计伴随"二胎"生育政策的放开和新增人口比例的提高,更多新生代消费人群会改变消费市场格局,未来将引发更大的消费增长点,网络零售、幼教家政、体育娱乐、智能消费等领域的消费市场有待释放更大潜能。

五是区域经济。消费具有较强的区域聚集特性,能够通过消费人群的区域性聚集,带动资金、劳动力、技术等资源的流入,推动消费性服务业及配套设施加快发展,从而进一步强化该区域的消费聚集效应,并形成区域消费中心和产业经济带,对周边省市县形成辐射和引擎作用。济南、青岛、烟台三市以23.5%的人口占比,贡献了35.4%的社会消费品零售总额、55%的电子商务销售额和74.5%的入境游外汇收入,表明以上三市对周边地区已经形成了消费聚集效应。

6. 新业态新模式引领消费变革

一是电子商务。2017年,山东网络交易额34981.12亿,同比增长32.02%;网络零售额4193.15亿,增长39.43%。其中,实物型3277.35亿,增长36.51%;服务型915.80亿,增长51.00%。据腾讯研究院发布的《中国"互联网+"数字经济指数(2017)》报告显示,根据采购服务的商家数量、服务商交易规模、服务商数量等维度综合测算,山东新商业生态竞争力指数为7.9%,居于浙江、广东、上海之后位列第四,表明山东电商服务竞争力在全国位居前列。

二是商业综合体。近5年间,大型超市、专业店及百货商店门店数量大幅增加。2016年,山东各类专业店6996家,比2012年增加3750个,增长115.5%;大型超市188家,比2012年增加了105个,增长126.5%;百货商店917家,比2012年增加266个,增长32.7%。2016年,全省包括超市、百货店、专业店等在内的山东传统零售业态零售额增长9.6%,增速比上年提高1.8个百分点。在各类连锁经营业态中,大型超市、百货商店呈现向购物、餐饮、娱乐、教育多功能一站式商业综合体方向转型,2016年各类商业综合体59家,销售212.3亿元,产融趋势加速。

三是线上线下融合发展的零售企业。从市场反馈情况看来,进入到2017年,线上线下之间的关系正在由竞争关系向合作关系转变。电商企业受制于用户数量增长的放缓,开始向线下延伸,O2O模式开始受到商家的重视；而传统零售企业也积极拥抱“互联网＋”，主动与线上融合发展，借势营销。

（二）存在的主要问题

1. 体现消费的一些重要指标增幅低于全国平均水平

2016年，山东消费率低于全国6.3个百分点，低于江苏3.7个百分点；山东最终消费对经济增长的贡献率低于全国16.6个百分点；山东社会消费品零售总额的增速低于全国0.04个百分点。人均消费支出低于全国平均水平，仅为全国平均水平的93.1％。

2. 品质消费服务消费比重较低

山东手机、电脑等信息消费偏低，互联网普及率低于全国平均水平。文化娱乐方面，与广东、江苏、浙江对比，山东规模以上文化服务业企业的数量、用工数、资产总额、营业收入和营业利润都是最低，限额以上文化批发和零售业企业的各项数据基本都处于第三位。山东人均教育文化娱乐消费1754.6元占消费支出的比重仅为11％，是全国水平的92％，不足浙江省的63％。

3. 标准化信息化水平较低

物流标准化应用不广泛，标准化托盘占比较低、质量规格不统一，标准托盘循环社会化共用体系尚不健全。带板运输社会普及率不高，国内大型托盘租赁企业在山东布点少、门槛高，山东也缺乏大型托盘租赁企业。冷链物流标准化应用滞后，现有标准不统一、不完善，且大部分为推荐性标准，总体执行力不强。尚未形成衔接流畅的设施设备体系。山东物流总成本占GDP的比重为14.3％，相对较高。

4. 工业电商及产品上行发展水平较低

山东实物型网络零售额占社会商品零售总额比重低于全国4.8个百分点。山东企业在天猫商城的旗舰店铺只有4739家，而广东、浙江分别有34715家、27439家，电子商务上行力度亟待进一步加强。金融结算、技术研发、物流仓储等电商生态圈发展滞后，专业人才匮乏、同质化竞争严重、监管方式不适应等制约了山东电商可持续发展。

5. 便利店等新商业模式发展相对缓慢

根据2016年“城市便利店发展指数”调查，在全国36个城市中（中国大陆除拉萨市以外的30个省会城市、直辖市，4个计划单列市和东莞、温州两个其他城市），青岛、济南分别排名第27位和31位；青岛、济南“便利店饱和度”分别排名第30位和33位，分别为每15846人和每19469人拥有一家便利店，便利店数量明显不足。零售企业线上线下融合不够、转型升级步伐不快，影响了其快速发展。

6. 外来消费贡献较低

与广东、江苏、浙江相比，山东旅游收入、国内旅游收入、入境旅游收入均为最低。旅游消费总额位列第三，比最高的江苏省少 1921.8 亿元；占社会零售品总额比重最低，比江苏省低 8.2 个百分点。山东人均旅游消费也是最低，仅为 1127.88 元。山东接待的国内旅游人数最高，是广东的 1.8 倍，但旅游消费总额仅为广东的 87.3%，可见人均旅游消费水平明显偏低。

7. 商贸企业规模较小，经营水平较低

与广东、江苏、浙江相比，山东批发和零售业门店总数、批发和零售业配送中心总数、住宿和餐饮业门店总数、住宿和餐饮业配送中心总数都是最低。山东规模以上服务业企业的资产和利润无论在总量上还是在增速上也都是最低。在资产和利润总量方面，广东分别是山东的 4.4 倍、3.6 倍；在资产和利润增速方面，山东分别低于浙江、广东 3.9 个、19.9 个百分点；限额以上批发零售业、住宿餐饮业门店数、销售总额均不足广东的一半。

8. 企业创新能力不足，产品供给失衡

山东规模以上工业企业专利项目数、有效发明专利数、新产品开发项目数分别为 35835 项、45917 件、32952 项，都低于江浙粤。其中专利项目数低于江苏 23700 项，有效发明专利数不到广东的 1/5，新产品开发项目数只有接近浙江的一半。在 2017 年 12 月底评出的第 11 届中国品牌价值 500 强中，山东上榜品牌只有 25 个，仅为北京、广东的 1/4，上榜品牌的平均价值仅为 268 亿元，分别不足北京、广东的 1/2 和 2/3。

三、促消费的思考及工作建议

（一）着力推进消费体制机制创新，促进各项改革举措早落地早突破早见效。推进内贸流通供给侧结构性改革，加快形成消费驱动增长的新格局

1. 建立完善促消费的工作机制

一是加快体制机制创新。改革创新是搞活流通、扩大消费的强大动力。推进流通体制机制的改革创新，现阶段应立足于“破”和“立”，消除阻碍流通发展的体制机制障碍，进一步建立健全相关法律法规和制度体系。2015 年以来，国家在 9 个城市开展了国内贸易流通改革体制综合发展试点，这些试点城市以制度创新为核心，深化简政放权、放管结合、优化服务改革，在流通创新发展促进机制、市场规制体系、基础设施发展模式、管理体制等方面进行了积极探索，形成了37项可复制推广的经验。我们应结合实际及面临的突出矛盾和问题，认真加以借鉴，积极复制推广。同时，加快“放管服”改革，积极转变职能，逐步构建与新时代流通发展相适应的新体制、新模式，更好地推动内贸流通创新转型、提质增效，为扩大消费奠定良好的基础。

*二是加快消费业态模式创新。*积极推动商业业态转型，引导购物中心增加体验型、服务型业态，支持传统百货店向主题性自主经营百货发展，鼓励品牌专卖店升级为旗舰店、品牌之家等高端定制业态。全力推动商业模式创新，支持传统企业自建线上平台或利用第三方平台发展电子商务，实现线上线下优势资源互补和协同应用，构建完善“线上＋线下”“商品＋服务”“零售＋体验”的融合式跨界零售创新格局。

*三是加快新型消费热点培育。*消费热点的形成和发展，有利于繁荣消费市场，扩大消费需求。应以培育和壮大新的消费热点为着力点，深入挖掘消费潜力，快速提升消费规模，不断优化消费结构，促进传统消费加快升级。立足满足群众新需求，大力促进绿色消费、信息消费、健康消费、旅游消费、文化消费、养老育幼、教育培训等，确保人民享有高品质的消费产品。运用好网络消费的带动模式、催生作用，在消费结构上扩大服务型消费、农村网络消费、高端产品消费的规模，在消费范围上注重品牌消费、品质消费、体验式消费等，不断带动消费提质扩容。2018年，将按照“健康、品质、时尚、绿色”主题开展线上线下促消费活动，引导消费提升。

2. 建立完善消费数据的分析运用

运用大数据、云计算等先进技术手段，开展对消费的统计分析，及时了解消费习惯，分析消费行为，把握消费趋势，围绕消费者需求实现智能选品、精准采购、高效配送，发展“精准定制”“智能制造”，更好地满足消费者需求。充分积累、运用商品和消费数据，加强与外部数据的共享共用，科学把握细分市场、目标群体的消费特点，为企业的生产经营、市场营销服务，为社会公众提供消费指南，为政府供给侧改革提供决策参考。鼓励龙头企业加强消费信息的收集、整合，强化消费需求分析，开展实时动态监控，为行业管理部门宏观决策提供多元化、个性化、可视化的大数据产品和服务。加强预测预警分析，定期进行市场专题调研、市场预测预警等深度分析类信息发布，提高公共信息服务能力。

3. 完善消费统计制度

为全面反映市场消费的规模、结构和变动情况，及时准确地获取相关消费数据，为政府部门研究制定促消费政策、推进消费结构转型升级提供决策依据，针对目前社零额统计范围过窄、种类不全等问题，积极协调有关部门，扩大消费统计范围。针对近年来网络购物、服务贸易呈现指数式上升的趋势，将电商购物、文化、体育、旅游等服务消费一并纳入消费统计范围，分类梳理、统计整合，不断提升消费统计数据的精准度。加强数据源头质量控制。积极推进样本结构优化，使样本企业更加具典型性、代表性。指导帮助有条件的企业建立和完善数据上报系统，更多采用网上直报技术，减少中间环节。加强网络消费数据监测统计，扩大数据监测分析范围，增加对各县(市、区)及农产品网络销售的监测，并及时发布月、季、半年和年度数据分析报告，把网络消费统计一并纳入总体消费统计范围。2018 年，山东商务厅将与省统计局探索建立消费季统计制度。

(二)着力推进品牌培育工程，促进消费扩规模提品质转方式

随着消费者对产品质量、生活品质的更高追求，塑造独具一格的品牌成为一般消费向品质消费转变的关键。

1. 聚焦品牌培育推广，加快推进消费质量变革

通过举办中华老字号博览会，建设老字号特色街区，为老字号搭建品牌创新合作平台，扩大山东老字号品牌影响力。开展“互联网＋品牌”工程，筛选有潜力的企业进行重点培育，在天猫、京东、苏宁平台上设立“鲁产名品馆”，进行集中展示和推介，推动名品名店名区联动，拓展品牌消费的新渠道。加快引进国际优质品牌和服务，扩大消费领域对外开放，大力发展跨境电商、保税展示销售、进口商品直销等业态，吸引国际主流、高端品牌进入山东，提升品质消费，打造国内外品牌荟萃地。

2. 聚焦品质消费，提升消费体验

随着人们收入水平的提高，对商品品质有了更高的要求，品质消费的刚性需求日益显现，更多地追求依附于商品之上的附加值带来的幸福感与参与感。比如韩都衣舍，作为一个纯互联网品牌，已逐渐构建了韩都智能、韩都传媒、韩都储运、韩都客服、韩都质造、韩都运营、韩都映像、韩都大学、韩都伙伴等九大系统，并开启了“品牌商＋服务商”的双轮驱动模式，在扩品类或者扩品牌的同时不断提高消费者的品质生活。

3. 聚焦新兴消费，提高消费创新度

未来消费不仅仅是单一的商品购买，体验消费、情感消费、场景消费更加重要。为满足消费者的体验式消费需求，各类经营主体应不断调整战略布局，大力发展新零售，通过线上线下深度融合，提升消费者用户体验，发掘新的消费需求；发展文娱消费、健康消费、体育消费等新模式，推

动消费多元化；提升生活服务水平，重点推动互联网与服务业融合，打造智慧生活，实施“家政无忧”工程；提高时尚引领度，突出“创意设计与商业落地”并重，借鉴上海等地经验，建立时尚创意产业集聚区，增强时尚消费影响力。

（三）着力推进惠民工程，促进便利消费绿色消费进社区进乡村进家庭

随着消费者对便利的偏好、对价格的敏感度降低以及环保意识的不断提高、绿色观念的逐步形成，便利消费、绿色消费渐成时尚。

1．大力推进智慧便利店进社区、品牌农产品进超市、智能快件箱进楼宇的“惠民三进工程”

由于大型门店趋于饱和，传统大卖场遇到增长瓶颈，业态小型化已经成为一种新的发展趋势，国内资本也逐渐将目光投向便利店业态和社区型超市；而线上获客成本逐年上升，电商的人口红利在逐渐消失，其对线下零售的冲击也在逐步减弱，“新零售”概念的提出加快了线上线下企业的融合，便利店迎来了良好的发展契机，通过扩充和完善经营项目和服务内容，便利店将在居民生活中扮演更加重要的角色。网络购物的大幅增加，催生了智能快件箱，便利消费的需要，使其进入办公楼、居民楼及公寓等既有必要更成必然。对高品质农产品的渴望，是品牌农产品进超市的前提，而品牌农产品的绿色无公害则是其进超市的保障。因此，智慧便利店进社区，品牌农产品进超市，智能快件箱进楼宇的“惠民三进工程”恰逢其时。

2．不断优化社区商业布局，打造便民利民的社区服务网络

以居民生活需求为导向，构建线上与线下互动融合、虚拟与实体互相补充的社区便民消费服务中心。优化城镇、农村社区商业实体网点布局，支持利用闲置房间、地下空间等打造多层次、多形式的便民服务点，提供购物、休闲、养老、家政、健康、文化等综合服务，在城镇打造集休闲购物、聚餐会客、文化艺术、教育培训等于一体的“一刻钟”便民服务商圈，在乡村打造特色商贸小镇或商贸中心，提高消费便利度。鼓励发展社区购物和服务应用软件，搭建云端平台，整合社区商业资源，打通电子商务、社区网点和配送平台信息链，提供现场体验、线上下单、便捷支付、网订店取、配送到家、服务上门的“一站式”服务。

3．积极引导树立正确消费理念，大力推进绿色消费

充分发挥各类新媒体的作用，在广大居民中倡导树立科学理性、资源节约、环保生态、可持续的绿色消费理念，形成文明、节约、绿色、低碳的消

费模式。开展绿色消费示范创建，打造一批绿色商场，发展绿色餐饮，培育绿色采购和包装示范企业。鼓励商贸流通企业加大节能改造力度，培育一批集节能改造、节能产品销售和废弃物回收于一体的绿色循环企业。围绕规范回收、循环利用、降低成本和提高回收利用效率，健全城乡再生资源回收网点，打造回收、分拣和交易一体化的再生资源回收体系。

（四）着力推进线上线下融合，促进电子商务有深化有创新有特色

随着电子商务的快速发展，人民的消费观念、消费内容、消费方式正在加速转变。

1. 积极发展工业电商

工业电商是工业领域基于网络交易的新型经济活动。通过深化电子商务在流通、生产、服务全程的应用，建立品类丰富、功能完善的网上销售渠道，为消费者提供在线支付、物流配送、融资租赁和产品全生命周期服务，产供销一体的营销新体系。由于我省工业电商发展相对滞后，在一定程度上制约了企业产品的销售，也对消费造成了不同程度的影响。应通过加快电子商务在工业领域的应用，面向消费升级和个性化需求，发展以销定产和个性化定制等新型生产方式，倒逼企业加快研发设计、生产制造、供应链管理等关键环节的柔性化改造，提升物流配送、产品追溯、售后服务等综合服务水平，更好地引领消费、满足消费、促进消费。

2. 积极推动农产品上行

实施“农商协作农产品上行”工程，开展“农商协作农产品电商出村”试点，依托当地特色产品资源，推进电子商务产品标准化、品牌化经营，健全质量安全监测和可追溯体系，提升农产品冷链物流配送能力，打通农产品上行供应链，推进农产品全网营销全覆盖。建立行业主管部门、行业协会、企业联动工作机制，制定农产品供应链各个环节相关行业标准，加强对农产品生产、加工、流通、包装环节的规范化管理和质量管控，推进农产品电子商务与质量安全溯源一体化建设，实现网销农产品从田间到餐桌的全程监管。实施农产品品牌建设工程，打造一批富有影响力的“鲁产名品”农产品品牌企业、品牌产品。挖掘和包装烟台大樱桃、肥城桃、蒙阴蜜桃、沾化冬枣、黄河口大闸蟹、荣成海鲜等区域品牌，提高市场占有率。推进企业建设一批农产品“最初一公里”产地预冷库、冷藏库和冷链物流配送中心，完善冷链物流服务功能，实现全程冷链运输。

3. 积极推动传统零售企业转型发展

探索传统零售企业转型，提高消费便利化水平，是当前刺激居民日常消费的重要途径。零售业要加大与知名电商平台合作，打通线上线下渠道，依托线上平台在流量、大数据、技术上的优势，实现商品生产、流通、销售全过程的全面改造，提升品牌知名度，拓展销售渠道，助推企业转型升级，顺应消费升级趋势，塑造消费体验新场景，满足高品质消费需求。

4. 积极打造知名电商平台

电商平台集聚了大量卖家和买家，有效地整合了企业的信息流、物流和资金流，通过快速匹配消费者需求，促进交易的“双向契合”。知名电商平台具有较强影响力，可以有效地解决供需困境，更高效地实现交易，提供更好的产品、有竞争力的价格和优质的服务。在知名电商平台方面，山东存在短板，应鼓励企业积极开展技术创新与商业模式变革，打造本土知名电商平台，进一步释放网络消费潜力。

（五）着力推进商务信用建设，促进消费环境更安全、更放心、更舒适

“无诚不通，无信不立”，诚信是经商之本，必须下大力气抓好商务诚信建设。

1. 完善商务诚信体系

依托省级公共信用信息平台，以各类市场信用信息子平台为支撑，搭建商务诚信公众服务平台，建立商务信用征信、评信和用信机制，形成涵盖政府部门、市场化平台和第三方专业机构的信用信息、覆盖线上线下企业的综合性信用评价体系。支持第三方机构开展具有信誉搜索、同类对比等功能的综合评价，鼓励行业组织开展以信用记录为基础的第三方专业评价，引导企业开展商品质量、服务水平、购物环境等内容的消费体验评价。完善流通企业信用信息记录和披露制度，搭建信用信息共享平台，建设诚信道德文化、企业信用制度、行业信用评价、社会征信服务“四位一体”的商业信用体系。依法发布失信企业“黑名单”，启动实施商业领域信用联合惩戒，形成“守信得益、失信受制”的长效约束机制。

2. 完善重要产品追溯体系

以落实企业追溯管理责任为基础，以推进信息化追溯为方向，加快建设先进适用的重要产品追溯体系，是促进质量安全综合治理，提升产品质量安全与公共安全水平，更好地满足人民群众生活和经济社会发展需要的重要手段。建设重要商品追溯体系，应坚持统筹规划与属地管理相结合，加强指导协调，层层落实责任；坚持形式多样与互联互通相结合，促进开放共享，提高运行效率；坚持政府监管与社会共治相结合，创新治理模式，保障消费安全和公共安全。目前，我省有 7 个市已经建成肉菜追溯体系，4 个市开展了重要产品追溯示范市建设。应在此基础上，深入推进重要产品示范省建设，通过联合相关部门搭建省级追溯平台，追溯链条由流通环节延伸至生产环节及消费终端，实现信息链条的完整闭合，构建起全覆盖、全链条、多品类的“来源可查、去向可追、质量可控、责任可究”的重要商品追溯体系。

3. 严厉打击侵权假冒行为

发挥各级“双打”工作领导小组的统筹协调作用，突出重要商品、重点行业和领域，加大集中专项整治力度，强化农村市场、城乡结合部市场、互联网领域的整治和监管，严厉打击跨境制售侵权假冒商品违法犯罪行为。深化商务综合行政执法体制改革，加强对行政处罚案件信息公开工作的检查与考核，着力推进侵权假冒行政处罚案件信息公开。完善行政执法与刑事司法两法衔接信息平台，健全部门间、区域间信息共享和执法协作机制。完善举报投诉和法律服务体系，构建维权大格局。

山东电子商务代表团出访韩国、日本和印度有关情况的报告*

为融入国家"一带一路"建设，深入推进新旧动能转换重大工程，拓展我省电子商务国际合作空间，推进大数据、云计算、智慧零售、智能制造领域的国际合作，近期省商务厅副厅长任海涛率由济南、威海、临沂三市商务局，省电商促进会及相关企业组成的电子商务代表团访问了韩国、日本、印度三国。出访期间，代表团拜访了我驻外使领馆，与当地政府部门和商协会召开座谈会，举办了系列电商合作推介洽谈活动，与三国主流电商平台公司以及智慧零售、智能制造领域的企业进行了对接交流，考察学习了韩日零售企业线上线下融合发展、精细化运营领域的成功模式，组织我省有关企业和园区参加了第四届印度国际智慧城市展，召开了我省重点企业在印度投资项目负责人座谈会，出访活动取得圆满成功。

一、出访的几点感受

（一）我省和韩日、印度的电商合作空间广、潜力大

韩日分属我省第二、第五大贸易伙伴，印度是我省在南亚最大的贸易伙伴，但是目前合作仍以传统贸易为主，跨境电商处于起步阶段。通过访问，代表团了解到我省与三国在电商领域的合作存在以下问题：

一是信息不对等。三国电商和进出口企业对目前我省电商的发展情况了解不多，利用电商平台扩大进出口贸易的比例不高。三国商协会组织和企业对我国商品仍有价廉但质不优的历史印象，对电商平台存在有假冒伪劣产品的担心，韩日主要电商公司招募企业和产品入驻其平台的重点目前仍放在欧美地区。我省电子商务品牌培育打造和宣传推广力度

* 作者：任海涛、王慎君。

需进一步加大。

二是发展阶段不对等。三国的电子商务发展模式仍然比较传统，在电商发展氛围、发展规模上以及在共享经济、大数据、VR、人脸识别、人工智能等新技术与电子商务深度融合方面，与我国、我省的电商发展水平相比，相对较为落后。应看到，正因为信息和发展阶段的不对等，为我省与三国的合作创造了巨大的空间，在推动我省电商产业链整体输出、以电商生态产业链合作带动电商领域全面合作的潜力巨大。

（二）与韩日在大数据、云计算及智能制造、智慧零售领域的合作是我省与韩日电商合作的突破口，应成为我省新旧动能转换对外合作的重要载体

在互联网经济时代，网络与实体经济的深度渗透和融合，已经成为当今世界发展潮流。在以电商、社交平台为核心的消费互联网领域，因其强大的垄断性，我省已很难与浙江、广东等省份竞争，但在以数字化和智慧化为核心的中国制造2025领域，我省依托较为发达的制造业，具有先天优势。目前，我省正积极推动“工业上云”，网络安全保护已成为智能制造领域不可或缺的一环。韩国三星数据系统公司依托三星集团强大的制造能力和团队研发能力，在大数据、云计算、智慧零售、智能制造解决方案等领域处于世界领先地位；日本艾杰集团早在2000年“云”的概念还没成形时，就已在日本率先推出与现在的云计算类似的服务，现在已发展成为云计算、网络安全领域的隐形龙头企业；日本SELTECH公司则拥有从芯片入手、世界顶尖的网络安全保护技术。鉴于韩日市场空间的局限性，目前这些企业正积极开拓国际技术应用市场，为我省企业借鉴、引进韩日技术带来了机遇。

（三）在互联网、电商企业孵化与加速领域的交流与合作有望成为我省与韩日合作的新亮点

《2017胡润大中华区独角兽指数》发布的大中华区120家独角兽企业，大多集中在北上杭深，我省无一家企业上榜。我省虽已涌现出一批有技术、有模式的大数据、云计算、电子商务企业，如果没有技术创新优化以及基金融资支撑来引爆市场，难以实现爆发式增长。韩、日拥有技术、资金优势以及企业孵化、加速的成熟经验，且有ITIC跨境加速器等众多专业服务机构，能够凭借渠道优势将韩、日资源嫁接到我国市场。目前中国已是全世界增长最快的消费市场，“山东新旧动能转换综合试验区”区域性国家发展战略的实施，也为韩日的技术、资本投资与我省的产业发展基金携手在互联网、电商企业孵化与加速领域加强合作创造了有利条件，有

望打造出我省与韩日合作的新亮点。

（四）韩、日实体店的线上、线下融合和精细化运营值得我省零售企业全方位学习和借鉴

首先，韩、日实体店大数据应用更为全面和精细，大数据分析和人工智能全面介入了商品设计、制造、包装、摆放、售后等环节。其次，线上线下（O2O）思维让电商和实体店深度相融，近年来，韩、日很多实体店都推出了电子商务平台和实体店同步销售的服务，利用大数据实现了线上线下广告精准投放、顾客及商品信息一体化利用，实体店与网购站点积分通用、网定店取、实体店断货商品网上订购以及社区便利店代收费、代收网订商品、刷信用卡免手续费支取小额现金等服务已比较普遍。韩日将高端消费靠服务的理念诠释得淋漓尽致，从购物全流程以人为本的暖心服务，到无后顾之忧的售后服务做到了近乎完美。

（五）打通与韩日的物流通道是我省建设欧亚大通道多式联运中心的重要一环

此次随团的威海中海川公司在韩国仁川设有海外仓，通过贸易转关、海空联运将世界各国产品集运至仁川海外仓并转运至威海，实现了“海空联运”，降低了物流成本。我省是“一带一路”海上战略支点和新亚欧大陆桥经济走廊的重要沿线地区，也是中国距离韩国最近的省份，应进一步挖掘我省与韩日海空物流潜力，打通与韩日的物流通道，通过始发我省的中欧班列及通往欧洲的货运航线，真正把我省建设成为欧亚大通道多式联运中心。

二、下一步合作建议

（一）在深化现有对韩日合作传统渠道的基础上，拓展电商合作新领域

山东与韩国、日本隔海相望，区位优势使山东成为中韩、中日经贸合作基础最好、交往最密切、最具代表性的地区。特别是威海—仁川中韩自贸区地方经济合作示范区及中韩（烟台）产业园的建设，将我省与韩国的合作推向了一个新的高度。在多年经贸交往的基础上，我省与韩国釜山会展中心、大阪日中经贸中心、日中交流振兴协会等机构已构建了顺畅的合作机制，这些机构背后的企业资源丰富，在推动双边合作方面积累了丰富的客户资源和经验。这些机构表示电商是新的合作领域，我省代表团是其接待的中国地方政府部门组织的第一个电商领域的专业代表团。针对目前我省与韩日在传统贸易、投资领域合作较为密切，电商领域合作较少的现状，**建议**：加强我省电商领域的对外宣传和合作力度，特别是在针对韩日的大型出访团组、展会中增加电商合作的内容，强化电商领域对外合作的立体宣传；加强与韩日商会组织、电商企业的沟通交流，鼓励企业在跨境贸易中积极采用电子商务，鼓励双方企业以互设海外仓等方式促进跨境电商合作。

（二）抓住我省推进新旧动能转换历史机遇，加强与韩日在大数据、云计算、智能制造等领域的合作力度

鼓励和引导各市及相关企业组织小规模、多批次的专业化合作团队，积极与韩国三星数据系统公司、日本艾杰株式会社、SELTECH 等重点企业对接，达成在大数据、云计算、智能制造、共享经济、网络安全等领域的深度合作。通过国际交流与合作缩小我省与浙江、广东等先进省份在新一代信息技术领域的差距。推动济南、青岛、烟台、威海等有条件的市积极引进韩日技术、资金以及企业孵化、加速的成熟经验，寻找培育瞪羚企业、独角兽企业的合作机会。

（三）借鉴韩日零售企业线上线下融合发展和精细化运营经验，推动我省商贸流通企业转型升级

通过实体店人性化的贴心服务，培育顾客的黏性和忠诚度。运用大数据、云计算、人工智能等技术手段，优化和重塑包括创意设计、生产加工、包装运输、批发零售、付款收款、售后服务在内的整个产业链条。引导商超企业“触电上网”，注入互联网基因，培养线上线下思维模式，丰富和优化服务内容，拉长产业链条，提供诸如精准广告投放等保姆式服务，融入智慧停车、社区信息、新闻资讯等社会服务功能，打造商超企业自有智慧商圈。

（四）谋划大物流、大平台、大通关，进一步打通我省与韩日的海空物流通道

加快我省电子口岸运维机制建设，积极改善通关便利化的技术条件，推动共享数据标准化和通关无纸化，丰富国际贸易单一窗口功能，建设山东跨境电商单一窗口，推动我省发展成为面向韩日的跨境电商区域中心以及欧亚大通道多式联运中心。

（五）借助印度加入上合组织的历史机遇，加大与印度等新兴市场的电商合作力度

印度是我国“21 世纪海上丝绸之路”合作的重要节点。近年来，莫迪政府积极推动“数字印度”发展战略，着力打造无现金社会。印度有 13 多亿人口，其中 35 岁以下人口数占到总人口的 65%以上，到 2020 年印度互联网用户有望达到7.3亿,是一个巨大的消费市场和电商市场。2017年6月,印度正式加入上合组织。在2018年的青岛峰会上,习近平总书记宣布支持在青岛建设中国—上海合作组织地方经贸合作示范区,为我省加强与印度的经贸合作提供了难得的历史机遇。现阶段我省与印度在电商合作方面,除少数电商平台企业进口少量印度农产品、橡胶制品、香料外,基本上处于起步阶段。建议:加大在电商领域对印度的调研和合作力度,找准合作的切入点,借鉴阿里巴巴和腾讯在印度收购、参股当地电商和移动支付平台的成功经验,寻找合适的合作伙伴,充分利用当地IT业人才充足、运营成本低的有利条件,通过与当地合作伙伴的互利合作实现本土化运营。精选印度在互联网和电商领域的优质展览会、博览会列入省商务厅“境外百展”计划。为引导企业参展,扩大对赴印度参展的补贴力度,降低企业参展成本,减轻企业负担,调动企业参展的积极性。

适应居民消费新需求
推进内贸流通供给侧结构性改革*

——赴江苏、浙江调研报告

根据山东省委、省政府"大学习、大调研、大改进"工作部署和厅党组统一安排，近期山东省商务厅赴江苏、浙江调研，围绕如何适应居民消费新需求促进品质消费、加快实体商业创新转型等专题，与苏浙两省商务主管部门负责人、有关协会和企业家进行座谈交流，考察了苏宁极物、斑马电商云、沃尔玛山姆会员店（南京）、杭州大厦等商贸流通企业。

一、基本情况

近几年，江苏、浙江大力推进内贸流通供给侧结构性改革，积极适应居民消费新需求，加快推动内贸流通创新发展、市场繁荣，消费已经成为拉动经济增长的重要引擎。

（一）江苏

"十二五"期间，江苏社会消费品零售总额年均增长13.7%，2017年突破3万亿元大关，连续15年居全国第三位，消费对经济增长的贡献率达61.7%。流通业（批发和零售业、住宿和餐饮业）增加值8182亿元，占GDP比重为11.7%，是仅次于制造业的国民经济第二大产业部门。

1. 重视程度高

成立"江苏省消费促进工作联席会议"，江苏省政府分管领导为召集人，分管秘书长以及省商务厅、发改委主要领导为副召集人，34个部门分管负责人为联席会议成员，定期召开联席会议，研究扩消费和内贸流通发展重大问题，形成多元联合的工作机制。

---

* 作者：王洪平、廉波、刘向锋。

2. 工作措施实

制订《2017年全省扩大消费"双百计划"推进方案》，在商品消费、服务消费、制度保障、政策措施、消费环境等五大方面，制定了101项工作任务和124项具体措施，分解落实到相关部门，半年进行一次督查，年底进行评估；组织开展"消费升级计划"，形成纵向联合、横向联动工作局面。在促消费工作中，注重调动流通大企业和新闻媒体的积极性，在6·18、双11、春节等时间节点，与苏宁易购、江苏卫视等合作，推出系列促销活动，取得了很好的效果。

3. 资金支持力度大

2017年，江苏流通现代化扶持资金约1.6亿元，其中电商5000万～7000万元，市场建设3000万元(商品市场转型1000万、农产品2000万)，商贸物流发展1500万元，老字号1000万元，会展业1000万元，市场监测500万元，有力地支持了商贸流通行业发展。注重资金的连续性，比如物流标准化已连续支持3年，后续还将继续支持。注重调动省、市积极性，省级层面对财政资金支持方向列出重点，各市选择性申报，自主选择"套餐"，省里进行统一评审，确保财政资金使用效果。

(二)浙江

2017年，浙江省社会消费品零售总额24308亿元，比上年增长10.6%；人均社零额42970元，连续12年居全国第一位，人均GDP接近世界银行分类标准中的高收入经济体水平。全省商品交易市场4243个，亿元以上市场836个，连续22年居全国首位；2017年中国社科院发布的全国百强市场中，浙江38家；限额以上连锁经营企业门店总数29079个，居全国首位；网络零售额达到1.3万亿，约占社零额的50%，居全国第二位。

1. 科学定位内贸流通发展

坚持流通强省战略，牢牢把握"守底线、打基础、建体系"九字方针。"守底线"，就是确保商贸领域安全生产形势稳定，提高市场应急保供能力；"打基础"，就是加强商贸运行分析能力，严厉打击侵权假冒，加大商务诚信建设力度；"建体系"，就是建设现代流通体系，引导商品交易市场建设，推动电商快速发展，推动实体商业转型升级。

2. 持续推进创新驱动

改革开放以来，浙江流通发展水平不断提高，大体经历了三轮发展过程：第一轮，大力发展专业市场，形成了义乌小商品、海宁皮革城、温州服装等一批蜚声海内外的商品交易市场。第二轮，大力发展连锁经营和城市综合体，市场发展大潮中连锁企业成为流通领域的主力军，连锁店遍布全省各地，渗透到多种行业。2017 年，浙江连锁经营规模达到 3569 亿元，增长 11%。温州十足便利店全省开店超过 1700 家，温州店数突破 700 家。第三轮，大力发展电子商务，形成了以阿里巴巴、蘑菇街、云集为代表的电商群体，2017 年财年阿里巴巴集团平台成交额达 3.767 万亿元。

3. 注重发挥政府作用

在内贸流通发展中，政府发挥了较强的主导作用。义乌小商品批发市场就是在政府的强力推动下建设起来的，义乌国城集团是国有控股企业；阿里巴巴创业初期，得到多项资金政策支持；对流通大企业，省里拿出专门政策给予支持，培育了浙江物产等一批世界 500 强企业。目前省级内贸流通扶持资金 8000 万元（不含电商），主要用于批发零售业改造提升，通过开展省级试点，在杭州、温州等 23 个城市先后推动开展商品市场转型、零售模式创新、特色商圈改造、公益性农产品市场建设、商贸品牌培育和再生资源回收体系建设等工作。

4. 行业协会作用明显

成立浙江商贸业联合会，为流通企业提供交流、协调、提升的平台，配合政府举办“金秋购物节”“国际养老博览会”等活动，调动广大流通企业和社会各界积极参与，营造扩消费氛围，有力促进了行业发展。浙江连锁经营协会拥有会员 300 多家，发布全省连锁经营年度报告，组织开展优秀店长培训班、特许经营培训班等，在全省近 3 万个连锁门店评选优秀特许品牌、星级门店、十佳店长等，效果明显，得到业界认可。参谋助手作用发挥突出，协会能够准确掌握行业发展信息，积极研究扩消费有关问题；通过政府购买服务的形式，及时向主管部门提出意见建议和行业运行数据，为政府决策提供支撑。

二、主要启发和体会

“他山之石，可以攻玉。”不能因循守旧，不能坐井观天，不能躺在过去的功劳簿上，也不能强调转型升级过程中的这困难那困难，做大做强商贸流通必须解放思想、转变观念，克服路径依赖、资源依赖，强化开拓创新意识，紧盯潮流趋势，以信息化、全球化理念实现跨越发展。

（一）推动内贸流通供给侧改革，必须树立政府有所为有所不为的理念

政府推动商贸流通产业更好发展的关键在于正确处理政府与市场的

关系，政府从微观管理转向宏观管理，充分发挥在规划、调控、监督、服务方面的积极作用。内贸流通工作点多面广，市场化程度高，同时是还涉及千家万户的民生产业，要着力解决好“做什么，谁来做”的问题。“做什么”，就是要厘清政府和市场的边界，市场能做的，政府不要过多干预，市场做不了而企业又有需求的，政府责无旁贷。“谁来做”，就是要充分调动工作积极性，内贸流通工作的主要事权在基层，省里主要负责相关规划、标准、政策的制定，市里重点负责具体项目的落实。要发挥好省级内贸流通扶持资金的作用，调动基层政府和企业的积极性。比如，在商品交易市场建设中，浙江省经验表明，凡是政府主导作用发挥好的，市场的发展就好。义乌商城集团股份有限公司，国有资本占55.8%，义乌小商品市场每次迁址和升级都能一气呵成，政府主导是一条重要原因。再比如，江苏和浙江支持行业协会加强行业情况调研、行业数据分析、开展专业培训、强化企业自律、树立行业标杆等，将大量事务性工作交给行业协会去做，政府可以腾出更多的精力研究行业发展政策和重大问题。

(二)扩大消费新需要，必须适应消费新趋势，加快发展品质消费

消费作为经济增长第一拉动力，已成为促进经济增长的重要引擎。当前居民消费结构快速升级，品质成为新追求，杭州大厦坚持高端精品定位，致力于打造高端优质品牌集聚区，汇聚了LV、CHANEL等近200个国际顶级奢侈品牌及国内知名品牌，连续八年取得全国百货零售业单店销售、利润、纳税第一名的佳绩。大厦以消费需求为中心，全面推进商品、服务、环境、信息四位一体，雕琢出“一城千面”的服务生态圈，打破传统百货某个具体商品品类或物理空间区域的概念，在不同品类的商品、配套、服务中相互穿插、有机融合，着力打造奢侈品中心、潮流中心和现代生活中心，引领全国高端品牌消费时尚。大厦年消费金额100万以上的高端客户就达几百个，每位高端客户者可以获得一对一的高端尊享服务。南京沃尔玛山姆店以消费者为中心，立足全球采购资源提供国内外优质畅销商品，仅进口商品就超过了4000种。卖场高度9米、过道3米，为会员提供宽敞舒适的购物空间，最大限度地满足会员购物体验。专门设置了步入式冷藏区，保障水果、蔬菜的品质，鸡蛋12天卖不掉就下架，现场制作的比萨2小时就降价处理。同时，专职导购员为会员提供优质食材免费试吃服务，让会员第一时间体验各种热销商品，每月平均送出50多万份试吃试用商品。丰富的优质产品和良好的购物环境得到了广大消费者的认可，开业仅半年，销售额就突破2亿元。杭州大厦和山姆会员店的做法表明，随着我国经济的增长，高端消费群体不断扩大，流通业必须紧跟消费新趋势变化，更多地提供优质的商品和服务，满足消费者品质生活追求。

（三）推动内贸流通创新，必须坚持线上线下融合发展

线上线下融合的趋势越来越明显，线上线下的场景边界越来越模糊，随着“新零售”模式的逐步落地，线上和线下从原来的相对独立、相互冲突逐渐转化为互为促进、彼此融合。近期，阿里、苏宁、京东纷纷进军“新零售”领域，盒马鲜生是阿里巴巴对线下超市完全重构的新零售业态，实行“超市＋餐饮”“线上＋线下”的经营模式，消费者可到店购买，也可以在盒马 App 上下单，门店附近 3 公里范围内 30 分钟送货上门；苏宁苏鲜生精品超市 2018 年将新开 50 家线下门店，2020 年累计达到 306 家店，覆盖全国各大重点城市；京东已经宣布“京东便利店计划”，用 5 年时间改造提升 100 万家便利店，现在每天开店数量达到 1000 家。这些零售新业态的共性特点是，以互联网为依托，通过运用大数据、人工智能等先进技术手段，对商品的生产、流通与销售过程进行升级改造，进而重塑业态结构与生态圈，并对线上服务、线下体验以及现代物流进行深度融合。反观省零售企业，绝大多数以线下经营为主，经营模式比较传统，面对今后新零售的竞争，我省企业“差了不止一条街”，加快创新转型已经迫在眉睫。

（四）培育消费新增长点，需要更加注重提高生活服务业发展水平

目前，居民消费结构正在发生深刻变化，以食品、服装、日用品消费为代表的基本生活类产品消费占比明显下降，文化娱乐、家政服务、医疗保障等方面的消费比例稳步提升，生活服务业高质量发展成为未来的发展趋势和着力点。江苏斑马电商云着力打造中国首个“互联网＋家庭服务业”产业基地，一方面为家政企业提高量身定制的 SaaS 软件，为传统家政行业赋能，助力整个行业转型；另一方面，整合阿姨资源，形成庞大的阿姨池，通过认证、培训、建立员工制等方式，提升阿姨的服务能力，建立家政行业服务员供应量体系，“让天下没有难找的阿姨”。目前合作的家政公司达到 3365 家，阿姨数量近 32 万人，全国订单近 52 万单。浙江三替集团针对过去家政行业从业门槛较低、从业人员良莠不齐的弊端，加强从业人员的审查筛选、持续监管和教育培训，所有签约家政服务员必须经过正规体检、专业培训，方能上岗服务，同时利用“三替好生活”智慧家政云服务平台对服务员进行管理和评价。传统的家政企业其实就是一个中介，对保姆几乎没有什么管理，“找保姆难、找好保姆更难”一直是行业短板。斑马云和三替公司从强化从业人员的管理入手，通过建立员工制管理模式，既使从业人员有了归属感，又培养了高素养、职业化的家政服务人员，赢得客户信赖，重新唤回社会的认可，使行业走向规范化、标准化发展。

三、有关措施建议

江浙两省商贸流通领域业谋划发展站位高，抢抓机遇意识强，创新发展魄力大，特别是在规划引领、体系建设、改革创新、行业管理等方面创造了好经验、好做法。下一步，我们要主动从全国乃至世界维度来谋划发展定位，扎实推动商贸流通供给侧结构性改革，促进消费需求扩大和消费升级。

（一）为消费者提供更高品质的产品和服务

品质消费正成为我国居民消费的主要动力。一是提高工业制成品质量。大力推进生活消费品生产领域新旧动能转换，鼓励生产企业加快产品结构调整步伐，提高产品档次和质量水平。特别是鼓励更多的企业生产与居民生活相关的快消费，培育更多源自山东的消费品牌。二是提高农产品质量安全水平。加大农产品食品技术投入，开发适销对路的新产品，让更多的山东优质农产品进入超市以及阿里、京东、苏宁以及沃尔玛等跨国零售企业营销体系。扩大生活必需品追溯体系覆盖面，保障居民消费安全。三是保护和传承老字号。振兴中华和齐鲁传统手工艺，改良生产工艺，增加有效供给，扩大市场份额，通过线上、线下结合，让老字号进入寻常百姓家。四是扩大服务消费。鼓励家政、餐饮等服务企业增加服务网点，完善社区服务功能。全面提升服务企业管理水平和服务质量，打造一批山东服务名牌、名企、名人。五是扩大商品进口。加快发展跨境电商、进口商品直销等方式，扩大消费品进口，鼓励零售企业设置进口商品专区，满足居民更高消费需求。

（二）高水平建设流通基础设施

流通基础设施是居民消费的重要载体，也是扩大品质消费的重要支持和保障。一是加快城区商业中心建设。结合城市发展规划，加大投入改造商业基础设施，既要提升老城区商业中心层次，形成现代服务集聚地，打造城市商业名片，又要着力完善新城区商业网点布局，分流老城区商贸，"高标准、高起点"建设多行业、多业态、多功能的现代商业街区。二是做大各类市场发展特色商贸。加大综合市场的服务功能建设，提升一体化水平，打造生产生活服务聚集平台；充分发挥市场集聚优势，集中提升改造一批专业化商贸市场。三是促进社区服务发展。严格落实新建社区商业和综合服务设施面积占社区总建筑面积比例不得低于10%的政策规定，推进社区商业服务网点建设。特别是要将农村市场流通体系建设纳入城镇化规划，培育一批集零售、餐饮、文化、生活、配送于一体的多功能乡镇商贸中心，提高农村消费层次。四是加快发展社区便利店。积极吸引盒马鲜生、京东超市等新零售落户我省，大力推进智慧便利店进社区，鼓励我省大型零售企业建设无人智慧超市，让居民消费更加便利。

（三）大力培育流通主体

一是支持流通企业做大做强。鼓励优势企业开展并购重组，培育一批具有国际竞争力的大型零售商、批发商。引导中小流通企业通过联合采购、共同配送、特许经营、平台集聚等方式提高整体竞争力。二是大力培育供应链链主企业。引导传统流通企业向供应链服务企业转型，大力培育新型供应链服务企业。鼓励流通企业与生产企业合作，建设供应链协同平台，准确及时传导需求信息，引导生产端优化配置生产资源，提高供给质量。

（四）加快线上线下融合

一是把线上文章做好。推动传统零售创新转型，鼓励零售企业自建网上销售平台，与知名电商平台合作，打通线上线下渠道，实现商品生产、流通、销售全过程改造，提高客户黏性，拓展销售渠道。二是把线下文章做足。转变经营方式，改变“联营扣点”“场地出租”等经营模式，大力发展买手制，不断提高自营和自主品牌商品比例。三是把结合文章做实。积极推动山东产品网上行，扩大“鲁产名品”和名优新特产品网上销售。

（五）着力完善消费保障

一是加快构建物流配送体系。支持企业联合加强物流配送中心建设，合理布局物流结点，优化运输配送线路，完善连锁配送体系，深入推进物流标准化国家试点，积极开展城乡配送示范创建，提高物流效率。大力培育发展第三方物流。培育打造一批拥有著名品牌、主业突出、辐射范围广、核心竞争力强的大型专业商贸流通龙头企业，提升企业经营能力，增强外部市场竞争力，降低流通成本。二是完善冷链物流体系。建设农产品预冷、冷藏和配送中心，健全冷链物流服务功能，实现生鲜农产品全程冷链运输、销售。三是推进信用体系。引导企业开展商品质量、服务水平、购物体验等消费评价，严厉打击制售侵权假冒商品违法犯罪行为，促进消费环境更安全、更放心。

（六）优化商贸流通大环境

一是以数字化建设为着力点，打造商务公共服务平台，加强商贸流通领域监管，完善举报投诉受理、便民服务指导、政策业务咨询、交办反馈监督等功能，建设覆盖全市范围、全天候服务、快速反应和应急处置的商务公共服务平台。二是完善扶持政策。进一步优化内贸流通扶持政策，制定鼓励发展现代商贸流通业的信贷、财税支持和优惠政策。三是建立健全商贸流通行业协会。创新协会商会管理体制和运行机制，探索规范推进政府购买服务，推动形成政府与协会商会的新型合作模式。鼓励第三方机构和公共信息平台的发展，为各类市场主体和消费者提供检测、信息、信用查询、监督认证等服务，建立“市场机制指引、政府管理服务、社会协同共治”的商贸流通新型治理模式。

推广复制试点经验　形成综合放大效应*

——山东省商贸物流发展的调研与思考

物流业发展程度是衡量一个国家现代化程度和综合国力的重要标志。近两年，商贸物流作为物流业的重要组成部分，以标准化试点为契机推动降本增效，以冷链物流示范创建为契机推动冷链物流体系完善，以智能快件箱进楼宇试点为契机推动电商与快递协调发展，试点示范取得明显成效。总结推动试点示范经验，形成综合放大优势，全面提升我省商贸物流发展水平，对促进产业结构优化升级、培育经济发展新动能、推动物流业降本增效具有十分重要的意义。

一、主要做法、成效和模式

（一）物流标准化

2016 年，淄博、德州、临沂三市被国家列为物流标准化试点城市，家家悦等 22 家企业被商务部确定为物流标准化重点推进企业。试点城市和企业按照物流标准化建设的内在要求，紧扣标准化试点的终极目标，从托盘、周转箱标准化切入，带动供应链上下游带板（箱）运输，带动物流设施设备标准化提升，试点工作取得了提效率、降成本、减损耗的明显成效。目前，试点城市托盘标准化率平均达到 44%，比试点前提高了 14 个百分点；带板运输率由试点前的平均 2%提高到 12.5%，增长了 5 倍；试点企业物流成本占营业收入比重为 26.98%，比试点前下降了 10.22 个百分点；装卸搬运成本由试点前的平均 49.4 元/吨下降至 27.45 元/吨，下降了 44.4%；货损率由试点前的平均 0.8%下降到 0.38%，降低 52.5%。

* 作者：王洪平、廉波、郭宏伟、常相军、邹晶、周健。

围绕社会化标准托盘、周转箱循环共用，形成四种模式：

1. 链主带动模式

发挥商贸、物流企业在供应链中的核心作用，利用较强的话语权，带动上游供应商带板运输，促进托盘标准化及循环共用。家家悦通过“自购＋租赁”的方式，标准托盘总数达到10.8万块、周转箱41万只，实现了上游供应链—配送中心—门店的带板运输。新星集团自购标准化托盘8万个，成立新源托盘租赁企业，将托盘免费提供给上游供应商，目前公司300多家供应商中已有46家实现带板运输，带板运输量月均11360块，带板运输率达15.3%。带板运输收到了降本增效的明显效果，如家家悦生鲜配送日人均达到60吨，常温配送日人均6508件，劳动效率分别比2012年提高49.54%和43.4%。新星集团带板运输后酒水破损率由0.05%降到0.02%，年减少货损100多万元。为鼓励支持供应商带板运输，家家悦订单中心按照商品TIHI的倍数下单订货，新星免费为供应商提供周转托盘，两家企业均对带板运输供应商开设绿色通道、优先卸货、信用收货、减免卸货费用等，有力地推动了供应链上游企业的带托运输。

2. 跨区联动模式

托盘的极致应用是带板运输。试点企业从托盘的标准化切入，由自购到租赁、由静态到交换，逐步实现供应链上下游企业之间、区域之间、行业之间的托盘交换或循环共用，形成跨区联动模式。益海嘉里(德州)粮油工业有限公司与家家悦、招商路凯签订三方租赁合同，公司从德州路凯服务中心租赁标准托盘，公司产品下线后直接打板码放，车辆带板运输至家家悦在威海、烟台的配送中心，带板卸货，就地还板(或租赁转移)，作业效率明显提高。德州市鑫北方物流公司是一家专业第三方物流企业，自开展物流标准化试点以来，从德州到上海专线实施带托运输，由试点前的每月5圈提高到每月7圈，运输效率提高了40%左右。

3. 周转箱一贯化作业模式

我省是农业大省，蔬果年产量达1.3亿吨，推广标准化周转箱，实现农产品从田间地头到销售终端的全程不倒箱，意义重大，潜力巨大。家家悦年果蔬经营达1万多吨，公司与200多个合作社建立“农超对接”关系，80%以上的生鲜采购实现“基地直采”。集团现有标准周转箱41万只，其中9.6万只作为蔬果、肉禽类专用箱参与供应链上下游流转。淄博众得利有限公司主要为北京物美、永辉等大型超市供应农产品，购买和租赁标准周转箱28万个，实现了从农村合作社、种植大户到批发市场，再到大型连锁超市的循环共用，标准周转箱使用率达80%以上，物流总成本降低30%左右，蔬果收发货效率提高2倍。蒙阴万华食品有限公司主要从事果品经营，试点启动以来租赁标准托盘8000个、周转箱5万个，与上海西郊国际农产品交易中心、上海江杨市场达成合作协议，从田间地头到批发市场实现带托运输，每天发送蜜桃等果品3万公斤，通过“标准托盘+周转筐”运输模式，果品损坏率平均降低15%，每车（载重10吨）节约装卸等费用3060元。周转箱的使用，从基地采摘到终端销售“一触式”作业，不仅降低损耗、保障品质，而且可实现商品溯源。

4.“数码托盘”开放共享模式

标准化和信息化互为基础和前提，是物流业降本增效的鸟之两翼、车之双轮。在标准化推进过程中，重视发挥信息平台的作用，通过推动“物联网+托盘”物流信息平台建设，撮合托盘的使用、租赁企业，积极探索托盘交易、租赁、回收可自由转换的市场运行机制，带动更多企业开展托盘循环共用，涌现出如山东阿帕网络、山东（淄博）云鸟、山东（德州）新未来等一批平台运营企业。阿帕网络技术有限公司为每个托盘建立“身份证”，实行“一托一证”，已完成认证标准化托盘10万个，与35家企业达成托盘共享协议。阿帕“快托网”平台上的106家陆路运输企业组成“小水珠物流联盟”，推广“按托计价”标准化模式，以标准化托盘为计价单位，以货物堆码高度为计价区间，提高货物流转速度，降低货物流通成本，已为上下游客户节约物流费用400多万元。

（二）冷链物流

2016年，我省被列入国家冷链物流建设试点省。试点启动以来，以信息化、标准化建设和人才培训为重点，以潍坊、烟台、日照、威海、泰安、菏泽6个示范城市为主体，探索农产品冷链流通全程温控“不断链”模式。全省推进了176个冷链物流重点项目建设，项目开工率100%，项目总投资53.8亿元。全省可食用农产品冷链流通率、冷链运输率分别比试点前提升30%和10%，流通环节损耗率下降20%。2018年底，全省拥有冷库储存能力超过900万吨，冷藏运输车辆22057辆。

1. 信息化建设取得突破

支持176家冷链企业在冷库、冷藏车、冰柜安装温、湿度等信息采集设备，购置订单、仓储、运输等信息化管理系统，建立企业冷链监控平台。搭建省级农产品冷链物流公共信息服务平台。目前在线企业

120家，冷库937个，冷藏车1200辆，在线企业可通过平台的仓储管理、运输管理、信息服务等功能提升信息化管理水平，并初步实现政府对冷链流通监控。

2. 标准化水平提升

试点示范工作启动以来，围绕冷链物流设施、设备、操作流程制定出台两项国家标准、1项地方标准、1项团体标准，两项国家标准已报国家质监局审批。推进企业对冷库接货通道、月台等进行封闭改造，购置标准化托盘、保温周转箱(周转筐)等，减少"断链"环节。新增标准化冷库容积212万立方米，新增、改造标准化冷藏车938辆，新增标准化冷柜3052台，新增国家星级冷链物流企业数量14家。

3. 经营模式创新发展

持续举办冷链物流培训，参训人员覆盖439家农产品冷链企业的高层管理和操作人员902人，推广先进冷链物流理念和技术，推动资源整合。烟台市建立栖霞苹果冷链物流云数据平台，融入苹果生产加工、仓储管理、物流运输等各环节数据，实现冷链数据互联、产品互联、信息互联，形成栖霞苹果平台支撑型全程冷链模式。淄博乐物信息科技公司依托"两端一链"业务模式，前端在农产品原产地建设乡镇共配中心，终端在社区建设配送网点和体验店，依托乐物网电商物流港，实现生鲜农产品基地直供、仓储代管、分拣包装、物流配送的电商供应链全程冷链模式。潍坊市创新农产品冷链流通模式"农商互联"，围绕"联产品、联标准、联设施、联数据、联市场"的任务目标，组织实施了9项重点工程，打通了农产品生产流通各环节，初步实现了全链条信息联通、行业联运、企业互联。

(三)智能快件箱

"智能快件箱进楼宇"作为惠民"三进"工程的重要内容，是完善末端配送网络、推进共同配送和促进电商与快递协同发展的重要举措。自2016年工程启动以来，围绕三年建设行动计划，按照"整体规划、分步实施"的原则，省市联手，共同推动。两年来，先后支持济南、烟台、威海、东营等12个设区市布设快件箱，截至2017年底，全省智能快件箱布放站(点)达2.8万个，利用智能快件箱送达的快件占全部快件的14.7%，高于全国平均水平3个百分点。

1. 布放数量大幅增加

2016年，8大主要布设企业共在济南、烟台等首批5个示范城市布设智能快件箱3870组，占全省新增总量的44.8%；2017年，在威海、东营等第二批7个工作推进市安装布设2122组，占全省新增总量的24%。通过政策引导，大大调动起丰巢、速递易等公司的积极性，两年全省累计新增快件箱24203组。智能快件箱作为“解决最后100米”终端配送的方式，越来越受到社区物业、快递公司、快递员和用户的认可和接受。

2. 社区覆盖率大幅提高

目前，顺丰速运集团丰巢公司在济南市市中区185个住宅小区已经实现智能快件箱安装布设100%覆盖，历下区覆盖率达到98%。菏泽市机关办公楼覆盖率达80%，泰安市高端住宅小区覆盖率达95%，烟台市芝罘区、莱山区社区实现全覆盖，聊城市东昌府区、开发区、高新区社区覆盖率分别达到90%、80%和85%。

3. 快递处理量成倍增长

江苏云柜以住建部门提供的社区明细为依据，合理规划快件箱布局，形成聚合效应，快件箱使用率由23%提高至48%；速递易公司以第三方的形式为圆通、中通等快递公司提供服务平台，目前该公司设置的快件箱日开箱1.3万～1.4万人次，日均使用率达85%，每票平均节约时间30分钟以上，节省人工成本50%；北京近邻宝公司在山东大学等10所院校设立140个网点，实施快递撤摊入柜派送，店面日均派件量平均超过1万单，基本解决了快递公司在校园乱摆乱放的问题，实现了快递运营规范化。

二、存在问题及趋势分析

（一）从发展趋势看，物流业发展空间巨大

党的十九大报告指出，我国经济正处在转变发展方式、优化经济结构、转换增长动力的攻坚期，我国社会主要矛盾已经转化为人民日益增长的美好生活需要和不平衡不充分的发展之间的矛盾。经济增长方式的转变和社会主要矛盾的变化都对现代物流业提出了新的要求，在经济从速度规模向质量效益转变的过程中，信息化、标准化、集约化、智慧化已成为商贸物流业发展方向。

1. 物流总额仍将保持与GDP同步增长态势

2015年，我省社会物流总额为19.03万亿元，同比增长2.5%；2016年，为20.01万亿元，增长5.15%；2017年前三季度为15.53亿元，增长10.1%。见图1。随着GDP规模的不断扩大，社会物流需求将持续增大，并呈现出加快增长的趋势。

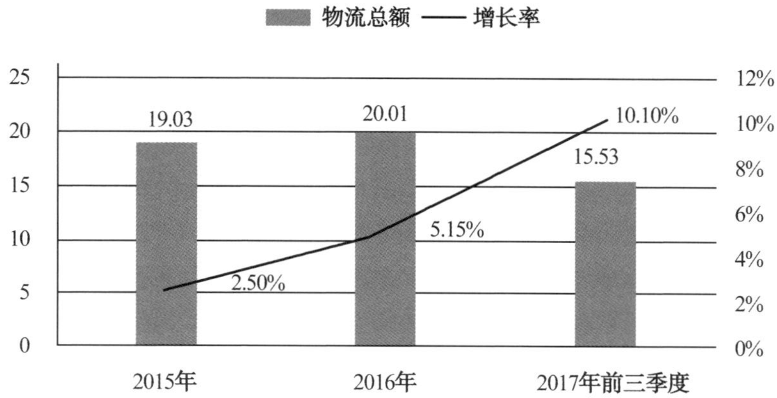

图 1　山东省物流总额及增长率

2. 物流结构不断变化。

从近几年物流结构分析，农产品、工业品物流总额占比持续下降，进口物流、外地货物流入需求稳中有升，单位与居民物流需求加快增长，物流需求结构进一步优化。据统计，2017 年我省前三季度单位与居民物流总额为 5508.1 亿元，同比增长 30.6%，占物流总额的 3.55%，同比提高 2.43 个百分点。特别是随着电子商务的发展和人民消费水平的提升，与居民生活密切相关的商贸物流将继续保持较快增长。

3. 物流业降本增效仍有较大空间

2017 年前三季度，全国社会物流总费用为 8.6 万亿元，占 GDP 的比重为 14.5%；我省社会物流总费用为 7846 亿元，占 GDP 的比重为 14.3%，比全国平均水平低 0.2 个百分点。近年来，随着“互联网＋”的广泛应用，越来越多的企业加大技术装备改造升级的力度，物流业标准化、信息化、自动化、智能化水平越来越高，科技创新和技术进步成为物流提质增效的驱动力，智慧物流成为物流业转型升级的新动能，物流业降本增效空间巨大。

（二）从物流标准化现状看，整体水平仍然不高

托盘作为基本的运输单元和载货工具，在物流领域的应用非常广泛，但目前看主要存在以下问题：

1. 对托盘的作用认识不足

很多企业仅把托盘当作包装材料，没有意识到托盘在物流体系中的重要性，对托盘在运输、仓储、装卸、搬运、配送等环节降本增效的作用认识不足，有的企业宁愿使用大量人力，也不使用托盘。

2. 托盘标准化程度有待提高

据统计，2017 年全省托盘保有量为 11890 万片，其中标准托盘保有量为 3100 万片，标准托盘占比为 26.1%，比上年增加 5%。通过一年多的试点，淄博、德州、临沂三市托盘标准化率大大提升，标准托盘占比达到 44%，非试点地区由于物流标准化基础比较薄弱，标准化托盘占比较低，质量规格不统一。

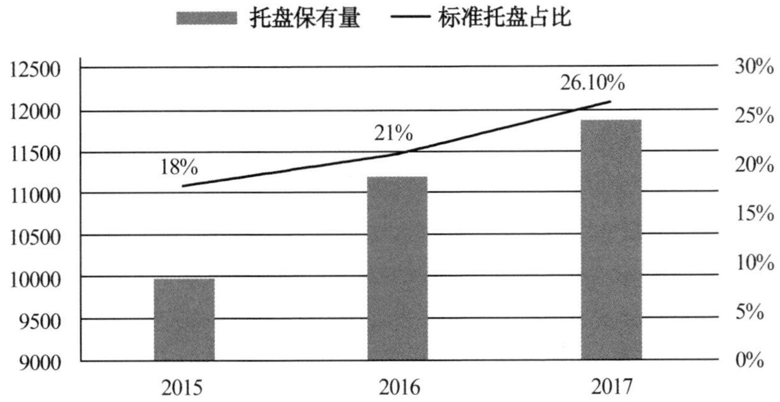

图 2　山东省托盘保有量及标准托盘占比

3. 托盘循环共用还面临很多困难和问题

受传统观念影响，很多企业对托盘共用系统的价值认识不到位，对托盘租赁存在认识误区，认为“租不如买”，而没有充分考虑托盘使用后更新、维修、管理及业务淡季闲置等方面的成本，更没有考虑加入托盘共用系统后效率提升带来的综合成本的下降。

4. 社会化托盘循环共用体系尚未建立起来

托盘循环共用体系具有跨区域、跨行业等特点，目前仅靠招商路凯、集保等少数公司的网点，已远远满足不了托盘循环共用的需要。路凯在山东仅有济南一家运营中心，服务全省 70 多家客户，很多客户租赁的托盘不能就地退租，需要运回济南，大大增加了成本。

（三）从冷链建设看，仍然存在短板

我省农产品冷链物流发展总体上仍处于起步阶段，市场集中度、服务差异度、市场秩序和增值服务能力相对滞后，专业化、现代化、全程化、规模化的冷链物流体系尚未形成。

1. 冷链意识亟待提升

消费者冷链意识不足，认识不到温度变化对食品品质的影响，不愿为冷链成本买单，造成物流企业压低冷链物流成本，专业化服务不到位，不能对整个冷链物流体系进行有效控制。

2. 冷链物流标准化应用滞后

现有冷链物流标准不统一、不完善，大部分均为推荐性标准，贯标力度不够。操作流程没有统一的规范要求，冷链服务的标准化程度较低。尚未形成衔接流畅的标准化设施设备体系，影响温控效果，冷链“断链”现象比较普遍。

3. 冷链物流信息化水平不高

据调查，全省企业信息化系统的平均使用率仅为27.4%，其中冷库出入库管理RFID标签系统使用率为35.9%，TMS运输管理系统使用率为21.1%。行业内信息互联互通水平低，供应链各方在冷链运输、加工、仓储、配送等过程中的信息流、物流供需信息的不对称造成资源利用率低下。

（四）从智能快件箱布设看，难度开始加大

1. 日常运行费用高

从前期智能快件箱的场地协调和安装过程来看，绝大部分社区每年需要缴纳1500～3000元的进驻费，并且还需征收日常的电费、网费等费用，快件箱的营销公关难度大。

2. 格口使用率仍然不高

一方面，投递员习惯于传统的投件方式，收件人也比较热衷于本人签收快件；另一方面，快件箱作为一种新型的取件方式，在宣传上还有待加强，在客户的使用习惯上也需进一步培养。

3. 快递柜安装进程放缓

经过几年市场竞争，规模化带来的行业壁垒、恶性竞争、资源饱和、产品运行质量不高、增值服务空间有限等问题开始显现，加上受环保督查因素影响，行业整合和市场重组明显，导致智能快件箱市场拓展、服务提升、产品创新等进展不快，部分快件箱布设企业开始调整市场布局，放缓了推广速度。

三、工作措施与建议

十九大报告对新时代物流发展给出了新的战略定位，把物流纳入基础设施范畴，进入国家优先发展的战略性、基础性领域。新时代物流业的主要矛盾已经转化为社会对高质量的物流服务需求和物流业发展不平衡不充分的矛盾，物流业已从低成本粗放式发展转入提质增效的新阶段。物流提质增效是一个系统工作，也是一个渐进的过程。从前期商贸物流几个重点领域的试点示范看，成效十分明显，下一步应放大试点效应，以物流标准化试点城市带动非试点城市，以试点项目带动非试点项目，以供应链链主企业带动上下游关联企业，以托盘的标准化带动物流设施设备的标准化，推动商贸物流标准化与信息化、集约化相结合，逐步构建高效、安全、通畅的商贸物流服务体系。

（一）标准先行，大力推广应用物流相关标准

标准是物流业发展的基础，为进一步发挥标准引领产业发展的作用，需尽快完善物流标准体系，并推动在企业的实施。

1. 抓好托盘标准的应用与推广

通过政府引导，发挥市场机制作用，按照《联运通用平托盘主要尺寸及公差》（GB_T 2934-2007）等相关国家标准，对非标托盘进行标准化更新，存量淘汰、增量对标，不断提高全社会托盘标准化率。

2. 以托盘标准为核心，完善并推广应用设施设备标准

按照《硬质直方体运输包装尺寸系列》（GB_T 4892-2008）等进行产品运输包装、车辆以及仓库的标准化改造，完善货运场站、货架、叉车、装卸搬运设备等设施设备的标准，与托盘标准化相匹配。

3. 完善管理、流程及服务标准

发挥企业在标准制定中的主导作用，制定不低于所依据的国标、行标的制度性文件及规范，完善企业管理、流程及服务标准，与设施设备标准化相匹配，提升企业整体的标准化水平。2018 年，继续扎实推进淄博、德州、临沂三市物流标准化试点工作，做好项目验收和评估。同时，抓好济南、青岛两市的供应链体系建设试点，推动其他市把标准化作为内贸流通的重要工作，积极主动地与试点城市对接。借鉴国家的做法，选择部分基础较好的城市开展省级物流标准化试点。

（二）择优选强，充分发挥链主企业的带动效应

从国外经验看，链主企业具有较强的资源整合能力，是推动带板运输的主导力量。可在快消品、农副产品、药品、电商等领域，选择一批供应链链主企业，鼓励其与上下游关联企业开展带板、带箱运输，提高供应链的整体效率。

一是从源头上鼓励生产企业从产品生产线码垛到仓储，再运输给客户，实现托盘化货物循环流转和整托货物交付，使货物以在板在箱姿态进入流通环节。同时，鼓励快消品生产企业开发适合标准托盘模数的包装。

二是从销售环节上鼓励大型零售企业积极对接生产企业和供货商，通过标准托盘循环共用和带板运输，整合零供环节以及仓储、物流资源和

供应商配送需求，优化物流流程，最大限度地降低供应链物流成本。

三是从中间流通环节上鼓励第三方物流企业使用能够装载托盘的标准化车辆，大力发展多式联运、甩挂运输，实现货物运输全程“不倒托、不倒箱”。2018 年，在全省选择 30～50 家标准托盘使用量大、对接上下游企业多、带板运输率相对较高的供应链链主企业，争取财政资金给予支持，鼓励其带动更多企业开展带板、带箱运输。

（三）信息链接，推动标准化与信息化结合

以数码托盘开放共享为目标，发挥 GS1 统一标识作用，提高物流链标准化、信息化水平，推动供应链各环节设施设备和信息数据的高效对接。

1．推动“托盘＋GS1”建议

支持“快托网”平台利用 GS1 标识对标准托盘进行统一编码，探索基于全球统一编码标识的托盘条码与商品条码、箱码、物流单元代码关联衔接，推动托盘、周转箱由包装单元向数据单元和数据节点发展，促进供应链和平台相关方信息数据传输交互顺畅，实现物流过程的实时监控和追溯。

2．推动“托盘＋互联网”平台建设

引导企业将托盘作为供应链中流动的数据收集点，结合数据平台，以数据为支撑，对运营模式进行优化调整，建立一体化的智能物流供应链。利用托盘和互联网技术对物流供应链的各个环节进行连接，对整个供应链进行可视化管理，实现供应链信息互联共通，推动整个供应链效率的提升。

3．推动“托盘＋配送”试点

鼓励大型商贸企业整合托盘生产、租赁企业及承租企业，拓展“配托＋配货”服务，鼓励“带托运输＋共同配送”，探索以标准托盘、周转箱作为装载、作业、计量和信息单元，开展共同配送和统一配送。2018 年，拟结合城乡高效配送专项行动计划实施，选择 10 家企业开展“托盘＋配送”试点。

（四）多措并举，完善托盘循环共用体系

完备的服务体系是推动托盘、周转箱循环共用的重要基础和前提。要通过政府引导、市场主导、企业推动，加快建立我省标准托盘循环共用体系。

1．建立托盘租赁服务体系

进一步加强与招商路凯、集保等国内大型托盘租赁企业的合作，支持其在我省设立更多的运营网点、运营中心扩大标准托盘租赁业务。同时，推广新星集团的经验做法，鼓励省内有条件的大型零售、生产企业设立托盘租赁企业，在特定行业、特定区域开展托盘租赁服务，逐步形成“涟漪”效应。

2. 积极探索我省开放式托盘循环共用模式

发挥省标准托盘（周转箱）循环共用联盟平台作用，组织更多的托盘生产、运营、应用及信息平台企业等加入联盟，做大“托盘循环池”。同时，进一步完善托盘认证、企业评价、网点建设、托盘质量等标准体系，通过托盘共用、网点共建、信用互认，就近取板，就近还板，形成具有山东特色的开放式托盘循环共用模式。

（五）补齐短板，加快冷链体系建设

1. 复制推广冷链物流先进模式

探索开展省级农产品冷链流通试点示范，放大政策资金引导效果。编制《山东省冷链物流体系建设与经典案例》，实时召开冷链物流经验交流会，推动全程冷链不断链模式发展。

2. 支持冷链物流信息化建设

重点支持企业进行冷链设施设备信息化改造，推动冷库、冷藏车、冷柜等设施设备安装温度传感器、温度记录仪等冷链监控设备。支持企业建立冷链物流监控体系，整合企业信息化系统，优化企业业务流程。运营好我省冷链物流平台，推动更多冷链物流企业入驻平台，提高冷链设备监控率、在线率，充分发挥平台的资源整合和行业服务优势。

3. 开展地方标准制定、修订及应用

支持企业提升冷链物流设施、设备标准化水平，对冷库、冷藏车及冷库交接货通道、叉车、货架、月台等设备设施进行标准化改造，逐步形成标准化的设备设施体系。针对农产品流通中重要农产品、流通关键性环节和空白领域，制定、修订相关地方标准、团体标准或企业标准，构建操作性强、适用面广、贯穿流通全流程的“不断链”冷链物流整合性标准体系。开展冷链物流的标准化示范提升工作，指导企业严格按照冷链物流标准和规范进行操作和管理，逐步改变过去标准制定和推广应用相脱节的局面。

4. 支持冷链物流人才培训体系建设

围绕冷链物流行业人才队伍建设需要，重点培训掌握相应制冷技术、低温设备管理、电子商务、物联网技术、农产品食品科学等知识的复合型冷链管理人才及具有规范娴熟操作技能的冷链物流作业人员。

(六)优化提升,拓展智能快件箱进楼宇服务功能

1. 扩大工程建设推进市范围

2018 年,开展“智能快件箱进楼宇工程优化提升年”活动,增加淄博、潍坊、济宁、临沂 4 市为“智能快件箱进楼宇工程”工作推进市,实现全省全覆盖。

2. 总结盘点前两年建设成果

对部分需要提升优化的市,继续给予支持,确保圆满完成全省 3 年行动计划。

3. 不断拓展服务功能

积极引导智能快件箱布设企业研发拓展服务功能,由单一存件功能逐步向购物存储等综合服务功能拓展,进一步完善生鲜配送、洗衣、再生资源回收、无人机快递接收、个人专属快件箱等业务。

关于构建流通供应链体系的研究报告*

为贯彻落实《国务院办公厅关于积极推进供应链创新与应用的指导意见》，推进我省流通供应链体系建设，省商务厅联合省商职院、省物流采购协会专家组成调研组，赴济南、临沂和烟台3市对供应链创新与应用情况进行调查，实地考察了佳怡供应链管理公司、立晨供应链管理公司、齐畅供应链公司等11家企业，与济南、临沂和烟台市商务局及企业负责人进行了座谈交流，深入了解企业供应链服务模式、存在的问题和意见与建议。

一、我省流通供应链创新与应用情况

总体看，山东流通企业当前供应链管理应用尚处于起步阶段，物流企业走在供应链应用的前列，专业供应链服务企业快速发展，取得了一定的供应链应用绩效。

（一）供应链服务企业数量增长加快

十九大报告提出的现代供应链理念，提升了传统企业供应链管理意识，推动了供应链创新与应用加快发展，我省供应链发展进入新的历史阶段。据不完全统计，目前我省注册供应链服务企业1221家。其中，2016年注册180家，2017年注册236家，2018年仅前4个月就注册300家。

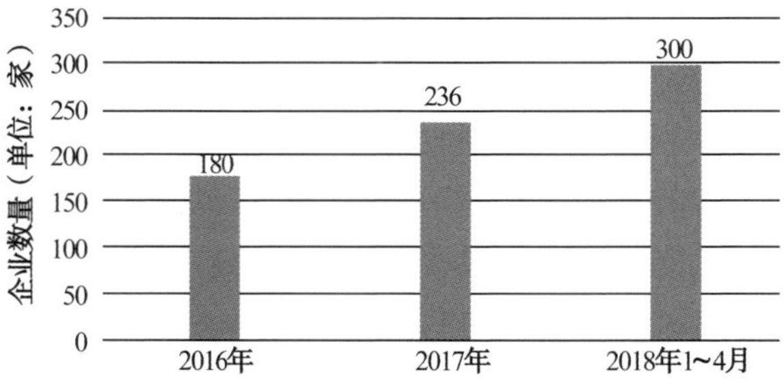

图1　山东省供应链服务企业近3年注册企业情况

* 作者：郭服海、郭宏伟、邹晶、韩晓晨。

从企业注册行业类型看，早期的供应链企业在工商注册时，大部分注册为交通运输、批发零售等行业。2017 年 10 月 1 日实施的新《国民经济行业分类》(GB/T 4754-2017)，将供应链管理服务纳入商务服务业类别。目前，供应链企业注册行业占比前三位的依次是商务服务业 585 家、交通运输和仓储业 317 家、批发和零售业 187 家。

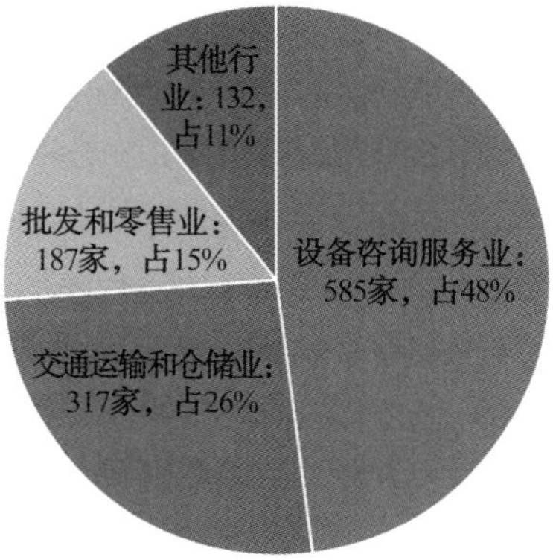

图 2　山东省供应链服务企业行业类型

从企业地区分布看，全省供应链服务企业数量分布不均衡，与当地经济发展水平有一定的关联性。目前居全省前 5 位的城市是：青岛市(303 家)、济南(221 家)、烟台(92 家)、潍坊(74 家)和临沂(68 家)。

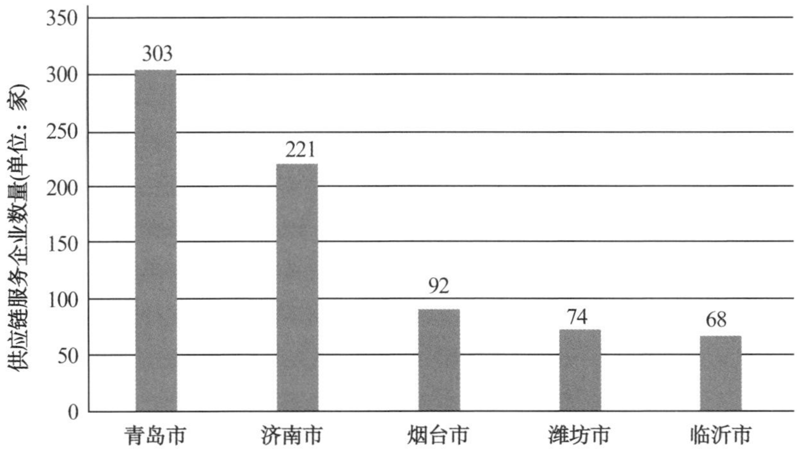

图 3　山东省供应链服务企业数量前 5 位的城市

从企业注册资本看，100 万元以下 170 家，100～200 万元有 132 家，200～500 万元有 193 家，500～1000 万元有 299 家，1000 万元以上有 427 家。

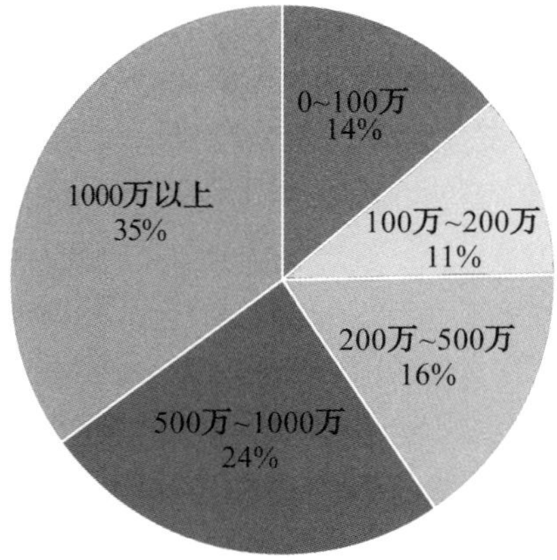

图 4　山东省供应链服务企业注册资本情况

（二）形成了多种供应链服务模式

我省供应链服务企业依托自身优势，围绕建立高效协同的组织形态，形成了一批各具特色的供应链服务模式。

1.一体化供应链服务模式

为客户提供以原材料采购为起点、以订单回收为终点的全程供应链管理服务。山东立晨供应链管理公司和东营顺达供应链管理公司可为客户提供供应商考察、原料采购、收发货、现场监管、仓储运输、账务、收付款等服务。

2.协同分销供应链服务模式

主要为客户提供采购、分销、物流等流通领域供应链服务。烟台齐畅供应链管理公司，通过整合物流商、品牌商、金融机构、渠道商，为上下游企业提供采购、分销、冷链物流及配送、店铺营销等供应链服务，成为阿里巴巴零售通全国第一家上线速冻产品的冷链物流试点企业，已将 30 多个代理品牌推送到阿里巴巴零售通。

3.电商供应链服务模式

电商企业通过与供应商的信息和数据共享，拓展到产业链上游，实现整个产业链的协同制造。韩都衣舍针对互联网时代需求特点打造柔性供应链模式，平台链接服装及主辅料生产企业 200 多家，运营品牌近 200 个，实现对市场需求的迅速响应，构建信息化条件下的服装产业生态体系和新型制造模式。

4.产业平台供应链服务模式

围绕产业集群，打造产业共享的原料采购、研发、分销、物流、售后服务等供应链服务平台。济南256公司围绕整合IT产业资源，在各省建设云仓体系、线下体验店等，链接IT生产、分销、零售企业近30万家，提供网上交易、网上撮合、金融结算、仓储配送、售后服务等供应链服务。

5. 供应链金融服务

将供应链上相关企业作为一个整体，根据真实信息交互，为成员企业提供灵活的金融产品和服务。栖霞宏达运输公司与农商行合作，对30多个苹果冷库实施供应链管理，为苹果收购商提供50%的货款，将资金、货物、仓储、订单、物流等纳入供应链管理，打造连接果农、苹果流通加工企业、物流运输企业和最终消费者的供应链体系，预计2018年可为客户提供10亿元融资服务。

6. 供应链咨询服务

为客户提供供应链设计、供应链信息系统研发等服务，企业本身较少参与产品运作。山东阿帕网络技术有限公司以契约形式与甲方约定降本增效目标，由公司为甲方提供供应链解决方案，甲方以节省的费用支付阿帕的投入成本和合理利润，最终实现合作共赢。

（三）供应链管理绩效明显

通过供应链设计对商品流程进行再造，可以快速响应顾客需求，精准控制业务流程，优化物流线路，降低产品库存，减少商品落地次数，可节约成本10%～20%。山东佳怡供应链公司通过对九阳电器的仓储规划、仓储成本优化、出入库流程设计等方面进行供应链改造，为客户降低约30%的物流成本。临沂新江泉金属材料公司依托山东立晨供应链管理服务平台，各金融机构向新江泉的新增融资委托立晨代为管理，实现新增融资的闭环运作，顺利盘活了华盛江泉钢铁板块资产。山东朗越国际运输服务有限公司打造的“易迅通”供应链物流管理系统，实现了与中国电子口岸、航空公司、上下游生产企业、机场货站的数据的有效协同，每票的操作时间由原来的15～20分钟缩短至2～4分钟，差错率由原来的1.25%降至0.38%，为企业节省人力成本50%。

二、存在的主要问题

（一）供应链理念不足

我省大部分流通企业对供应链管理认识不深入、应用意识不强，发展模式习惯于垂直扩展，缺少协同、共赢等经营理念。供应链成员之间缺乏有效的协同和约束机制，难以形成稳定的供应链管理体系。供应链服务企业大多只提供供应链上的一小段，具备完整供应链服务能力的企业较少。

(二)行业政策法规环境不完善

供应链服务作为一种新兴的企业组织模式,目前适用的政策法规基本是以传统产业为管理对象制定的,且政出多门,企业只能从信息化、贸易、物流、金融等不同业务节点去套用相关政策与法规,在一定程度上制约了行业的规范化发展。

(三)供应链金融服务有待改善

开展供应链金融业务最常用的方法就是从核心企业切入,这也是国际银行的普遍做法。供应链服务企业与金融机构的合作模式有两种:一种是金融机构直接给供应链服务企业授信,其再为上下游客户提供金融服务;另一种是金融机构依据供应链服务企业的商流数据和风控能力,直接对其上下游客户授信。我省大部分商业银行在供应链金融业务营销过程中,重心集中在大型核心企业,而忽视了供应链中大量中小企业;贷款的押品局限在传统的不动产等容易变现的品种,造成供应链金融服务困难。

(四)供应链人才匮乏

技术与专业人才是供应链服务行业最重要的资产,从业人员知识复合程度要求高,需要熟悉行业、产品、市场信息、法律法规等,但目前缺少有效的人才培养体系,各企业基本依靠在实践中培育。

三、对策与建议

(一)积极开展供应链创新与应用试点

近期,商务部等8部门印发了《关于开展供应链创新与应用试点的通知》,部署开展供应链创新与应用试点。我省应积极组织试点城市和企业申报,争创全国供应链创新与应用示范城市、示范企业。依托我省产业优势,培育一批资源整合能力强、协同效率高的供应链服务企业,推动资源整合和流程优化,助推新旧动能转换。在农业供应链方面,着力推进农村一、二、三产业融合,构建农产品全链条供应链体系。在制造业供应链方面,依托我省特色优势产业和产业集群,构建产业平台供应链服务体系。在流通供应链方面,推动商贸企业向供应链服务企业转型,建立开放型供应链平台,重构流通产业的组织形态。

(二)推进供应链标准体系建设

结合山东省产业状况,研究建立健全供应链管理标准体系。建立覆盖供应链全链条的基础、技术、管理和服务标准并组织实施。制定《商贸物流产品数据元规范》《物流周转箱标识与管理要求》《电子商务交易产品图像展示规范》《物流信息平台接口规范》等标准，推进生产企业、零售企业、物流企业的信息共享。以标准为依托，供应链链主企业带动，实现上下游企业的业务协同、信息互通、信用互认，实现供应链上下游企业的高效协同。

（三）推进行业信用体系建设

加强供应链信用和监管服务体系建设，建立常态化的质量信用信息归集制度，建设各行业信用信息系统，健全信用考核标准，建立基于供应链的信用评价机制，推动信用信息评价结果在各行业、各领域、各环节的有效应用，切实发挥守信激励和失信惩戒机制，逐步建立跨部门、跨行业的信用奖惩联动机制，全面提升行业诚信意识和信用水平。

（四）营造良好的政策环境

建议在山东省新旧动能转换基金中设立物流与供应链创新产业引导发展基金，为企业开展供应链创新与应用提供融资支持。支持供应链核心企业以及供应链服务企业与银行、金融机构、融资租赁公司平台对接，为供应链上下游中小微企业融资提供便利。全面落实研发费用加计扣除、高新技术企业所得税优惠等普惠性创新政策，强化对科技型中小微企业和高新技术企业的源头培育，鼓励符合条件的供应链相关企业申报高新技术企业，参加国家科技型中小企业认定与评价。

（五）提高科技创新能力

鼓励产学研协同创新，围绕食品供应链质量安全追溯体系建设，开展关键共性技术研发，提升食品安全追溯技术创新能力。鼓励和支持有条件的企业、高校和科研院所组建供应链相关工程技术研究中心等科技创新平台，深化供应链与互联网、物联网深度融合，突破一批大数据、物联网、云计算等关键技术。深入实施信息安全、智慧工场、脑科学与类脑人工智能等重大科技创新工程，在人机智能交互、工业机器人、智慧物流等方面强化关键共性技术突破，有力地促进制造供应链可视化和智能化。

（六）加快培养多层次供应链人才

一是加强供应链相关学科专业建设。鼓励和支持本科高校、职业院校主动对接产业发展需求，增设供应链相关新兴或交叉学科专业，加快培养大数据、网络安全、云计算、物联网应用、人工智能、虚拟现实等新兴领域的专业人才。二是深入开展产学研融合协同育人。主动对接供应链产业，建立“送教进企”“引企进教”的教学过程与企业生产过程一体化人才培养模式，鼓励高校与行业企业共同制定人才培养标准、共同建设专业课程、共同建立实习实训基地、共同开展技术研发，将企业生产经营标准和环境引入教学过程，实施联合培养、订单培养，推进人才培养与项目建设耦合发展以及专业教育教学标准与职业资格标准、行业技术规范的有效对接。三是继续加强大学生创新创业教育。紧密围绕供应链产业发展，引导高校优化课程体系，强化创新创业实践和社会实践，增强学生的实践能力和创新创业能力。

对当前城乡居民消费的思考与建议*

2018年前三季度，我国社会消费品零售总额(以下简称“社零额”)同比增长9.3%，低于2017年同期10.4%，增速回落到个位数运行，引发了市场对于消费疲软的担忧。社零额是目前唯一能够按照月度反映消费变化的指标，可及时反映变动情况，但自身也存在不少局限性。

一、正确看待社零额走低与消费升级

“涪陵榨菜二锅头，骑着摩拜遛一遛，购物9块9包邮”在股市行情不振的情况下，大众消费品销售火爆表现突出，很多人认为这是消费降级的直接表现，为此应该进行客观分析。

从恩格尔系数与消费结构分析，《2017年中国居民消费发展报告》显示中国居民恩格尔系数为29.39%，第一次进入联合国划分的20%～30%富足区间。首先，这反映了人民生活水平的提高，食品在整个消费支出中的比重下降。其次，一些高端的消费品占整体消费比重越来越高，呈现出从注重量的满足转向追求质的提升。从消费结构看，包括旅游、文化、体育、养老、家政等在内的服务消费比重已经达到40%以上。从有形的商品向无形的服务转变是结构的变动，从产品和服务的中低端向中高端转变是品质的升级。

从电商下沉与城乡差异分析，2018年1～9月，全国乡村消费品零售额同比增长10.4%，分别高于全国平均和城镇1.2个和1.3个百分点，预计2018年农村网络零售额将突破1.6万亿元，涨幅有望超过35%。电子商务正从一、二线城市向三、四线城市乃至农村地区扩张。城市消费向高端品牌甚至进口品牌升级，而农村消费尚处于从无到有、从少到多以及从

* 作者：贾善和、李迎春。

非品牌到品牌的过渡阶段。拼多多的崛起是利用了居民对价格敏感与对质量不敏感的交叉做文章，它成功挖掘了大量被在位电商忽略的低收入消费群体。

从居民房贷与消费者信心分析，2018 年 1～9 月，中国住户贷款增加 5.69 万亿元，大于存款增加的 5.64 万亿元，全年将突破 7 万亿元的高位。迅猛增加的贷款，主要流向了房市。房价上涨带来居民消费能力弱化和负债水平上升。几十年来高储蓄率是中国经济发展的一个重要特点，而今信用卡、花呗、借呗等大力鼓励透支消费。据调查，目前我国 55％的家庭没有存款。尼尔森发布报告显示，构成消费者信心指数的三要素——就业预期(75 点)、个人经济情况(68 点)和消费意愿(60 点)均保持高位，较 2017 年同期呈现稳中有进的态势。

从生产性服务业与生活性服务业分析，消费是整个经济循环中的起点同时也是终点，既是生产的目的也是生产的动力。近年来，第三产业增长较为平稳，季度增速维持在 7.5％～8％，2018 年在社零额持续走弱的情况下，三产用电量维持在 14％以上的较高水平，说明服务业生产与消费依然保持较强活力。从细分行业的 GDP 增速来看，信息传输、软件和信息技术服务业 2017 年以来始终保持 20％以上的高位增长；租赁和商贸服务业保持在 10％以上的增长；与居民消费升级相关的服务业 GDP 均处于快速增长的状态。

二、现行社零额统计制度存在的局限性

社会消费品零售总额是指企业(单位、个体户)通过交易直接销售给个人、社会集团非生产、非经营用的实物商品金额以及提供餐饮服务所取得的收入金额，在实际运行中有以下局限性。

从限上统计看，限额以上的批发(年主营业务收入 2000 万元及以上)和零售业(年主营业务收入 500 万元及以上)、住宿和餐饮业单位建立名录库，实施全面统计调查，由这些企业按月向当地政府统计部门报送统计报表，进行逐级汇总。根据数据主要来自“售予城乡居民生活消费和社会集团公共消费”的原则，由企业来界定销售额中的零售额。界定方法有比较大的随意性。实际情况是批发中有零售，零售中有批发，大部分企业核算不作详细区分。零售额只根据名称进行匡算，有些企业更是据往估算，数据不够翔实严谨。近两年出现的大型商业综合体，由于开办时间短，有的不是独立法人机构，都没有列入统计范围。

从限下统计看，限额以下批发和零售业、住宿和餐饮业采用抽样调查

推算。但是限下企业的样本都是2014年第三次全国经济普查样本库中的企业名录作为基础，只包含批发企业、批发个体、零售企业、零售个体、住宿企业、住宿个体、餐饮企业、餐饮个体等8个领域。而现行的抽样制度对日新月异的新消费如主题影院、棋牌室、休闲吧等均无法体现。此外，还存在单个个体企业餐饮规模超大，营业收入甚至高达亿元，但其年度、月度经营的变化较大，现行的抽样制度也无法反映此类情况。限下样本企业不同程度地存在着个别样本老化、记账质量不高、代表性不够等问题。

从统计范围看，一是居民消费中除餐饮外的服务性消费都不在统计之列，而这些消费（教育、艺术、网游等）占比却日益增加。例如：2017年国内游戏市场总营收达到2036.1亿元，同比增长23%。二是Wind数据显示，网上消费中，服务消费的比重达26.5%，网上服务消费的增速始终高于网上消费的整体增速与社零额的增速，但社零额的统计却不能反映这一趋势。三是社零额统计的商品销售并非全部用于消费，也有一部分纳入中间消耗、固定投资或者出口统计。例如，销售给社会集团的办公用品计入中间消耗，销售给社会集团的通信设备等计入固定投资，外国人、华侨在境内的消费则计入出口。2018年国家统计指标解释，销售给医疗机构的药品、医疗设备器械不属于零售额。而这些消费恰恰是居民支出比重较大、增长较快的商品。

三、有关对策和建议

2018年前三季度全国最终消费对经济增长的贡献率达到78.0%，而我省只有54.2%，为了更客观地反映消费的增长状况，增强消费对经济增长的基础性作用，建议商务与统计部门联合，做好以下工作：

（一）完善消费统计制度

从服务业生产指数平稳运行、服务业相关产业保持较快增长，服务消费价格涨幅持续高于消费品价格涨幅可以推断服务业的发展态势。若将服务消费考虑在内，消费整体表现好于社零额表现。为全面反映市场消费的规模、结构和变动情况，要及时准确地获取相关消费数据，针对目前社零额统计范围过窄、种类不全等问题，应适时地扩大消费统计范围。针对服务贸易呈现指数式上升的趋势，将文化、体育、旅游等服务消费一并纳入统计范围，不断地提升消费统计数据的精准度。

（二）做好样本更新维护

近年来，电子商务等新业态发展迅猛，限下抽样调查样本中应予相应反映，为此各地在限下抽样调查样本更新替换时，应确保一定比例的电子商务活动的样本，做到流通领域电商样本的全覆盖，以全面反映限下商品流通的实际状况。对部分关闭、配合程度不高的样本单位要进行适当调整，必须在同域中选择经营类别相同、经营规模相近的单位予以更换。积极推进样本结构优化，使样本企业更加具典型性、代表性，提高更新频率，加强数据源头质量控制。

（三）推进企业走访服务

确保限下抽样调查样本的稳定性和真实性，做好对样本单位的走访工作是确保抽样调查工作质量的重要环节。各县（市、区）商务等有关部门应建立访户制度，每季抽取一定比例样本上门访问，确保每年对所有的样本户走访一遍。通过走访了解样本企业的运营情况，进行客观分析，与统计主管部门积极对接协调，代替僵尸企业样本。对有顾虑担心增加运营成本的企业，要做好思想工作，使其如实记好经营账。指导帮助有条件的企业建立和完善数据上报系统，更多采用网上直报技术，减少中间环节。

（四）拓展新兴业态统计

进一步健全新产业、新业态、新模式等统计调查制度，积极拓展相关统计范围，不断扩展新经济增加值核算内容。根据近三年投资动向的报告分析，实际发生融资事件数量情况是企业服务（16.3%）、消费升级（11.5%）、医疗（10%）、文娱（10.6%）和生活服务（6.60%）。风投和互联网巨头竞相布局，影游漫文教联动和产业融合将成为趋势，新兴服务业、移动电竞、网络游戏、网络影视等新业态成为新的探索点，也是下一步应结合大数据分析进行研究界定和纳入统计的重点。

推进智能快件箱进楼宇工程的情况与对策*

为深化内贸流通供给侧结构性改革，加强城市共同配送末端网络建设，促进电商与快递协同发展，2016 年我省开始实施智能快件箱进楼宇工程，推动智能快件箱进社区、进楼宇、进机关、进校园，解决电子商务物流配送“最后 100 米”问题。经过两年建设，全省智能快件箱布设数量大幅增加，覆盖面显著扩大，成为推动电商发展、提高配送效率、增强便民服务能力的有效抓手。现将有关情况报告如下：

一、基本情况

（一）总量大幅增加

按照“整体部署、省市联手、分步推进”的原则，确定 2016 年为示范创建年、2017 年为全面铺开年，累计投入财政资金 2200 万元，带动社会总投资超过 10 亿元，极大地促进了智能快件箱数量迅速增长。截至 2017 年底，全省累计安装智能快件箱 2.8 万组，是 2015 年的 7.3 倍，格口数量突破 100 万个。其中，2016 年增加 14411 组，2017 年增加 10016 组，两年合计新增 24427 组，数量占全省智能快件箱总量的 86%。

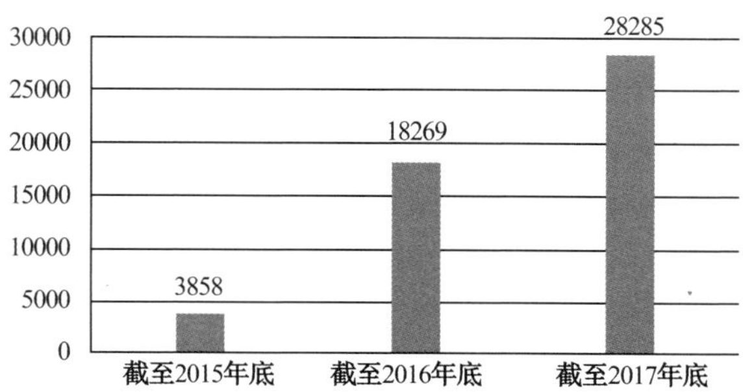

图 1　2015～2017 年山东省智能快件箱增长趋势

* 作者：廉波、刘向峰、周健。

(二)各市主城区实现全覆盖

智能快件箱主要分布在济南、青岛、淄博、烟台、潍坊、威海等6市,占安装总量的80%。2017年,青岛新增2495组,济南新增1708组,潍坊新增842组,威海新增755组,烟台新增676组,淄博新增588组。目前,全省各设区市市区主要居民社区基本实现了全覆盖,济南市市中区和历下区、青岛市市南区、烟台市芝罘区等重点社区(6栋以上)智能快件箱覆盖率达到98%,菏泽市机关办公楼覆盖率达80%,泰安市高端住宅小区覆盖率95%,聊城东昌府区、开发区、高新区示范社区覆盖率达到90%、80%和85%,枣庄4个示范社区覆盖率从2016年的32%大幅提高至2017年的86%。

(三)布设企业集中度高

顺丰丰巢、中邮速递易、山东邮政、江苏云柜、上海富友、海尔日日顺、北京近邻宝、淄博精致物联等8家承建企业的市场占有率达到90%,行业集中度越来越明显,龙头带动能力不断增强,推动了行业健康快速发展。其中:丰巢在我省的智能快件箱突破万组,达到12073组,格口数41.8万个;中邮速递易6267组,格口20.7万个;云柜3474组,格口13.2万个;日日顺1726组,格口12.8万个;富友1412组,格口7.8万个;精致物联356组,格口1.8万个;近邻宝148组,格口1.3万个。

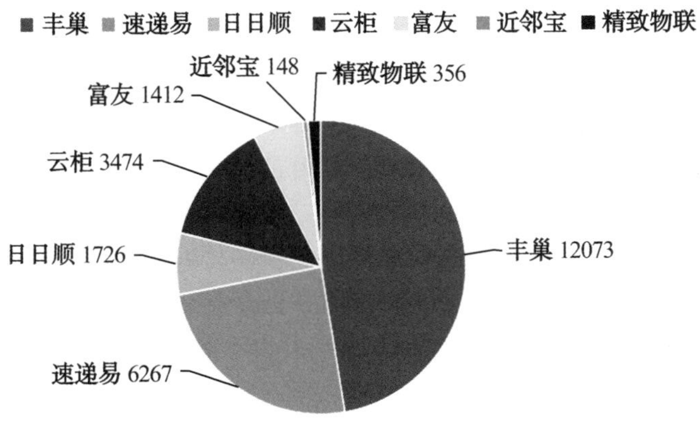

图2 2016~2017年山东省智能快件箱新增数情况

二、主要效果

(一)使用快件箱派件量增长显著

从全省实施成效看,智能快件箱作为解决“最后100米”终端配送的方式，越来越受到社区物业、快递公司、快递员和用户的认可和接受。2017年，全省快递业务量15.2亿件，通过智能快件箱完成派送快件达到3亿件，是2016年的2.5倍，占全省快递总量的19.7%，高出全国平均水平12个百分点，比2016年提高10个百分点。其中，丰巢派送件8162万件、中邮速递易6600万件、云柜1056万件、日日顺330万件、近邻宝200万件、富友175万件、精致物联106万件。

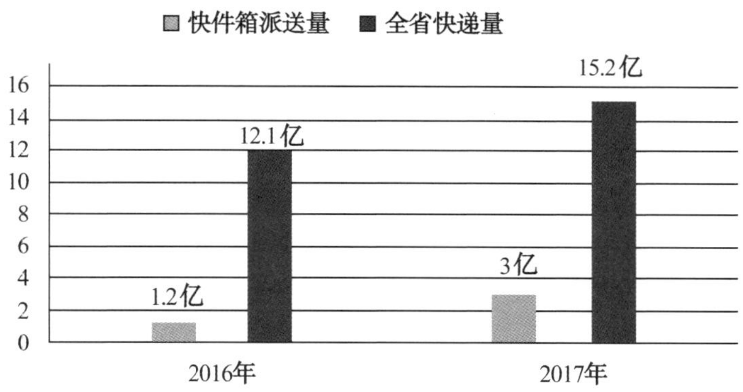

图3 2016～2017年山东省智能快件箱派送快件量

(二)派件效率提高

智能快件箱的广泛使用大大提高了快递派送效率，节省了人工成本。2017年，顺丰丰巢山东片区单柜日均派件量68.17票、日均周转率80%，节约传统人力投放成本8%。中邮速递易与20多家快递物流企业建立长期合作关系，总签约网点近5000个，服务惠及2000万社群民众，平均格口周转率达到80%以上，综合提升快递员单件投件能效近10倍，日妥投率能效增长近90%。上海富友开通菜鸟扫码系统，将投件时间缩短至20秒/件，网点日均取件量超过40件，周转率近75%，方便了快递员投件及用户取件。淄博精致物联与省内300多家物业公司签订合作协议，服务近100万社区居民，运营网点平均单柜日派件量35件，日均周转率90%，节约人力投放成本6%，投放时间由原来的8分钟/件缩短到30秒/件，快递员派件数平均由120件/天提高到210件/天。江苏云柜公司在日照市区推广安装了云柜的第7套智能系统，与快递员APP无缝链接，每个网点的柜体使用情况实时推送，实现快递员足不出户就可以预定格口，2018年拟将该系统推广到全省，柜体利用率预计提升10个百分点。

(三)服务功能不断拓展

通过两年的政府工程规范引领，智能快件箱布设企业主动对接，错位发展，加强技术变革，延伸功能服务，把山东作为开展模式创新的“试验田”和“主阵地”，业界影响力显著提升。速递易与中国邮政、菜鸟、复兴三大企业实现战略合作，打造国家混改政策急先锋，着眼城乡高效配送，行业内首次推出“小黄桶”寄投服务，实现“最先100米”创新，促进共同配送优化升级。江苏云柜以“变革物流、创新生活”为使命，致力于提供优质的终端硬件、强大的平台系统以及高效的运营服务，通过自建、运营、改造等措施，积极推广云柜Cloudbox的普及应用，在有效解决配送末端环节的同时，提供高效的同城配送解决方案与精准的电子商务平台，融合开放式的互联网生态系统，以智能快件箱为起点，搭建社区服务生态链，成为全国优秀的智慧社区运营企业。上海富友开发APP一键远程开箱功能，实现不排队随到随取，除快递寄存等基础便民服务外，还设置了其他增值服务，如银行卡余额查询、信用卡还款、手机充值等，后续逐步叠加水电煤气、物业费、网络宽带、有线电视及违章费缴纳等便民服务。日日顺乐家快件箱除了收取快递服务以外，还可以通过乐家APP采购各地农特产品，并依托海尔售后服务网络体系，为用户提供电家清洗保养等便民服务。

三、存在的问题

（一）发展仍不平衡

各市智能快件箱建设安装进度存在差距，绝大多数市对智能快件箱进楼宇工程重视程度高，积极与承建企业对接，加强部门联动，明确任务，强力推进，但仍有极个别市没有完成建设任务。社会对智能快件箱建设的识知度还不统一，社区、机关办公楼、商务写字楼、校园等重点区域安装分布不均衡。据对丰巢快件箱统计，社区占62%、写字楼占14.3%、医院占13.6%、学校占11.1%，居民社区的建设进度远高于学校、机关、医院等企事业单位。建设过程中，一方面对针对人口聚集、消费能力强的区域布设较多，存在资源重叠的现象；另一方面，对一些待发展的区域关注度不够，个别社区存在进入难的现象，资源配置还有不到位的地方。

（二）运行费用不断增加

据快件箱布设企业反映，大部分社区安装智能快件箱每年需要收取1500～5000元的进驻费，有的企业为了占领市场，给物业的费用甚至高达每年6000元，同时还要承担电费、网费等，企业成本逐年增加。智能快件箱本身具有重资产的投资属性，投入大、回报慢，企业运营难度逐渐加大。

（三）使用率仍需提高

部分投递员还习惯于传统投件方式，一些消费者仍倾向本人签收快递，这在一定程度上影响了快件箱的使用效率。此外，由于智能快件箱存在服务功能单一、产品更新慢、大格口设置较少等问题，无法满足“双十一”等高峰期的快件处理。作为一种新型的收取件方式，还需进一步加强宣传引导，逐渐培养客户使用习惯。

（四）建设进程开始放缓

经过近几年的快速发展，产品创新不足、资源饱和、增值服务空间受限等问题开始出现，受环保督查、创城等叠加因素影响，部分企业调整市场布局，行业建设速度放缓，企业整合和市场重组趋势显现。

四、下一步工作思路

随着电子商务和快递业的快速发展，智能快件箱作为一种新型服务模式的载体，正逐渐成为快递“最后 100 米”交付方式的中坚力量。近期，国务院办公厅下发的关于推进电子商务与快递物流协同发展的意见中明确提出“鼓励将推广智能快件箱纳入便民服务、民生工程等项目，加快社区、高等院校、商务中心、地铁站周边等末端节点布局”；商务部等五部委印发的《城乡高效配送专项行动计划（2017～2020）》明确提出“发展自助提货设施等末端公共服务点”。国家鼓励支持政策将对智能快递柜行业带来重大的发展机遇，今后智能快件箱作为解决物流派送“最后 1 公里”“最后 100 米”瓶颈的一种新型业态，将在更好地助力物流行业降本增效、搭建更高效物流体系、满足居民更高层次消费需要等方面发挥积极作用。2018 年，按照“智能快件箱进楼宇三年行动计划”的部署，将开展“优化提升年”活动，进一步加强智能快件箱布设，实现各市主城区全覆盖、主要社区全覆盖，计划安装智能快件箱 3000 组以上，总量突破 3.1 万组，利用智能快件箱的投送率超过 20%。

（一）扩大智能快件箱覆盖范围

将淄博、潍坊、临沂、济宁 4 市列入工作推进市，财政资金重点给予支持，实现“智能快件箱进楼宇工程”全省覆盖。同时，进一步优化布局，积极引导和鼓励快件箱布设企业向主城区以外的县市区延伸，扩大智能快件箱服务范围，惠及更多群众。在继续巩固社区的基础上，加强与卫计委、教育、住建等有关部门合作沟通，加大医院、学校、写字楼的布设力度。

（二）提高快件箱使用率

鼓励和支持企业开发和升级后台管理系统，建立完善的快件箱网络运行管理机制，加强规范管理和监督，提高设备运行效率。借助新闻媒体和社会各界力量，引导社会各界和网购群体更多地关注和使用快件箱，引导快递公司和快递员更广泛地利用快件箱派送快递，扩大智能快件箱的影响力和使用率。扩大提升快件配送的智能化、集约化和规范化水平，改善仓储、中转服务的配送中心功能，加大标准化物流配送中心建设力度。

（三）加强行业联盟建设

推动成立山东智能快件箱行业发展联盟，加强行业自律和规划引领，制定智能快件箱地方标准，提升准入门槛，加强技术创新和风险抵御，与相关行业主管部门、社区楼宇和校园物业对接，争取政策、抱团发展、规范运营，提高行业整体发展水平。

（四）加强技术创新拓展服务功能

适应消费需求变化，积极引导企业加强技术创新，由单一存取件功能逐步向购物存储等综合服务功能拓展。利用智能快件箱构建出不同生活场景“最后 100 米”解决方案体系，完善生鲜配送、洗衣、再生资源回收、无人机快递接收、个人专属快件箱等业务，提升服务体验场景感。

山东省冷链物流试点成效研究*

2016年以来，我省以中央财政资金支持冷链物流发展为契机，以信息化、标准化建设为重点，在潍坊、烟台等6市开展为期两年的冷链物流试点，探索农产品冷链流通全程温控"不断链"模式，取得了一定成效。为评估两年来试点成效，省商务厅以问卷调查、实地走访等方式，对49家（占总量的50%）冷链试点企业、74家重点冷链企业和14家大型批发市场的冷链流通能力进行了跟踪调研，对试点整体绩效进行了测算，对冷链物流全程温控不断链的典型模式进行了总结。

一、山东省冷链物流发展整体成效

（一）总体冷链流通能力有了较大提升

为准确分析我省冷链物流发展的整体状况，组织力量对山东济南维尔康肉类水产综合批发市场、青岛市城阳蔬菜水产品批发市场有限公司、淄博博发市场、德州飞马农畜水产品综合批发市场14家重点批发市场开展调研，产品涉及水果、蔬菜、肉和水产品4类产品，着重对各批发市场2015～2017年的流通数据进行收集、筛选和分析，测算出三年间我省水果、蔬菜、肉和水产品的冷链流通率、运输率和流通环节损耗率的变化情况，见图1、图2、图3。

2015～2017年，可食用农产品冷链流通率、冷链运输率均分别提升30%和10%，流通环节损耗率下降20%。其中，水果、蔬菜、肉类、水产品的冷链流通率分别提高到18.2%、28.3%、42.8%和62.9%，冷链运输率分别提高到30.3%、36.4%、62.1%和72.9%，流通环节损耗率分别降低到13.4%、9.5%、4.8%和4.8%。根据山东省国民经济和社会发展统计公报数据，以2017年我省水果、蔬菜、肉类、水产品产量计算，流通环节损

---

* 作者：郭宏伟、邹晶。

耗量分别降低 135.1 万吨、339.8 万吨、14.7 万吨和 30.8 万吨。

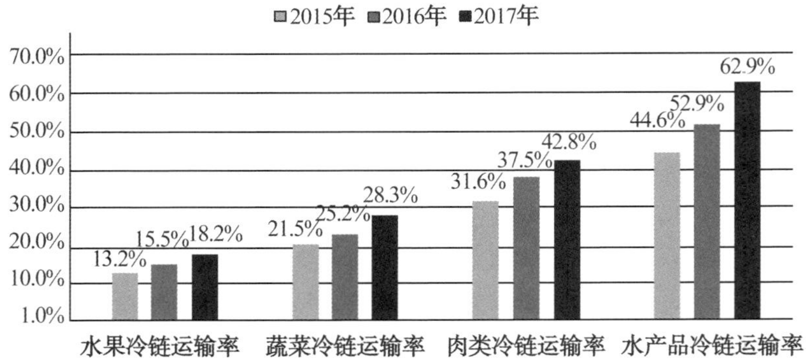

图 1　2015～2017 年四类产品冷链流通率变化情况

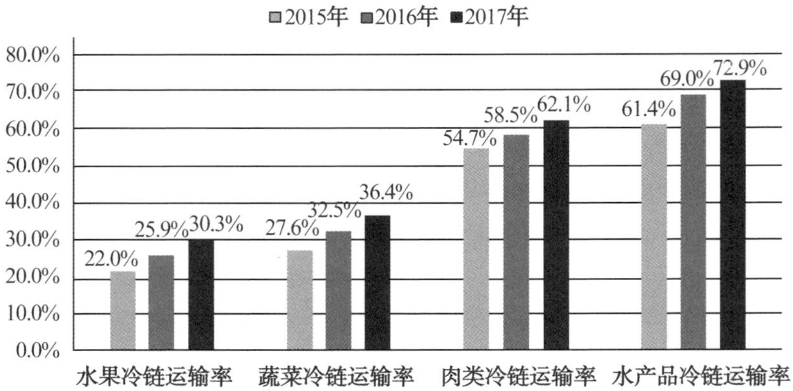

图 2　2015～2017 年四类产品冷链运输率变化情况

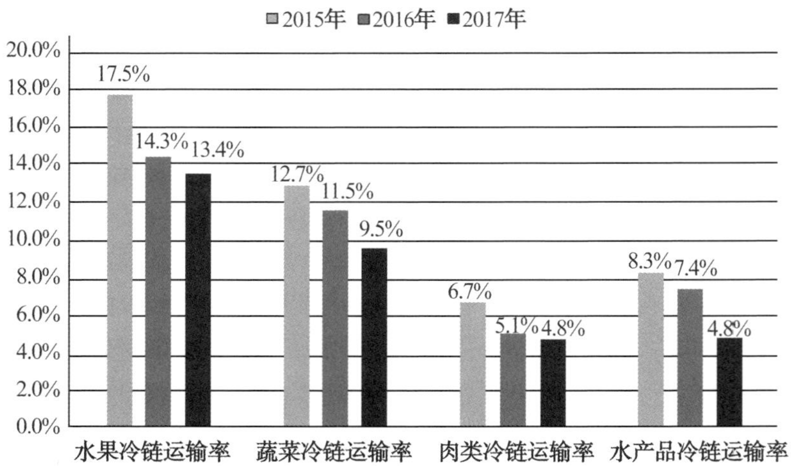

图 3　2015～2017 年四类产品流通环节损耗率变化情况

（二）试点企业带动作用明显

1. 加大标准化设施设备的投入

在试点企业的带动下，我省 74 家重点冷链企业冷库数量增至 815 个，占我省冷库的 26.46%，库容比 2015 年增长近 1 倍。74 家重点冷链企业自有标准托盘增加至 14.3 万个，标准周转箱增加至 80.8 万个。49 家试点企业自有标准托盘增至 50.3 万片，自有标准周转箱增至 124.9 万个，并将上年利润总额的 13.7% 投入标准化设施设备的建设购置中。部分试点企业和重点冷链企业间实现了载具循环共用，有效地提高了载具的使用率，降低了企业物流成本。

2. 推动冷链物流相关标准的应用实施

部分重点冷链企业逐步按照国家标准、行业标准、地方标准和团体标准进行冷链物流作业。据统计数据，近三成的重点冷链企业参考冷链标准指导企业管理和作业，标准涉及冷链加工、仓储、运输和销售等诸多环节。

3. 信息化建设加快步伐

试点企业完善企业信息系统提升管理水平，平均每家企业拥有 2.5 套信息系统。试点企业温湿度监控数据九成已对接省级冷链物流公共信息服务平台，部分市建成本地冷链物流监控服务平台，如威海、潍坊、泰安三市。

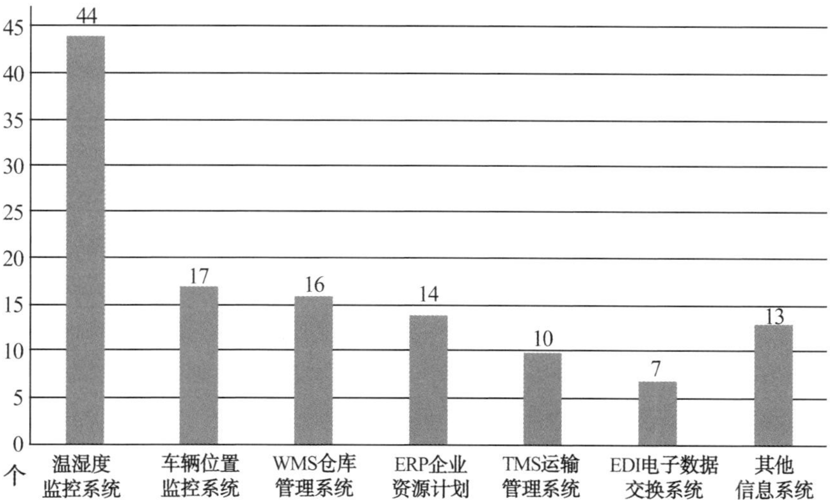

图 4　试点企业建立信息系统数量

（三）试点企业经济效益明显提高

试点企业冷链运输率由60.5%提高至70.5%，增幅达16.5%；冷链物流作业效率比试点前提高了17.7%，损耗率从2.5%降低到1.7%，降幅近1/3；物流成本占其主营业收入的比例由试点前的28.1%下降到25.1%，下降3个百分点。利润由7.4亿元提高至10亿元，经济效益显著提高。

二、山东省冷链物流全程温控“不断链”典型经验模式

（一）标准驱动型

试点企业以现有的国家标准、行业标准、地方标准为主体，以团体标准和企业标准为补充，结合具体的冷链运作模式，依靠标准加强冷链物流关键节点的管控，降低冷链断链的风险，保证冷链产品整个流通过程中均有标可依。安丘市盛大农产品交易市场有限公司根据生姜产业发展、现行标准、行业现状和企业管理，制定了《生姜储藏技术规范》《生姜产品追溯管理规范》《生姜产品的加工技术规范》等6项企业标准，并构建了盛大全程不断链的生姜冷链物流标准体系，指导企业运行管理，将生姜装卸作业效率提高了15%，运输的耗损率控制在5%以下，节省综合物流成本10%。栖霞德丰食品有限公司参考《烟台苹果》等26项标准，参与制定了团体标准《气调库管理规范》，建立起从苹果种植到销售一整套标准冷链作业流程。其中根据《食品冷链物流追溯管理要求》，建立起包含企业信息、基地信息、农事活动信息、加工信息和流通信息等内容的追溯体系。

（二）信息化驱动型

试点企业采取标准化作业与平台信息监管相结合的管理模式，实现冷链信息共享。威海云通信息科技有限公司建设了以冷链一体化物流服务为特色的公共信息服务平台，积极整合全市社会资源，通过对冷链各个节点的信息采集，将整个供应链上的各节点信息都集中到平台上，实现产品全程的可视化、可追溯性。目前，整合全市冷链城配企业15家，冷链车辆650余辆，冷库90座，实现车、货、库实时匹配，重点企业90%以上均已实现仓储、配送等关键环节温度监控。喜地信息服务平台建立起B2B、B2C、O2O三位一体的互联网分销平台，强化资源整合，形成从供应商—批发商—零售商—最终用户的闭环运营，建立起良好对接的供需信息系统，形成了仓超融合、托管批发、会员配送三位一体新零售商业体系。

（三）源头控制型

试点企业通过加强“最先1公里”的冷链管理，将分级、预冷、精加工

和包装前移到生产基地，人员只在采摘分级时接触农产品，产品放到周转箱后，只是装卸周转箱，减少了多次装卸、分拣、包装带来的不必要的损耗，形成生鲜农产品一触式的作业模式，实现从产地到加工过程的全程冷链。烟台福祖畜牧养殖有限公司通过订单管理系统合理安排产品的采摘时间，从基地采摘到净菜加工 2 小时完成，经过农产品分级、预冷、分拣和包装 4 个环节，并使用自有冷藏车运输到商超上架销售，产品货损率控制在 4%以下，净菜产品价格提升了 10%，2017 年，蔬菜销售额比 2015 年提高了 70%。山东中绿食品股份有限公司采取了“标准化基地＋产地成品加工模式”的生产模式，一般早上 6 点前完成采摘，并由冷藏车统一运输到加工基地，直接通过封闭式月台进入预冷车间，再经过粗加工，进行切割、按长度分机，然后清洗、漂烫，最后速冻包装，速冻产品温度达到－20℃，直接进入冷冻库，从采摘到包装成品不超过 24 小时。2017 年，企业货损率降低到 9%以下，营业额年均增长 9%。

（四）终端品控型

试点企业围绕确保终端产品质量，综合考虑产品特性、产品种类、经营模式、设施设备和资产运行等因素，实现产供销全程冷链一体化管理。喜旺率先创立了集低温加工、冷链运输、直营连锁冷柜销售为一体的“喜旺低温肉制品全程冷链管理模式”，采用“周转冷库＋直营门店”模式，直营门店由喜旺集团直接管理，并配备统一标准的冷柜，以先进的冷链信息系统技术为支撑，实时收集、监控温度，保证温度的达标率、监控率达到 100%，建立了全流程的质量控制体系，实现产品从原料到成品的全过程正向可控、逆向可追溯。试点项目建设完成后，企业装卸效率提高 20%以上，物流成本降低 3%，冷链运输率达到 100%，货损率连续维持在 1%以下。农夫田歌建成了覆盖全产业链条的集生态基地、冷链物流体系、生鲜连锁超市、电子商务配送渠道于一体的“城市总仓＋线上销售＋实体门店＋到家配送”生鲜配送进社区体系，实现从农田到餐桌的全程安全运营，门店设置有专门的冷藏设备和监控设施，保证蔬菜水果的新鲜程度，线下居民可以随时到店购买最新鲜的产品，也可预约送货上门的时间，实现生鲜商品网购“线上 5 分钟下单，线下 1 小时内配送”，极大地满足了消费者对新鲜、便利、快捷的购物需求。

三、有关问题及建议

尽管两年的冷链物流试点工作取得了一定的成效，但是我省农产品冷链物流发展总体上仍处于起步阶段，具有核心竞争力、综合服务能力强的冷链物流企业数量还不够多;冷链物流基础设施结构不够优化,全程温控、标准健全、绿色安全、应用广泛的农产品冷链物流供应链服务体系尚未形成;适用性强的冷链物流标准推广滞后,冷链供应链信息化应用水平较低,冷链物流人才不足等。

(一)加强宣传培训,提高社会优质优价意识

加强可复制推广的先进经验和有效模式的宣传推广,组织经验交流会,印发案例汇编,充分发挥示范带动作用,推动冷链物流以点带面深入发展,促进业内企业间加强交流,取长补短,促进食品冷链物流知识普及,提升大众冷链食品安全意识,助推消费理念升级,形成冷链物流发展与居民品质消费的良好互动体系,建立驱动冷链物流行业发展的长效机制。

(二)加强协作,打造农产品冷链流通供应链

供应链是以客户需求为导向,以提高质量和效率为目标,以整合资源为手段实现产品设计、采购、生产、销售、服务等全过程高效协同的组织形态。农产品冷链流通时效性和全程温控要求高,要保证农产品品质,需要基于供应链管理来发展冷链物流,要求各个环节具有很高的组织协调性,不仅需要在消费者与供应商之间建立无缝衔接的信息流,还需要规范冷链物流各个环节的作业标准,标准统一,做到信息充分共享,各环节快速反应,达到从生产者到消费者流通全过程的效率最优化。要鼓励起核心作用的大型冷链物流企业通过加强上下游企业的合作,制定并执行先进适用的冷链物流领域标准,信息化系统互联互通,从商流、物流、信息流、资金流形成一体化运作,打造山东特色的冷链物流供应链模式。

(三)多渠道发力,建设冷链物流人才队伍

采取校企联合办学方式,强化培训者冷链物流操作技能,以及结合冷链物流企业的实际流程与运作,实现校企资源共享。支持冷链物流企业、行业、协会等组织积极参与到冷链物流人才的培养体系中来,积极开展各类冷链物流标准化培训,形成冷链物流人才培养的良好社会氛围,为冷链物流的持续健康发展奠定基础。

打造互联网品牌
推动电子商务高质量发展对策研究*

《2018 互联网＋中国品牌发展报告》指出，中国品牌消费正走向智能、品质、绿色、健康和知性。供给侧结构性改革、消费升级、数字经济成为驱动品牌发展的三大强劲动力，打破传统概念、区域和壁垒，实现跨界融合创新，不断开辟新的消费领域、创造新的消费模式、拉动新的消费增长。2017 年以来，为助力实施品牌强省战略，加快新旧动能转换，山东省商务厅启动了"互联网＋品牌"创建工作，以培育互联网品牌为抓手，以提升品牌竞争力为重点，以扩大网络销售为目标，推动山东电子商务实现高质量发展。

一、创建互联网品牌是电子商务高质量发展的必然要求

网购作为一种新的消费方式，较大程度上满足了人民日益增长的美好生活需要。2018 年，全国网络零售额将超过 8 万亿元，实物型网零额约 7 万亿元，占社零额的比重接近 20%。相比于其他的消费需求，网络消费者更注重品质、时尚、文化内涵等消费体验，互联网品牌对于企业的价值也越加凸显。

从消费发展趋势看，消费市场发展动力加快转换，从传统消费转向网络新型消费驱动。它具有以下特点：一是年轻群体成为网络消费主力。全国网络购物用户规模达到 5.69 亿。网民以 10～39 岁群体为主，占整体的 72.1%；其中 20～29 岁年龄段的网民占比最高，达 29.7%。80 后、90 后以及中等收入群体预计 2020 年将达 5.9 亿人，对消费增长的贡献占比将达到 69%。二是未来市场的消费增长潜力在网上。城镇化进程

* 作者：许冰波、曹国平。

中形成的新兴消费群体，其消费行为和消费习惯将全面受到信息化影响，尤其是在互联网消费领域，生活服务、娱乐、体验式消费将从根本上改变人们获取服务的方式，为互联网消费市场提供巨大的发展空间。随着电商企业渠道下沉，农村网络消费空间广阔。三是网络消费向品质、品牌消费转型。消费者对产品质量、生活品质更高的要求及追求，塑造互联网品牌影响力成为一般消费向品质消费的关键点。特别是中产阶级对品质消费有更加刚性的需求，他们更加关注依托于产品之上的附加值提供的幸福感与参与感。

与传统品牌比较而言，互联网品牌有两个方面的含义：一方面是指通过互联网手段建立起来的品牌；另一方面是指互联网对线下传统品牌的影响。互联网改变的不是品牌，而是品牌形成的方式。传统品牌和互联网品牌对品牌建设和推广的方式和侧重点有所不同，但目标是一致的，都是为了企业整体形象的创建和提升。互联网品牌与传统品牌对开展电子商务各具优势。对于互联网品牌来说，一是有灵活的价格策略，互联网品牌的销售渠道存在于网络，没有中间环节成本，可以根据季节变化、消费热点转移、消费者口碑等因素灵活调整价格；二是有灵活的产品策略，产品款式设计上可以快速迭代，迅速、低成本地复制竞争对手的热销产品；三是轻资产运作，互联网企业一般没有庞大的线下销售渠道，不直接管理生产工厂，而是通过供应链管理提升公司运作效率。

而对于传统品牌来说，一是有资金优势，传统品牌的资金运作能力一般比网络品牌强，购买流量推广品牌有资金保障；二是有生产优势，传统品牌一般有相对成熟的生产线或者代理加工企业，在产品研发生产方面有更多的资源可以整合；三是传统品牌开展电子商务起点高，可以导入完善的品牌管理体系，规范运作。

从消费新趋势下众多品类的消费看，在互联网时代构建品牌和市场优势，需要实现定位优势和体验优势两个层面的优势。所谓“定位优势”，就是品牌与特定品类、特定联想的高度相关性。2018 年“双十一”，韩都衣舍连续 5 年拿下了互联网品牌服饰商家销售冠军，其在长期的品牌积累下，在消费者心中建立了“平价＋时尚品质保障”的稳固认知。在这种认知支撑下，韩都衣舍很容易在互联网竞争中取得优势。“体验优势”是互联网的营销利器，能够改变过去循序渐进的营销进程，在短时间内打造热点品牌或爆款产品。比如，三只松鼠通过创新产品、统一的视觉识别，给产品赋予的品牌故事等，带来互联网化的购物互动体验，短时间内聚集大量人气。即使没有很好的品牌历史和积累，互联网体验也可能让品牌瞬时爆发，传统行业和品类也可能依靠互联网获得新生，激发品类全新的活力。

互联网在不断发展，技术在不断更新，顾客思维也在改变，但顾客的人性化需求不变，不管是在线下还是线上，品牌必须始终如一地保持核心价值，缺少了品牌化的引领，我们的电商发展将失去方向，也将失去动力。顺应电商发展趋势，企业必须充分理解互联网特性，利用社交媒体、互联网技术工具、线上线下资源互补互动来成功地塑造品牌。互联网对品牌拓展比以往任何时候都要宽，即便是著名的品牌，如果没有互联网的经营理念，也会落后于时代进而走上被淘汰的道路。

二、我省互联网品牌创建初见成效

近年来，山东电商保持了较快发展势头，网络交易规模不断增长，与三次产业的融合不断深化，涌现了像海尔、红领、韩都衣舍等一批骨干企业和互联网品牌。2017 年，按照“政府引领、企业主导、市场运作、品质取胜”的原则，以外贸出口企业、地理标志产品、老字号企业、新兴互联网企业为重点培育对象，筛选出 60 家企业作为重点培育的互联网品牌。

两年来，在省财政大力支持下，省商务厅设立专项扶持资金推进“互联网＋品牌”创建工作。一是加强顶层设计和支持力度。研究制定了《山东省“互联网＋品牌”创建工作方案》《“互联网＋品牌”企业申报流程及标准》《重点培育企业考核管理标准》《服务机构考核管理标准》等具体措施，累计获得省财政专项扶持资金 3400 万元。二是搭建合作平台。举办山东省“互联网＋品牌”高峰论坛暨服务资源对接会，邀请近 200 家电商服务机构与 200 多家品牌企业进行合作对接；借助省政府与阿里巴巴、京东、苏宁等知名平台的战略合作关系，设立“鲁产名品馆”，打造全省名企、名品网上窗口，促进品牌传播及产品销售。三是开展线上线下品牌推广活动。委托第三方机构，在主流电商平台上开展系列促销互动，在高速服务区、主要景区、大型社区等开展线下推广，提升企业品牌知名度。四是广泛开展媒体宣传。与今日头条、大众网、新华网等 70 多家媒体合作，实现品牌信息精准推送，广泛宣传我省互联网品牌创建工作。“互联网＋品牌”创建工作极大地激发了全省“大众创业、万众创新”热情，有效地推动了我省品牌企业和互联网品牌商品的成长，60 家重点培育企业中有十几个企业成为电商行业类目中的排头兵。

从互联网品牌创建工作看出，各行业因地制宜地挖掘电商发展潜力，呈现出创新引领、工农互促协同发展的格局。一是传统优势工业制成品实现线上转型升级。一批传统企业主动适应互联网经济发展趋势，优化品牌宣传策略，实现全网营销。比如：泉林纸业推出主打健康无添加的泉林本色纸，引领全国原浆本色生活用纸潮流，销售额与品牌影响力均占到行业前五；金猴集团开通微信商城，通过线上营销及重要促销节点拓展，实现网络销售额1.3亿元，增长30%。二是原产地地标类农产品网络零售快速增长。2017年，全省食品保健类产品网络零售额364亿元，居全国第二位，其中，阿胶网络零售额占比达全国的76.5%。农产品网络零售额179.4亿元，地理标志性产品热销态势不减，特色产品依托"鲁产名品馆"，品牌知名度与销量都有较大提升。三是服装鞋包等日用快消品大幅增收。譬如：韩都衣舍长期居于时尚女装类网销榜前列；烟台拓森服装旗下品牌丝柏舍女装平均每天可上新30余款；舒朗服装开设官方旗舰店37个，"双十一"实现网络销售8704万元。四是3C数码网络产品零售稳步增长。海尔、海信和九阳等代表性企业实施智慧家居战略，将人工智能嵌入家电产品，并配套数字资源，形成电子家居生态链，品牌影响力不断扩大，用户黏性不断增强。

三、互联网品牌创建存在的问题

（一）部分企业互联网品牌建设存在战略偏航

企业的品牌战略应以自有品牌的打造与发展为核心，所有销售渠道应在品牌发展过程中科学规划、合理布局，实现以"品牌引领销售"，健康发展。互联网时代，品牌建设更强调多渠道、多元化、互动化。部分企业过度看重"以线上销售为导向"的品牌投放，将大量品牌建设费用投向淘宝、京东等电商平台的流量购买，表面上带来了直接的销售提升，但品牌的全渠道影响力并没有实际提升。

（二）传统企业与互联网融合发展有待完善顶层设计

在互联网产业、品牌发展上，我省与北上广深及部分南方省市相比，还存在较大差距。部分传统大型企业在互联网技术应用及模式创新方面存在误区，战略格局狭隘，顶层设计有待完善。

（三）电商人才缺口制约互联网品牌快速发展

目前，我省互联网产业处于高速发展期，传统企业转型对互联网人才尤其是高端人才的需求日益扩大。受城市区位、人才培育机制的影响，我省电商企业难以找到与自身发展相匹配的人才，部分企业因为缺乏高端电商品牌运营人才，将电商运营团队迁到了江浙沪等地区，不仅导致我省品牌运营能力的长期不足，还导致网络运营绩效、数据和收益的丧失。

（四）电商产品定位、品牌运营不规范

不少传统企业“电商专供”商品存在同款不同质、同牌不同质、盗用品牌等情况。即线上线下销售同一型号的商品，质量却明显不同，将会降低消费者体验感，影响消费者对品牌的认知。同时，像海青绿茶、沾化冬枣等一些地理标志产品，虽然拥有区域公用品牌，但品牌管理、推广能力不足，个体电商打造公用品牌的牌子单打独斗，良莠不齐，反而损坏了品牌影响力，甚至出现劣币驱除良币的现象。

四、推进互联网品牌创建工作的几点建议

（一）加强宣传引导

加强企业互联网品牌建设，思想上重视互联网品牌建设，技术上提供有力支撑。引导企业利用互联网建立差异化的品牌，与竞争对手区分开，避免产品同质化竞争。同时，企业要加强新媒体营销，积极利用微信、微博、今日头条和直播等新媒体渠道，宣传自己的品牌，加强与消费者互动，增强品牌美誉度。

（二）加大政策支持

坚持以电子商务高质量发展为目标导向，继续推进互联网品牌工作，集中利用三年时间培育壮大一批具有国际国内竞争优势的互联网产品品牌、企业品牌和区域品牌。设立互联网品牌创建专项资金，支持重点培育企业品牌营销人才培训，产品策划、品牌推广宣传等。

（三）加强电商品牌赋能

支持第三方运营商设立山东电商品牌管理赋能中心，整合天猫等主流电商平台及第三方服务商资源，帮助企业导入互联网品牌建设新理念、新技术，支持企业与品牌服务单位和品牌专业人才培训机构开展合作，推广“企业＋服务单位＋人才培训”技术支撑服务模式，快速提升企业品牌影响力。

（四）打造区域公用品牌

推广潍坊临朐经验，引入国内知名品牌服务运营商，创建区域公用品牌。农业生产主体大多十分弱小，单纯依靠其自身实力创建品牌走向市场难以成功，需要地方政府支持，提供区域品牌的公益背书，由专业机构市场化运营，通过对当地历史文化以及产业共性特色的挖掘、包装、传播，打造区域公用品牌，降低企业进入市场的成本。

国际合作篇

2018山东省商务发展调研报告

2018 ANNUAL REPORT ON SHANDONG COMMERCIAL DEVELOPMENT RESEARCH

推动开发区建立双向投资促进新机制新模式的思考*

党的十九大报告提出，实行高水平的贸易和投资自由化、便利化政策，保护外商投资合法权益，这为我国进一步积极利用外资推动转型升级指明了方向。开发区作为扩大对外开放积极利用外资的主阵地，应利用外资在技术、知识、管理、人才、创新等方面的外溢效应，推动产业转型升级，在构建开放型经济新体制中继续充当探路者。作为利用外资的主要平台载体，开发区如何适应新时代新要求，建立高效的面向中小企业服务的双向投资促进新模式，是当前提升利用外资质量和水平亟待破解的课题。

一、全省经济开发区利用外资状况和问题

近年来，全省经济开发区坚持以《山东省经济开发区条例》为指导，结合贯彻国办发〔2017〕7号文件精神，深化改革创新，加快转型升级和新旧动能转换，利用外资保持了良好势头，增幅高于全省平均水平，占全省比重不断上升。2017年，全省151家经济开发区实际利用外资642.7亿元，同比增长9.4%；世界500强企业在山东省的投资项目70.8%落户在经济开发区，朗讯科技、富士康、LG手机、三星造船、现代汽车等29家跨国公司在我省开发区建立了研发中心，占全省的83%，较好地发挥了改革开放排头兵、经济发展主阵地的作用。但应该看到，我省开发区整体上利用外资水平不高，开放引领作用不强，特别是利用外资大项目少、高科技项目少、产业链短、聚集度不高、配套能力差一直是发展的短板。近两年，仍有部分开发区实际利用外资为零。2016～2017年，全省分别有

---

* 作者：张型成、蔡玉祥、满其伟。

18家、12家开发区实际利用外资为零，占开发区总数的11.9%和7.9%。

我省开发区利用外资总体水平不高，除了受国际国内引资竞争日趋激烈，我省营商环境与国内外一流水平存在明显差距、产业结构不优、开发区比较优势弱化外，一个重要原因在于招商方式陈旧，缺乏项目供需精准对接平台。一方面，招商引资活动多依靠政府投资大量的人力、物力、财力，过于追求活动的表面规模与声势，投资促进方式方法仍然局限于传统的经贸交流活动、开大会、找关系、打电话等，投资促进工作成本高而效果不大；另一方面，对外联络渠道少，获取信息方式陈旧，能够实现内外精准对接的项目信息更少。开发区和省内企业"把握需求难、形象塑造难、主动营销难、沟通交流难"，境外投资人"寻找项目难、获取信息难、沟通交流难、专业服务难"。招商引资的核心在于将我方的项目和地区环境推介给适合的投资人，投资人最迫切的需求则是寻找到合适的项目和相关信息。从问题的本质和根源出发，提高招商引资成效，需着重解决沟通不畅、渠道不力、信息不全等问题。因此，依托开发区，建设面向中小企业服务的双向投资促进平台，拓展强大的境外营销网络，做好精准信息服务工作，促进沟通交流，对于实现项目供需精准对接，最终推动实现项目合作具有重要的现实意义。

二、省内外可借鉴的投资促进平台建设经验模式

（一）华以模式

2015年7月，峡山生态经济开发区华以农业科技有限公司与以色列LR集团在特拉维夫"科技硅谷"发起设立了中以科技转移平台，致力于筛选、对接中以双方企业需求，组织尽职调查，开展条款谈判和技术转移的交易执行，推动中以产业合作、以色列高端科技转移落地、以色列企业对华投资和并购，实现中以合作信息共享，为中国企业对外招商、从资源驱动向技术驱动转型升级搭建平台。平台以项目合作为着力点，从全方位、宽领域推动金融、高端制造、教育、医疗、农业等领域22个中以合作项目成功落地。其主要做法：

一是搭建政府间合作平台。中以科技转移平台为两国政府间交流互访、对接合作搭建了平台。

二是构建科技资源信息库。建立了涵盖400余家以色列科技创新企业的科技资源信息库，在以色列毗邻微软建立"前线办公室"，通过国内国外技术需求搜集、技术甄别遴选、项目对接路演等方式帮助中以企业深度对接。

三是建立常态化合作机制。中以科技转移平台与以色列首席科学家办公室、以色列商会、孵化器、知名大学及科研机构建立常态合作机制，与以色列科技部、经济部等保持良好的合作和沟通，聘请以色列相关领域的专家做顾问，通过平台系统梳理以色列高科技资源向国内企业发布，为合作企业提供需求分析、技术跟进、战略规划等一站式服务。

四是成立高端专业运作团队。中以科技转移平台由以色列高级商业管理和投资人、长远集团董事长阿米·鲁斯提格，中国驻以色列前外交官、中国犹太文化与经济研究中心副秘书长郭磊，潍坊华以农业科技有限公司董事长、泰山产业领军人才王春林领衔，成立了由以色列政府相关负责人、企业家、学者等组成的农业团队、水利团队、金融团队等多支专业化团队，对平台运作提供精准化、专业化的技术和资金支持。

（二）烟台、威海经开区投资促进平台建设试点做法

为加快落实省委、省政府实施新旧动能转换重大工程的决策部署，结合全省经济开发区投资促进工作实际，省商务厅于 2017 年 7 月确定在基础条件较好的烟台、威海经济技术开发区，开展中小企业双向投资促进公共服务平台建设试点，取得积极进展。

1. 烟台经开区

投资促进平台建设目标是：一平台、双引进、十大产业、百家名片、千家对接、万家资源共享。“双引进”是指区内有实力企业通过平台交流，引进各类投资、引进人才。“十大产业”是指利用平台的推广壮大升级区内的机械制造、电子信息、汽车制造三大优势产业，积极发展高端化工与新材料、生物医疗与大健康、节能环保与循环经济、航空航天、新时代服务业、新一代信息技术、海工装备七大新兴产业。“百家名片”是指紧扣重点产业链，精准化挑选约百家企业作为开发区名片重点推介，以大企业领军，众多中小企业簇拥，生成重点产业生态群。这百家企业既是产业链的上下游，也是产业链上的“名片”。以产业生态群面向全国，面向世界，突出招商投资的群体优势和生态优势。“千家对接”是指依托上述“百家名片”企业，在相关的产业链上，通过平台宣传，在国内和国际完成精准化“千家对接”合作，包括业务合作、技术合作、投资合作、人才合作等，共筑协同优势。“万家资源”是指通过百千家企业双向合作推进，更有利于吸引投资家、企业家、科学家、创业家等万名高端资源来区落户。开发区管委计划委托专业咨询机构开展投资促进平台运营工作，首先开放招商引资、引智内容，动员百家企业在平台发布招商、引智信息，协调各级驻外机构联络境外投资者、专家在平台发布投资、交流意向，形成招商、引智工作的内外互动。经过一段时间的运营，争取在两年内逐步开放对外贸易等其他内容，实现全面推动开发区新旧动能转换、转型升级的目标。

2. 威海经开区

投促平台重点规划了三方面功能：

一是信息交流服务平台。规划开通中外中小企业投资促进网，重点依托区内、市内乃至省内中小企业需求，联合安永等知名“外脑”，深度梳理、归集韩日欧等国家地区相关产业、企业的项目、技术、人才信息，建立中小企业投资促进信息数据库，通过投资促进网，为国内外中小企业间投资、技术、人才交流合作提供平台支撑。

二是孵化保育平台。按市场化方式运作孵化中心，下设智慧基金子公司，与社会投资公司、担保公司合作，为进驻企业提供资金支持。

三是支撑服务平台。引入律师事务所、会计事务所、投资担保公司以及人力资源、知识产权代理等现代服务机构，打通“关、检、汇、税、商、物、融、销”之间的信息壁垒。目前，网络建设稳步推进，支撑服务平台建设到位，招商信息管道基本建立。开发区与日韩欧美知名商协会签订合作协议，对韩重点与韩国职能经纪人团体总联盟、对日重点与日本E商业株式会社、对欧重点与欧中投资协会开展全方位战略合作。先后拜访接洽了中国驻外使领馆经商处、省市驻韩办、驻日办、驻欧办等机构并建立了合作关系。已聘请了日本CANDZ国际交流株式会社、E商业株式会社、韩国气加公司、凯希思(株)、英国豪顿集团、比利时贝卡尔特集团、西班牙维特佳等公司的主要负责人作为威海经开区的招商大使、经济顾问。

(三)太仓模式

江苏省太仓市依托独特的区位优势、良好的投资环境和优质的政府服务，吸引了280家德资企业集聚发展，项目总投资近40亿美元，年工业产值逾400亿元，使太仓发展为中国德企集聚度最高、发展效益最好的地区之一。太仓模式有以下特点：

一是载体平台多。太仓形成了对德合作“三园、两办、两中心和一馆”的八大载体平台，分别为中德中小企业工业园、德国留学生创业园、中德友好幼儿园，太仓驻德国办事处、中国德国商会驻太仓办事处，德国中心、史太白中心，中德合作成果展示馆。这些载体平台吸引德企的技术、研发、管理、销售更多地向太仓转移，引导德资项目不断向三产服务业拓宽。

二是平台层级高。中国德国商会驻太仓办事处是中国德国商会在我国县级市中建立的首个办事处，太仓德国中心则是全球唯一一家设在首都和金融中心城市之外的德国中心。2008年太仓市被德国经济部和中国商务部授予中德企业合作基地，2012 年被国家工信部授予中德中小企业合作示范区，2013 年中国科技部授予太仓苏州国家先进制造技术国际创新园，2016 年太仓对德合作模式作为样本写入中国科技部《科技创新共塑未来·德国战略》。

三是平台引资效果好。太仓市德资企业以精密机械加工、汽车配件制造、新型建筑材料为主体产业，技术含量普遍较高，目前在太仓投资的 280 家德资企业中有 40 多家为“隐形冠军”企业。中德中小企业工业园 18 幢标准厂房大多已经进驻德企，德国中心的落户与开业带动了 10 多家德企入驻，德国留学生创业园、中德友好幼儿园吸引了更多的留德学生、德国人才到太仓工作生活。

四是平台境外信息来源广。太仓市政府与中国国际投资促进中心(德国)签署共建合作协议，成为参与该中心共建的 7 家合作共建单位之一、全国唯一一家县级地方政府；在德国中心注册成立太仓驻德国代表处，并派驻人员开展对德对欧投资促进服务工作；与德国中心、德国伟思管理公司、德国巴符州国际经济合作协会、德国工商大会上海代表处等多家知名咨询公司和投资中介机构合作，多渠道了解欧洲企业的对华投资战略，捕捉其投资信息，掌握其投资动向，跟踪其投资进展，从而使招商具备广泛的信息来源、畅通的沟通渠道和明确的主攻方向。

三、开发区投资促进平台建设思路举措

(一)基本思路

认真贯彻落实党的十九大精神，按照省委、省政府关于加快新旧动能转换的部署要求，着眼全省开放型经济发展需要，借鉴省内外投资促进平台建设经验，围绕“四新”(新技术、新产业、新业态、新模式)促“四化”(产业智慧化、智慧产业化、跨界融合化、品牌高端化)，瞄准重点国别(地区)、重点行业(产业)、重点企业、重点项目，整合信息、数据、载体和人脉等各类优势资源，搭建服务中小企业的双向投资促进公共服务平台，有效破解传统投资促进“定位不准、渠道不宽、基础不实、信息不精、交流不深、层次不高、成效不大”等劣势弊端，实现招商引资引智引技从单纯“引大引强”到“扶小扶弱”“大众创新、万众创业”转变，为全省经济开发区加快新旧动能转换、实现创新驱动发展提供新动力。

(二)主要目标

创新搭建服务于中小企业的双向投资促进服务平台，实现平台功能从招商引资向技术、人才、贸易拓展，提供信息服务、资金服务、人才服务、

配套服务等，撮合内外成交；服务半径从区内到市内、省内、国内乃至境外拓展，实现重点区域全覆盖。通过企业孵化器、平台公司、商协会、驻外代表处、境外园区等多点联成域外网；引导区内、市内中小企业主动组成区内网，实现内外网信息适时平台汇总，建立项目供求信息库，推动项目信息资源共享、供需双方精准对接，进一步提高招商引资成效，壮大产业规模，深化区域合作。

（三）实施路径

按照试点先行、典型带动、经验复制推广等阶段逐步展开。2017年起，在烟台、威海经济技术开发区开展先行先试，坚持政府主导、企业主体、市场化运营、国际化视野、精准化服务的原则，积极搭建"区域精准化、产业精准化、服务精准化"的中小企业双向投资促进服务平台。2018年，重点谋划利用好山东省与巴伐利亚州中小企业合作平台。鼓励各地以国际化视野加快境外投资促进平台建设，推动外资重点来源地招商引资引智引技活动。发挥政府、开发区管委会在创新体制机制、政策扶持引导、整合资源要素、优化营商环境等方面主导作用，支持区域内龙头企业、产业园区围绕主导产业发展，瞄准世界500强等重点企业，主动对接境内外行业领军企业，创新合作方式，共建合作平台，共享合作成果。探索多元化社会合作企业服务新模式，通过政府购买服务等方式，发挥企业和专业机构在产业投资促进和企业服务方面的积极作用。搞好精准化服务，聘请专业化投资促进团队，瞄准重点国别地区（欧美、日韩等）、重点行业和特色产业，搭建特色化招商信息系统平台，精准建立目标客户库、项目数据库、合作载体库，优化项目引进与评审流程。在招商信息提供、招商活动策划、招商项目推介、招商人员培训等方面服务实现精准对接，推动实现区域投资促进工作新突破。

深化央企合作机制
推动全省对外承包工程转型创新发展*

近年来，山东省商务厅与中国对外承包工程商会和央企建立战略合作机制，助推山东企业与央企联合参与“一带一路”建设，实现互利共赢发展。为深入贯彻落实习近平总书记在推进“一带一路”建设工作五周年座谈会上的重要讲话和对山东开放工作的重要指示批示精神，山东省商务厅与中国对外承包工程商会于2018年12月5～6日在济南举办了中国对外承包劳务2018年行业年会暨第六届山东—央企经贸合作对接会，围绕深化央地合作和行业高质量发展开展深入研讨与务实对接，推动一批省内承包工程、装备制造、外派劳务、建材企业与央企合作项目，取得了积极成果。

一、总体情况及特点

（一）精心筹备，参会企业规格数量创新高

2018年恰逢改革开放40周年和中国对外承包工程商会成立30周年，提前谋划，主动对接，多次赴商务部及中国对外承包工程商会对接，经积极争取，商会最终在浙江、江苏、湖南等多个争取承办年会的省份中选择在山东召开2018年行业年会，并与我省同期联合举办第六届山东—央企经贸合作对接会。为使活动更具实效，活动安排充分征求各市意见及山东高速、中国重汽等重点企业需求，多次与商会进行对接协商，组织相关领域央企参会。中国建筑、中国中铁、中国交建、中国有色、中国电建等200余家央企及兄弟省市行业领军企业高管或海外业务负责人，与省内130多家承包工程、装备制造、外派劳务、境外投资等领域企业对接交流，

---

* 作者：张型成、邱田宾、范遵智、刘新宇。

会议规模约500余人，创历年新高。省市联动，放大参会效果，济南市专门联合中国对外承包工程商会举办了央企与济南企业专场对接会。

（二）领导重视，进一步夯实央企合作抱团发展基础

对接会已成为央企与鲁企加强合作的重要平台，省政府领导高度重视，孙继业副省长会见房秋晨会长及央企代表一行，表示山东企业要积极与央企和地方行业领军企业开展合作，共抓“一带一路”建设机遇，共享高质量发展成果。刘强副省长出席山东—央企经贸合作对接会并致辞，希望商会及会员企业继续加大对山东支持，助推央地企业加强联合，在境外重大基础设施建设、重大国际产能合作和重点境外园区建设等领域，实现互补协作、互利共赢。商务部对活动举办给予大力支持和指导，应邀参加会议的郑超商务参赞高度评价山东“走出去”工作，表示山东在央地合作共同推进“一带一路”建设方面发挥了良好示范作用。中国对外承包工程商会高度重视此次活动，商会会长房秋晨，副会长王禾、于晓虹、辛修明等商会领导悉数到会。房秋晨会长在对接会上致辞表示，山东是全国对外投资合作大省，发展基础好，领导重视程度高，商会将积极推动会员企业与山东企业加强对接合作，共同融入“一带一路”建设。中国有色金属建设股份有限公司党委书记秦军满、中国铁建股份有限公司总经济师赵晋华等央企高管纷纷表示，此次央企对接会山东省领导、商务部领导出席并参加相关活动，进一步增强了央企与山东企业的合作信心，为下步继续深化央地合作，实现合作共赢打下了良好基础。山东电视台以“第六届山东—央企经贸合作对接会济南举办”为题对活动进行新闻报道，《国际商报》以“山东拓展对外开放新空间”为题，对山东对接央企融入“一带一路”建设情况进行了专门报道。《大众日报》刊发专刊，以“鲁企沿着‘一带一路’走出去，与世界共赢”“走出去引进来‘一带一路’打开山东发展新空间”为题宣传介绍我省参与“一带一路”建设成效经验，进一步提升了山东央企合作品牌影响力。

（三）活动丰富，精准对接合作取得良好实效

本次对接会围绕推动企业精准对接，举办企业展览、嘉宾演讲、宣传推介、实地考察、专项对接等众多活动，得到商会和与会企业的普遍好评。坚持需求导向精准，会前征集了我省企业100个合作意向项目，编印了央企项目册、山东企业项目册，提前提供给商会与央企代表，建立了山东央企经贸合作微信群，方便企业精准对接。注重展览展示推介，举办山东“走出去”暨央企合作展，分整体情况、工程承包、装备制造、劳务合作、对外援助、重点企业等几大专题版块，山东高速、青建集团、威海国际、中国重汽等企业设立单独展区，吸引众多央企前来洽谈交流。会上组织精准对接，围绕上下游产业配套和承包工程带动出口，重点组织临沂商城、雷沃重工、山推机械、中车山东机车等工程装备物资企业与参会企业开展对接，房秋晨会长率领50余家央企及兄弟省市行业领军企业代表到中国重汽集团实地考察对接。注重银企对接，推动工商银行、中国银行、中信银行、中信保、国开行山东分行、农行山东分行、人保山东分公司等国家及省内金融机构与参会企业进行了对接，并就项目融资、海外保险等业务进行宣讲推介。积极推动山东外经集团、青建集团、威海国际、山东润泽等山东企业与央企在境外投资、工程建设、装备建材出口、劳务合作等多个领域开展合作，山东高速集团、重汽集团、威海国际等一批企业达成了60多个合作项目和意向。

（四）聚焦转型创新，助推行业高质量发展

本届对接会以"推动行业高质量发展，助力'一带一路建设'走深走实"为主题，举办一场主题论坛和三场平行论坛，邀请来自官产学方面的30位高管专家解读"一带一路"市场、中非合作论坛北京峰会"八大行动"及当前对外承包工程及劳务合作实现高质量转型发展面临的形势及模式思路。聚焦战略导向，邀请中投公司、中国铁建、商务部研究院等介绍如何抢抓战略机遇，整合资源，深入拓展"一带一路"市场。聚焦模式创新，举办从重点项目实践探索高质量发展路径论坛，邀请三峡国际能源投资集团、中国路桥、中国土木等央企以亚吉铁路、蒙内铁路、中白工业园等项目为例，介绍如何积极应对国际基础设施建设合作新趋势、新要求，创新项目融资和运作模式，打造全产业链合作，实现对外承包工程业务转型升级。聚焦人才建设，针对企业跨国经营管理人才不足问题，举办"一带一路"国际工程人才管理创新论坛，邀请葛洲坝集团、中国交建、中国建筑等央企围绕国际人才战略制定、属地化人才管理、打造高效能人才队伍分享经验。聚焦风险防范，针对境外风险凸显问题，举办"一带一路"中资企业海外用工风险防范论坛，邀请中华全国总工会、中国劳动关系学院、中地海外集团公司等单位，开展海外风险防控专题培训，详细介绍海外风险防控应急处置联合协作模式及相关案例，强化企业风险防范意识，助推安全高效"走出去"。

二、几点体会

（一）推动与央企全方位合作，是深度融入"一带一路"建设的有效途径

"一带一路"倡议是新时期国家对外开放的重大举措，央企是"一带一路”建设的先行者和主力军，在基础设施互联互通建设、能源合作开发、国际产能合作、境外园区建设等领域优势明显。据统计，目前央企已在“一带一路”沿线承担了3116个建设项目，已开工和计划开工的基础设施项目中，中央企业承担的项目数占比达50%左右，合同额占比超过70%。以此次参会的中国交建为例，其旗下公司在“一带一路”沿线国家约修建了10320公里公路、95个深水码头、10座机场、152座大桥以及2080公里的铁路。加强与央地合作，优势互补，抱团发展，是落实习近平总书记在视察山东时提出的深度融入“一带一路”建设重要指示精神的有效途径。目前，我省与央企合作也由最初的工程分包和劳务派遣，拓展到工程总包、建营一体化、装备配套、联合投资、工程物资采购等领域。我省山东高速、青建集团、岚桥集团、如意集团等一批企业联合央企发挥合力参与“一带一路”建设，成功开展了一批合作项目，进一步拓展了海内外市场，提升了跨国经营水平。山东企业通过与央企抱团出海，实现了“1+1>2”的效果。

（二）深化与中国对外承包工程商会合作，是推动央地务实对接的重要平台

中国对外承包工程商会作为全国对外承包劳务行业组织，拥有1500多家会员企业，汇集了全国工程建设、劳务合作、装备制造、工程类投资等领域的优势企业，会员企业业务总额占全国对外承包工程营业额的90%以上，每年有60余家会员企业进入250家最大国际承包商行业。商会在境外拥有大量的政府、协会沟通渠道及企业合作资源、专家咨询资源。商会承担中英企业家委员会、中国—西班牙企业顾问委员会中方秘书处及中以建筑劳务谈判与协调工作，受商务部委托，每年举办澳门国际基础设施投资与建设高峰论坛、中国—东盟博览会国际经济和产能合作展等活动。2018年，在习近平主席出访西班牙期间，成功举办中西经贸论坛，商务部钟山部长、西班牙工贸旅游部长出席会议并致辞。山东省商务厅与中国对外承包工程商会签署战略合作协议以来，借助中国对外承包工程商会平台连续6年联合举办山东—央企经贸合作对接会，推动省内一批企业与央企在房建、交通、石化、港口等领域实施了一批合作项目，拓展了海外市场。

（三）推动对外承包工程模式创新，是推动行业高质量发展的必然选择

随着“一带一路”建设进入第二个五年，沿线国家对工程企业的规模实力、融资能力、管理团队、专业水平要求越来越高。单一的投融资模式难以满足基建项目建设的需要，以 EPC 为主的对外承包模式开始出现颠覆，境外发包方不仅要求承包商参与承包建设，还要更多参与前期融资与后期运营，跨国合作趋势、投建营一体化趋势日趋明显，迫切需要加快探索商业模式、融资模式的创新。整合资源、创新方式，打造“走出去”生态链，以 EPC＋F、EPC＋I、BOT、PPP、第三方市场合作等模式参与海外基础设施建设合作，是推动对外承包工程转型升级的必由之路。

三、下一步工作措施

（一）深化与商会战略合作，放大平台作用

发挥承包商会行业智库作用，加强在发展规划、业务研究、专业培训等领域合作，推动山东对外承包工程转型升级。发挥好商会行业的平台作用，积极参与商会主办的第十届澳门国际基础设施高峰论坛、香港“一带一路”高峰论坛等活动，推动我省企业与港澳地区企业和欧美日韩等发达国家的企业合作开发第三方市场，共同参与“一带一路”建设。继续与中国对外承包工程商会联合举办第七届山东—央企经贸合作对接会，争取与更多央企围绕深度融入“一带一路”建设签署合作框架协议，提升山东央企合作品牌影响力。按照“六个一”要求，借鉴中国对外承包工程商会运营模式，指导推动山东对外承包劳务商会等商务协会、行业联盟建设，为企业提供优质服务。

（二）强化央地产业链合作，促进高质量融合发展

聚集对接“一带一路”建设，拓宽合作领域，在稳定传统施工分包、劳务分包的基础上，逐步拓展至设计、咨询、采购、制造、安装、技术领域合作，由过去以承包工程合作为主向工程、投资、建材装备、劳务等全产业链合作拓展，以点带面，打造“走出去”生态链、产业链合作，提升对外承包工程综合发展效益。结合“走出去”新模式、新业态，引导省内商贸物流、进出口企业、工程企业加强与央企合作，在重点国别、地区布局设立商贸物流中心、设备租赁中心或海外仓，为央企海外投资及工程项目物资采购提供便利，扩大外贸出口。支持天元建设集团联合当地建材生产商，与中国成套工程公司等央企合作，充分利用临沂商城工程物资市场采购贸易模式优惠政策，逐步打造对外承包工程物资集采集供联盟平台，带动更多的山东优势产品和服务走出去。支持省内青建集团、科瑞集团等优势工程企业通过打造“青建＋”模式、全球石油装备、工程及技术服务综合交易服务平台等新模式、新业态，扩大央地、海外合作群体，拓展新兴市场，扩大带动出口规模。

（三）借力银企合作联盟，提升服务保障能力

聚焦当前制约发展的融资和风险问题，进一步完善与开行、口行、中信保的“3+1”工作机制，深化与中非发展基金、中非产能合作基金、山东省律协等机构的战略合作，发挥山东“走出去”银企合作联盟、行业发展联盟作用，加强信息沟通、项目对接和行业协作，为企业搭建融资对接、风险保障和信息服务平台，提升“走出去”综合服务保障能力。

（四）积极跟进重点项目，推动落实合作成果

建立工作台账，对省内企业与央企达成的合作项目意向盯紧抓实，组织企业积极回访央企，邀请央企来我省考察对接，争取合作意向早日转化为项目合同。推动对接常态化、机制化，下步细化合作领域，围绕推动电力工程合作、石油工程合作、装备建材出口、外派劳务合作等开展与央企小范围、多形式专题对接，进一步放大与央企合作实效。

关于我省赴中东欧开拓"一带一路"市场的几点体会和建议*

编者按：全球经济格局正在重建。中亚、东欧及"一带一路"地区是经贸多元化的主战场，此次系列经贸活动打出了组合拳，充分准备，精准对接，取得了较好业绩。所提问题及相关建议很有借鉴意义，为放大效应，不断拓展成效，现将有关内容整理如下，希望对我省深化与中东欧国家经贸合作提供可借鉴经验。

为全面提升我省与中东欧经贸合作水平，2018年5月30日至6月8日，山东省商务厅联合省委宣传部、省发展改革委、省教育厅、省新闻出版广电局、省旅游发展委、省体育局、中信保山东分公司、山东出版集团等九部门与单位，组织200余家企业赴匈牙利、罗马尼亚、波兰举行"一带一路"系列经贸活动。期间，先后举办了"2018年山东品牌商品（中东欧）展览会""2018年孔子家乡山东文化贸易（中东欧）展览会暨推介会""山东品牌商品推广活动""山东出口食品农产品质量安全示范省中东欧路演"等重要活动；"山东品牌商品（波兰）展览会"，活动主题鲜明、内容丰富、亮点纷呈，达到了预期效果，取得了圆满成功。

一、主要做法和体会

（一）我省中东欧展会平台正在加快转型升级

此次"2018年山东品牌商品（中东欧）展览会""2018年孔子家乡山东文化贸易（中东欧）展览会暨推介会""山东品牌商品（波兰）展览会"亮点

* 作者：吕伟、臧耀刚、孔涛。

主要体现在三个“首次”：

一是首次以“商品贸易＋服务贸易”形式举办。从企业规模看，参加中东欧展与波兰展的企业总数突破120家，大中型企业参展比例逐年上升；从展品类型看，展品由传统的纺织服装、家居家纺、食品加工逐步向数控数码、电子家电、精密机械、汽车配件、环保建材等高技术、高附加值产品转型。期间，我省在中东欧首次举办“孔子家乡山东文化贸易（中东欧）展览会暨推介会”，组织近50家服务贸易企业及单位参加，增设教育、旅游、版权、体育等4大服务贸易展区，在全球首设“齐鲁文化贸易海外展示中心”，达成了一系列重要成果。这种“商品贸易＋服务贸易”展会模式在中东欧引起了热切关注与强烈反响，得到了商务部、中国驻匈牙利使馆领导的高度评价。

二是首次以“线上＋线下”模式组织洽谈交易。此次中东欧活动组展初始，省商务厅会同承办机构创新招展对接模式，定制化设计网站平台，系统收集、整理、翻译、上传300余家参展企业信息，根据参展特点锁定推广目标并制定实施策略。展会推广方式包括线上、线下、商协会合作三部分。线上主要通过谷歌广告、脸书营销、电子邮件、电话营销、专业网站、社交媒体等推广宣传；线下主要利用机场广告、路牌广告、杂志硬广、电视广告等媒体中介；商协会合作推广包括组织“中东欧16国商会活动日”集中推介，组织会员进行展会对接，利用商协会官方网站、数据库及媒体资源进行综合推广。展会期间，各参展企业都被赋予一个专属展会信息二维码，由组织方提前设定采购商信息及具体洽谈时间安排，提供线上综合展示服务功能，实现了深化科技应用、创新贸易融合。同时，针对不能来现场的欧洲客商，展会还专门开辟了远程视频对接服务系统，40余家欧洲客商与我省参展商配对洽谈211批次。

三是首次实现“出口＋进口”的双展合一。为响应国家积极扩大进口倡议，营造“首届中国国际进口博览会”国际氛围，在中东欧构建进出口双向贸易服务平台，我省与匈中经济商会在展会期间共同组织匈牙利、克罗地亚、塞尔维亚等8个中东欧国家50余家企业举行了“中东欧特色商品展”。特色商品展共设62个展位，展品包括中东欧代表性食品、农产品及快速消费品等。我省组织50余家企业组成专业采购团进行对接洽谈，就乳制品、红酒、牛肉等产品进口达成合作意向。中东欧国家政府、商协会及企业界对此高度评价，认为我省搭建的展会平台不仅使中东欧民众享受到了质优价廉的山东产品，也为中东欧优特商品开拓海外市场提供了重要的载体通道，这将为我省与中东欧全面深化经贸合作关系奠定坚实的政治与经贸基础。

(二)深化与中东欧国家服务贸易合作大有可为

随着我省与中东欧国家经贸合作关系日益深化,双方贸易方式也正在发生深刻变化,传统"货物贸易"正在向"商品+服务贸易"模式快速转变。主要体会有:

一是我省要紧紧把握"加强与中东欧国家服务贸易合作"的国家战略机遇,争取走在全国前列。2017 年第六次"中国—中东欧国家"领导人会晤期间,李克强总理宣布"将 2018 年确定为 16+1 地方合作年,进一步加强旅游、中医药、体育、教育、媒体交流",为推动与中东欧国家在服务贸易领域的全面合作构建了顶层设计。2018 年 6 月初,在宁波第三次中国—中东欧国家经贸促进部长级会议上,各方一致通过了《中国—中东欧国家服务贸易合作倡议》以及《中国—中东欧国家电子商务合作倡议》。这些都为我省积极参与"对中东欧服务贸易合作战略"创造了良好的条件和环境。

二是我省与中东欧服务贸易合作基础良好,曾创多项纪录。山东是全国唯一在中东欧地区拥有两个境外经贸合作园区(烟台万华中匈宝思德合作园区、临沂帝豪中欧商贸物流园区)的省份,也是最早在中东欧举办商品及服务贸易展并升格为国家级展会平台的省份。烟台万华并购宝思德公司至今是我国在中东欧最大的投资项目,中欧商贸物流园区是商务部唯一批准设立的境外专业商贸物流合作区。2017 年,我省与中东欧 16 国服务进出口额达 3 亿美元,增长 1.7 倍;服务出口 2.4 亿美元,增长 7 倍。其中,匈牙利是我省在中东欧最大的服务贸易合作伙伴,2017 年服务进出口达 2.4 亿美元,增长 11.9 倍,占 16 国服务贸易的 80%;服务出口 2.1 亿美元,增长 100 倍。

三是我省与中东欧服务贸易合作特点突出,潜力巨大。主要表现在:生产性服务合作快速发展,以烟台万华、中欧商贸物流园区、山东高速等为代表的我省在中东欧投资企业,正在积极拓展综合服务解决供应领域,在当地的资本注入、研发设计、技术支持、分拨物流、文化融合等服务输出规模不断扩大;教育服务合作日益深化,我省与中东欧国家已建立友好校际关系 48 对,留学互派规模不断扩大;版权贸易合作亮点纷呈,此次展会山东出版集团共准备 353 种、731 册交易图书参展,与中东欧相关企业和机构签署了一批图书版权输出协议,落地了"尼山书屋""中国主题图书编辑部"等一批展示交易平台项目;体育服务合作全面开展,我省已分别与匈牙利、波兰、罗马尼亚、斯洛伐克、捷克等体育机构建立赛事合作机制,泰山体育等数十家企业与中东欧有密切的体育产品与服务合作,年出口额近 7000 万美元。

(三)我省“中欧班列”大通道建设亟待完善

目前,我省已有青岛、潍坊、临沂、滨州、济南、淄博、威海、日照、聊城等9市开行中欧(亚)班列线路11条、616列,集装箱运量达45623TEU,货类主要涉及电子产品、轮胎、机械配件、玻璃、快消品等。但与其他省份相比,我省中欧班列存在货物集聚能力弱、开行数量少、运行效益低、发展速度慢、未形成合力等不足。具体表现为:

一是统筹发展力度不够,省内货源竞争激烈。其他省市基本都是全省(市)开行1列国际货运班列,我省多地开行,省内货源竞争激烈,班列开行频次较低,有的地方全年开行不足10列。济宁每年进口1000多个标箱,都是通过郑新欧班列来实现的。

二是支持政策不够完善,货源流失严重。相比其他省市,我省省级层面还没有补贴政策,市级补贴力度不够,致使省内货源通过其他省市国际货运班列出口。

三是开行到欧洲的班列数量少,发展潜力受限。我省的国际班列主要开行到中亚,中欧班列占比低。相对中亚,欧洲经济发展水平较高,市场容量和潜力大,回程货源较为充足。重庆、成都、郑州等地抢占先机,积极开行到欧洲的班列,目前班列已基本走上良性发展轨道。中欧班列发展滞后,很大程度上影响了我省国际市场尤其是欧洲市场的开拓。

(四)深度开拓中东欧市场急需创新贸易融资模式

中东欧地区国家多、语种多、单国人口少、企业规模普遍不大,但该地区区域市场大、中小企业数量繁多,属于典型的新兴市场。供给线长,周转率低,是限制中小企业扩大市场销售的关键因素。比如,一个匈牙利进口企业有100万美元流动资金,如它向中国出口企业采购产品,经过订货、生产、发运、进口配送等环节,从资金付出到收回至少要6个月时间,一年只能做200万美元规模的交易,大大限制了当地企业从中国的直购能力。同时,中东欧地区中小企业进口融资障碍颇多,一方面这些中小企业因为多种原因(已有贷款、灰色清关、单笔金额较小、融资成本过高等),很难从当地银行通过贷款或信用证方式同国内企业交易;另一方面,中东欧地区的中资银行没有将这些企业作为服务对象。中信保采取给进口企业单体授信的传统做法,已不适合当今的外贸形势变化。只有通过模式创新解决贸易供应链金融问题,才能使我省对中东欧经贸合作得到健康可持续发展。

二、几点建议

(一)继续将中东欧展会打造成我省与“一带一路”国家经贸合作的重要平台

精心谋划2019年中东欧系列经贸活动。在匈牙利继续以“商品贸易+服务贸易”模式举办“山东品牌商品(中东欧)展览会”“孔子家乡山东文化贸易(中东欧)展览会暨推介会”。商品展版块加大我省国资及民营大企业的参展力度,尽快实现展品向高技术、高附加值方向转型;服务贸易展版块增加中医药、数字经济、鲁菜文化等内容,最大限度地展现“山东服务”的高端化、智能化、多样化;继续加大“中东欧特色商品展”办展力度,组织省内有实力的企业参展采购;发挥“齐鲁文化贸易海外(中东欧)展示中心”的平台作用,对我省服务贸易企业展品及服务提供一年期免费展示,充分利用线上线下相结合方式,助力我省企业开拓中东欧服务市场。在波兰加大“山东品牌商品(波兰)展览会”办展力度的同时,参照匈牙利展会模式,积极探讨举办服务贸易类专业展会,进一步扩大我省在“中国(波兰)贸易博览会”上的影响力。在罗马尼亚与罗中经济商会保持密切合作,推动我省17市宣传片在罗马尼亚国家电视台循环播放,加大宣传,增进了解。探讨与该会以及中国驻罗马尼亚大使馆联合在布加勒斯特举行“山东省—罗马尼亚经贸合作交流会”,进一步扩大我省在中东欧地区的影响力。

(二)以“线上+线下”融合模式促进展会精准对接

在2018年中东欧展会“线上+线下”融合的基础上,努力做好以下工作:一是依托中欧商贸物流园区,打造我省对中东欧的B2B跨境贸易网站平台。利用大数据对我省出口企业信息进行自动化、智能化整合优化,覆盖中东欧地区核心搜索引擎、主流商务网站、热门综合网站、行业专业网站、社交媒体以及移动APP,实现目标精准对接;建立即时联通系统,企业可通过平台收到中东欧买家询盘即时短信或邮件;建立“TC connect”功能平台,通过该系统可将语言翻译成对方默认语言,实现买卖双方即时沟通。二是创建“展会+O2O+现货”的交易新模式。该模式已成为企业开拓中东欧大买家市场的重要方式,引起了众多中小采购商的兴趣。通过展会平台网站,买家可提前提交订单,选择现场提货。充分发挥我省公共海外仓功能,对现场成交的采购商提供“上门派送”及“海外仓自提”服务。三是继续扩大对白俄罗斯、立陶宛、乌克兰等周边国家买家团的组织规模，完善交通、食宿等配套服务。

（三）继续深化与中东欧国家的服务贸易合作

结合我省服务“走出去”战略实施，2019 年拟联合省中医药管理局、省服务贸易协会、省服务外包协会、省餐饮与住宿行业协会共同组织我省中医药、数字经济、标准化、餐饮企业参加“孔子家乡山东文化贸易（中东欧）展览会”，进一步扩大服务贸易合作领域。目前，中东欧是世界上中医药服务发展环境最好的地区，匈牙利是欧洲第一个对中医药立法的国家，省中医药大学开办的国家中医药海外基地也将于近期在波兰落地，中医药已被越来越多的中东欧民众信任与熟知。山东中医药历史悠久、服务资源丰富，正在积极创建国家中医药服务出口基地，与中东欧国家在中医药海外基地、中医药旅游等方面合作潜力巨大。此外，以匈牙利为代表的中东欧地区是欧洲重要的电子信息产业聚集地，产业基础雄厚、配套环境良好。山东拥有浪潮、北洋、东方电子等一批国内外知名的信息通讯、大数据、云服务企业，正在积极打造国家数字服务出口基地。前期，浪潮集团在威海设立了“一带一路国家云服务运营中心”。通过中东欧展会平台，可将双方优势资源密切结合，推动在智慧教育、智慧金融、智慧农业、智慧家庭以及智慧城市等整体技术解决方案和应用方面开展全面合作。

（四）加快我省国际物流大通道建设

加快中欧班列项目发展，对推动我省货物与服务贸易融合发展，加强国际产能合作、参与国际产业分工和供应链体系具有十分重要的意义。

一是加大全省中欧班列统筹力度。按照“政府引导、初期培育、企业主体、市场运作”的原则，对全省国际货运班列进行资源整合，提升山东中欧班列国际竞争力；进一步优化省内班列集结线路，加强货源集中，提高班列运行效率；研究制定我省补贴政策，集中财力支持日韩—欧亚等重点线路和重点平台企业。

二是借助毗邻日韩优势，打造国际物流通道。我省与日韩隔海相望，经贸关系紧密，青岛国际货运班列 80%以上为日韩货物。近年受其他省市中欧班列开行影响，日韩货物通过连云港、大连等班列出口呈逐年增加趋势。山东是日韩货物贸易通向亚洲和欧洲最方便、最快捷的通道。2015 年，中韩自贸协定将威海和韩国仁川作为地方经济合作示范区。2018 年 6 月，上合峰会决定青岛建设“一带一路”地方经贸合作示范区。我省应抓住历史机遇，加强与日韩在中欧班列项目上的合作，打通日韩—山东—欧亚的物流通道，形成快捷、价优、质高的“一带一路”国际物流大通道和日韩货物集散分拨中心。

三是加快节点载体建设。参照成都、重庆、郑州模式，由政府牵头，组建实体公司作为运营主体，负责班列全程服务、境内外业务拓展，形成“统一组织、统一管理、统一调度、统一配货”的运行机制。充分借助中欧商贸物流园区等海外载体平台，发挥其在仓储、分拨、中转、供应链服务等方面的优势，探索建立“鲁欧班列”新模式，着力解决班列出发前集结（货源地到站集结、报关等前段工作）和到站后处理（及时吊装、报关、倒装、配送）等。

（五）建立完善国际贸易供应链金融体系

供应链金融包括购买商品和物流费用（运费、关税等）等融资服务。中欧商贸物流园区作为国家级境外经贸合作区，通过中欧班列、海铁快线、包机、海外仓等，可为我省出口企业提供海外仓储、货物整存零取、货款代收代付、供应链金融预付等多项服务，还可帮助中东欧进口企业灵活使用自有资金，加快资金周转，提高资金使用率。中欧商贸物流园区已建设完成中国商品交易展示中心、切佩尔港物流园、不莱梅港物流园等项目，开发面积 12.7 万平方米，总投资 2 亿欧元。下一步，应积极推动中欧商贸物流合作园区以自有物业为担保，创新“外保内信”融资新模式，探讨由中信保等政策性金融机构对园区进行综合风险评估后给予一定额度授信，园区结合实际、专款专用，打造适合中东欧市场的供应链金融产品，自行承担金融风险，通过物流渠道把控风险，为入住及代理企业提供所需的供应链金融服务，为我省对中东欧扩大贸易和服务出口做出贡献。

韩国汽车产业发展动向及鲁韩合作建议*

一、韩国汽车产业概况及在华发展情况

韩国汽车产业起步于20世纪60年代,虽然起步较晚,但发展速度快,仅用40多年就成为世界汽车工业强国。1962年汽车产量不到2000辆,到2012年,韩国整车产量连续8年居世界第五位,汽车产业成为韩国主要支柱产业。2016年,国内整车产量423万辆,汽车产业在制造业中所占比重为10%;海外生产基地产量为468万辆,占韩国汽车全球总销量的59.3%。韩国主要整车企业有现代、起亚、通用汽车、雷诺三星和双龙等。2016年,韩国乘用车和商用车保有量达2180万辆,每2.9人就拥有一辆汽车,汽车产业纳税额约占税收总额的16%。

韩国汽车进入中国市场始于1990年。在北京亚运会期间,韩国现代汽车以赞助方式无偿提供轿车供大会使用,韩国汽车首次出现在中国市场上。1993年,韩国向中国出口轿车5.7万辆,中国一跃成为其仅次于美国的第二大汽车出口市场。1994年,中国从现代进口1100辆索那塔小轿车,并以易货贸易方式,进口大宇轿车5000辆。鉴于中国巨大的市场发展空间,现代、起亚、大宇、双龙等企业陆续开始在中国投资建厂。1994年,大宇集团首开先河,在吉林投资10亿美元与中方合资设立配件厂,其后在桂林、西安等地投资建立大客车工厂。起亚则在成都投资建立年产1万辆卡车的工厂项目。2002年,现代起亚汽车集团进入中国整车市场,目前,已在中国拥有61家法人企业和28个代表处,在华投资总额达136亿美元。其中,现代汽车(中国)投资有限公司是由韩国现代汽车株式会社、起亚汽车株式会社、现代摩比斯株式会社三方共同投资成立的中国法人,业务范围涵盖零

---

* 作者:山东省政府驻韩国代表处。

部件生产及销售、汽车电子、二手车、物流、投资等，设有北京现代、东风悦达起亚和四川现代3家整车生产企业。2016在年，华销量184.3万辆，其中现代汽车117.3万辆、起亚汽车67万辆。

韩国汽车产业在山东发展起步相对较早，主要集中在汽车配件领域。目前，韩资汽配件企业主要设在在日照和烟台，部分项目分布在青岛、济南等地。其中，日照市拥有韩资汽配企业21家，总投资约30亿美元，主要从事发动机、变速箱及其零部件的制造与销售。烟台市拥有韩资汽配企业约20家，总投资6亿多美元，主要是为上海通用东岳配套的部分韩国通用大宇配套企业。2006年11月，由现代起亚汽车集团与日照港集团合资建立的山东现代威亚汽车发动机有限公司成立，总投资额10.3亿美元，年产能100万台发动机，是山东省装备制造业领域最大韩资项目，目前已成为现代起亚汽车在我国最重要的发动机生产基地。2016年，产值86.6亿元，利税约3.16亿元，直接带动就业约1300人次。2015年底，总投资30亿元的现代汽车中国研发中心（烟台）项目建成运营，这是现代起亚汽车集团在中国唯一的研发中心，填补了我省汽车研发方面的空白，提升了我省汽车产业的综合竞争力。根据2016年韩国汽车产业协同组合针对会员企业的调查显示，在海外投资建厂的韩国汽配企业共有138家，其中在中国投资建厂的有125家，在山东投资建厂的共41家，约占在中国投资企业总数的1/3。

二、韩国汽车产业的最新动向及发展趋势

（一）韩国汽车产业发展遭遇瓶颈

2017年，韩国五大整车厂商（现代、起亚、双龙、韩国通用和雷诺三星）总销量约为820万辆，减少7%。其中，在韩国本土的销量约为155万辆，减少2.4%；海外销量约为665万辆，减少7.9%。具体来看，现代汽车全球销量减少了6.5%，起亚、双龙和韩国通用分别减少了7.8%、7.8%和12.2%，只有雷诺三星增长了7.6%。韩国通用在国内的销量减少了27%，海外减少了6%。雷诺三星国内销量减少了9.5%，海外增加了21%。双龙国内销量增加了3%，海外减少了29%。现代和起亚汽车海外销量分别减少8.2%和9%，各为382万辆和222万辆；现代汽车本土销量增长4.6%，达69万辆左右；起亚汽车减少2.5%，46万辆左右。现代、起亚全球累计销售约719万辆，在韩国汽车全球总销量中所占比重为87.7%，但远低于全年825万辆的销售目标。

近期，韩国汽车整体销售不振，除受外部环境变化影响外，更重要的

原因是自身竞争力出现下降，在竞争对手根据消费者的需求不断推陈出新的情况下，产品缺乏创新，车型陈旧单一，性价比低，导致市场份额被不断蚕食。

鉴于近期在中美等主要汽车市场面临的不确定因素或将持续存在，现代起亚下调了2018年的销售目标。其中，现代汽车本国市场销售目标为70.1万辆，比上年上调2.6%；海外市场销售目标为397.4万辆，较上年下调9.6%；起亚2018年海外市场销售目标由上年的439.7万辆下调到397.4万辆，减幅达11%。

（二）创新求变成为未来发展的主旋律

为扭转不利局面，现代起亚等韩国车企近来开始相继推出创新求变的未来发展战略。

1. 加快新车型推出步伐

近期，现代汽车宣布2018年将推出12款新车型，这是自集团成立以来制定的最大规模的新车出品目标，与2007年以后年均推出6～7款的新车数量相比，新车数量有了大幅度提升。现代汽车集团2018年除将推出现代全新胜达和大型SUV外，还将推出小型SUV汽车Kona、准中型SUV汽车现代途胜（Tucson）部分改款车型，在全球市场扩充SUV系列车型。

2. 推动环保汽车发展

在中长期发展战略方面，现代汽车集团将把重点放在环保汽车的研发生产上。计划到2025年将环保车型增至38款，将陆续推出混动车（HEV）、插电式混动车（PHEV）、纯电动车（BEV）、氢燃料电池车（FCEV）等多种车型。其中，电动车型从目前的2款增加到14款，争取在全球电动汽车市场排进前三位。现代起亚汽车还将于2018年正式推出氢燃料电池车。现代全新氢燃料汽车NEXO已经在2018年拉斯维加斯国际消费电子展上亮相，该车搭载现代汽车最新的氢燃料电池技术，续航能力超出丰田、本田等竞争车型，充电5分钟可续航600公里，达到世界顶尖水平。

3. 加快无人驾驶汽车研发

近期，现代汽车加入了中国百度的无人驾驶汽车开发平台“阿波罗计划”。该计划向合作伙伴提供一个开放的软件平台，帮助车企结合车辆和硬件系统，快速搭建属于自己的完整的自动驾驶系统。在美国市场，现代汽车加入谷歌的无人驾驶汽车开发平台，为实现自动驾驶汽车商用化，还将与美国的自动驾驶汽车专业公司极光创新共同开发自动驾驶技术，计划到2021年开发出使用第4阶段自动驾驶技术的自动驾驶汽车。

4. 设立五个开放型的革新中心

现代汽车集团于2018年初发布了《五大开放型革新网络》建设规划，计划于2018年内，在现有的美国和以色列革新中心基础上，在韩国、中国和德国增建开放型革新中心，研发人工智能、自动驾驶、机器人等未来创新技术。这三大中心各司其职，韩国中心将与现代起亚汽车的合作公司一起，负责各项创新实验，并应用至商业化运作之中；北京中心将主要研发人工智能技术，并与当地大型ICT企业进行合作，成为现代汽车集团在中国的革新基地；柏林中心的研发重点为智能城市、智能移动解决方案等新产业。五大革新中心将与当地创新企业、大学、研究机构、政府、大企业等进行交流，为集团未来发展挖掘新的动力。

(三)面向中国市场推行“本地化2.0战略”

2017年是北京现代成立15周年。受诸多因素的影响，北京现代2017年全年销量减少27.8%，市场份额缩水2.3%。2014年北京现代在中国汽车市场的占有率排名第四位，2015年、2016年分别下降至第五和第六位，2017年大降至第九位。中国本土汽车品牌吉利、长城和长安2017年销量排名均在北京现代之前，分列第六至八位，而2014年进入前十位的本土品牌仅有长安汽车一家。

为扭转局势重振雄风，现代起亚提出在中国实施“本地化2.0战略”。具体措施包括：

1. 在研发设计方面，连“挖”两位重磅设计师加盟

原大众汽车中国区设计总监Simon Loasby于2017年6月加盟现代汽车，担任现代汽车中国技术研究所设计常务。Simon Loasby在中国拥有10年的设计经验，被称为中国汽车行业最优秀的设计专家。曾负责标致雪铁龙集团高端品牌“DS”系列和中国市场车型设计的Oleg Son于10月加盟起亚汽车，担任起亚汽车中国设计中心常务。他是汽车设计领域的“中国通”，曾于2008～2011年在标致雪铁龙集团上海设计中心工作，为标致雪铁龙推出中国战略车型发挥核心作用，他将负责制定中国市场战略和方向，开发符合中国消费习惯的车型。

2. 在技术开发和服务方面，通过建立大数据中心提高本地化水平

2017年9月，现代汽车在贵州贵安新区建立了大数据中心。贵安新区2017年被中国政府指定为“国家级大数据产业新区”，目前已有阿里巴巴、苹果、IBM等国际知名企业在此建立大数据中心，现代汽车是首个入驻该区的车企，同时也是现代汽车首个海外大数据中心，目的是通过借助

大数据提升技术开发和对顾客的服务水平，充分体现了现代起亚对中国市场的重视程度。

3. 在经营销售方面，进行人事调整和组织架构重组

2017 年 9 月，现代汽车调整了北京现代的总经理，新任命的总经理拥有华侨身份，在进入现代汽车集团后，一直负责中国市场业务，拥有丰富的经验。2017 年 8 月，现代汽车新增中国产品开发本部，负责中国市场产品战略及研发业务，随后又组建了 100 多人的中国市场竞争力强化工作小组。

4. 在产品创新方面，相继推出新款车型寻求转机

起亚汽车自 2017 年 9 月份起陆续在中国市场推出小型车“焕驰”和新款“福瑞迪”。此前，起亚汽车相继在中国发布了 K4、SUV 车型 K2 Cross 等车型。北京现代于 2017 年 9 月发布了全新“瑞纳”，这是专门针对三四线城市的年轻消费者打造的一款“会说话的汽车”，注入了当下流行的智能化概念，丰富的互联功能是主要的卖点。2017 年 11 月，北京现代又发布了新款“ix35”SUV 车型。

上述举措目前已初见成效。北京现代 2017 年 12 月当月销量为 11 万辆，环比增长 34%，创下 2017 年全年月度销量最高纪录。

三、推进与韩国汽车产业融合发展的建议

1. 加快新能源汽车合作步伐

现代起亚汽车集团已明确在中国发展新能源汽车战略，也有意愿在我省实施新能源汽车项目。2016 年 4 月起，烟台市已与现代汽车集团开展专题研究。2016 年 6 月和 2017 年 9 月，现代汽车集团薛荣兴顾问（中国区事务总管）先后与时任省长郭树清、现任省长龚正就现代汽车集团在山东建设新能源汽车整车及零部件项目达成共识。烟台市为此注册成立了合作企业与现代起亚汽车集团对接。建议积极争取国家部委对新能源汽车项目的支持，全力推动项目落地，在我省烟台市设立新能源汽车生产基地，这对于我省推动新旧动能转换重大工程具有十分重要的意义。

2. 深化汽车零部件企业合作

利用我省与韩国汽车产业协会、汽车零部件产业协同组合等行业团体的合作优势，依托济南、青岛、烟台、日照等地汽车产业集聚优势，通过与韩国汽车配件企业合作，强化产业链功能，提高零部件本地化率，提高企业技术水平，助推我省汽车产业转型升级。加强鲁韩企业间交流，组织韩国企业和行业专家来山东考察，积极带领省内中小企业走进韩国，参加

展会、洽谈合作。

3. 积极推动汽车基础材料和新材料领域合作

积极推动韩国浦项制铁、现代制铁与山钢精品钢基地合作，充分利用其全球领先的特种钢技术，加快日照精品钢基地建设。同时，推动我省汽车电池企业与韩国LG、三星等顶级电池企业合作，提升我省新能源汽车电池整体水平，为新能源汽车发展提供配套服务。

关于加强与巴伐利亚州环境产业合作的几点思考*

环境产业是经济的一个重要组成部分，对于促进就业，提升传统产业发展、建设绿水青山生态环境具有十分重要的意义。驻欧洲代表处2018年拜访了德国巴伐利亚州环境产业集群，考察了慕尼黑环保展，研究了有关资料，对加强与巴伐利亚州环境产业集群的合作进行了初步思考，有关情况报告如下。

一、巴伐利亚环境产业以及集群情况

气候变化、资源稀缺和城市化等全球性的挑战需要新的解决方案，环境产业在这方面做出了重要贡献。巴伐利亚州十分重视环境产业发展，2006年设立的17个产业集群中，就有环境产业集群。环境产业集群的总部设在奥格斯堡，是一个定位21世纪成长性产业集群的促进平台，集群联合了100多家环境科研（包括大学）机构，搭建了环境产业技术产学研平台，帮助巴州中小企业，特别是环保类的企业，在国内外市场上提供规划、开发和工程方面的产品和服务，在废物回收利用、替代能源生产、空气污染控制、废水处理、土壤修复等方面形成了具有较强竞争力的技术和产品，环境产业处于领先地位。

（一）跨行业跨学科优势突出

巴伐利亚州有近5%的劳动力在环境产业中工作，销售额超过了500亿欧元。作为一个跨学科的领域，环境产业由许多不同的分支组成，除了常见的分支比如回收和水处理，它还包含了机械工程和其他工业分支，各种服务领域还有建筑行业的一部分。巴伐利亚州拥有大量创新型企业家

* 作者：山东省政府驻欧洲代表处。

和优秀科研机构，这些优势使其在整个德国乃至全球都占有一席之地，即使在未来巴伐利亚的环境产业也有非常大的优势。

(二)经济发展和就业中的作用重要

巴伐利亚州的环境产业在劳动力规模和销售额等方面具有非常大的活力。在德国范围内，巴伐利亚环境产业的规模仅次于北威州。环境产业集群对于巴伐利亚州有着举足轻重的地位。2015 年，巴伐利亚州劳动力总数的 4.7% 在环境产业中就业，这个比例甚至要高于机械工程(3.8%)，仅略低于汽车行业(4.9%)。到目前为止，在环境产业的行业中就业的劳动力中最大的一部分都受雇于服务领域(占总数的近 39%)，特别是技术服务领域，例如能源和材料生产以及供应和处置服务。另外的35%受雇于制造领域，电气和机械工程类的制造领域尤为突出。建筑服务约占环保产业的 25%。

在全德国范围内，巴伐利亚州环境产业的劳动力增长高于平均水平 0.5 个百分点，2010～2015 年，达到 2.2%；营业额为 515 亿欧元(占巴伐利亚州经济总量的 5.2%)。其中中小企业扮演了重要角色，在巴伐利亚环境产业的 3.3 家公司中，92%的公司员工人数不足 10 人。

(三)创新研发优势明显

巴伐利亚州拥有众多的环境产业的跨学科和国际科研设施和项目，这在整个德国乃至全球都保持了领先地位。另外在技术专利领域的活跃发展也推动了该州的整个科技创新。巴伐利亚州以拥有众多的大专院校、科研机构、产业集群而著称。从大量的基础理论研究，到大力发展产业集群，巴伐利亚州对环境产业投入了非常多的关注。例如拜罗伊特大学的能源技术研究中心开设了跨学科的研究和教学，重点是环境工程。再如巴伐利亚州能源研究中心、弗朗霍夫研究所和 E.ON 电力公司共同发起对于德国光伏系统的研究。还有由几所大学、私人机构和组织组成的 ForCycle 研究协会，主要研究方向为回收工艺和技术。

巴州的技术创新还体现在了巴伐利亚环境产业注册的相关专利数量上。在德国，2010 年绿色能源发电领域授予的巴伐利亚州的专利份额约为 35%，到 2014 年升至 40%。2010～2014 年，巴伐利亚州在技术保护、回收、原材料和材料的效能等关键领域的专利份额也得到显著提高，而能源效能的关键市场的专利份额略有下降。

(四)国际化水平高

巴伐利亚环境产业的出口额为 86 亿欧元，环保产品的大部分销售额来自于出口。巴伐利亚环境产业占整个营业额中的出口份额为 32%(服务领域不在列)。

在过去几年中,出口量的最大份额是能源效率领域,这对巴伐利亚环境产业具有重要的意义,占据2015年巴伐利亚州环境产业出口的36%(3亿欧元)。除能源生产和储存的关键市场外,其他主要市场的出口在2010~2015年都呈现出动态的增长。总体而言,环保产业出口呈现了非常积极的趋势。

巴伐利亚环境产业的创新潜力也体现在技术出口上。过程测量和控制技术的出口,其中包括数字网络技术、过滤技术以及节能建筑技术(例如智能家居解决方案)等,共占环境产业出口的30%。自2010年以来,空气污染测量、原材料回收和环保机械制造相关工艺技术等领域,都已经开始有上升趋势。

巴伐利亚环保产业最大单一市场是美国和中国。美国8.5亿欧元,占出口量的10.5%;中国7.87亿欧元,占比9.2%。但是,欧盟的其他成员国其实是巴州最重要的销售市场。巴伐利亚环境产业的近52%的商品都出口到欧盟其他地区。除意大利、西班牙和比利时外,自2010年以来,对欧盟15个主要销售市场的出口均有所增长。

二、几点思考

经过30多年的发展,山东省与巴伐利亚州的经贸合作已经取得了瞩目的成绩,下一步应积极推动优势产业和中小企业间的合作,搭建务实高效的合作平台。巴州在推进产业集群方面积累了许多值得学习和借鉴的经验,应该成为下一步强化合作的重要切入点。就环境产业方面,学习借鉴巴伐利亚州经验,搭建环境产业集群平台,探讨建立关键环境技术交流、共同研发等合作机制,增强双方环保环境企业的交流和研讨,对于培育壮大我省环境环保产业,促进高端化工、新材料等领域的新旧动能转换,打造对外开放新高地具有重要的意义。

(一)探讨建设山东省环境产业集群平台

巴伐利亚州环境产业集群已经成功运行了10多年,对于巴州环境产业发展和技术进步发挥了重要作用,有值得学习的成功模式、理念和经验。我省环保产业发展尚处于起步阶段,研发投入不足、技术力量薄弱、产业链条不完善、可持续发展水平不高等问题不同程度地存在。依托现有的环保产业协会或研究机构,建设环境产业集群,学习借鉴先进理念和经验,对于培育壮大环境产业,提升我省环境产业竞争力意义重大。可以通过巴伐利亚环境产业集群邀请知名专家,参考德国产业集群模式,在搭建全省统一的环境产业产学研平台、集群运作模式、政策财政支持以及与巴伐利亚州环境产业集群合作共享资源等方面提出初步解决方案，条件成熟时组织实施。

（二）积极推动省内环境企业开展国际合作

德国乃至欧洲众多的环保研发机构和环保企业的技术资源有寻求潜在市场的内在动因，对中国市场情有独钟。我国正在推进生态文明建设，随着经济的发展，环境压力和解决环境问题产生了巨大的环境市场，推动了环境环保产业的快速发展，这是培育壮大我省环境产业的难得机遇。加强与德国乃至欧洲科研机构和企业的交流与合作，是实现这一目标的有效途径。巴伐利亚州国际公司的数据库中，涉及环境技术的公司和机构就达到1593家，我们拟翻译整理这些资料，向省内有关单位推介，沟通信息，为双方企业搭建合作桥梁。配合山东省为期三年的环境污染治理攻坚战，选择几个方面的治理需求，组织山东企业与德国企业精准对接。

（三）借鉴德国经验，探讨打造绿色生态化工园区样板

德国化工园区不同于国内的管理模式，多数采用公司化市场化管理，虽然规模不大，但管理效率、资源利用、环境保护以及安全应急都有非常高的水准，有很强的国际竞争力。以勒沃库森Chempark化工园区为例，园区完全由Currenta（科伦塔）公司负责日常的管理与服务。2003年以前，拜耳作为一家大型跨国化工公司独立负责勒沃库森园区的运营，从2003年开始由于拜耳业务的不断扩大与细分以及关联企业的入驻，拜耳将园区的有关公共服务业务统一交给拜耳工业服务公司（Bayer Industry Services，后更名为Currenta公司）来负责，从而形成了今天的专业化园区管理模式。科伦塔公司也是欧洲化工园的管理者和经营者，该工业园由化工行业70余家公司组成，员工总数4.5万人，分布于勒沃库森、多尔马根和于尔丁根的三个园区，并共同构成德国最大的化工园区网。欧洲化工园区的水和废水管理工作由科伦塔公司负责。我省的园区管理基本上是政府主导型的，学习借鉴德国的经验，探讨在化工园区环保领域，引进专业的管理服务公司，实现从规划到建设运营服务的全过程专业管理，对于培育高水平的综合环境工程产业，促进我省高端化工产业新旧动能转换具有积极意义。

（四）更加关注研发和中小企业发展

巴伐利亚产业集群的主要目的是密切与大学、研发机构和企业的联系，使科技创新更贴合企业的需求，为企业特别是中小企业解决实际难题，从而培育和壮大产业集群，拉长产业链。集群的会员一般由大学和科研机构（约占 1/3）和生产企业（约占 2/3）构成，环境产业集群还有政府部门，资源、市场、技术都参与集群发展，各负其责，对于巴州环境产业快速发展发挥着重要的作用，值得我们认真研究借鉴。

山东地炼企业与海湾国家开展国际合作初探*

西亚非洲处按照厅党组的工作部署，将加快推进新旧动能转换作为工作中心，依托西亚非洲地区的资源特色、产业特点，围绕打造动能转换“十强”产业开展精准对接和精准服务。在推进山东地炼企业与海湾国家国际合作中，获得一些体会和启示：

一、山东省地炼企业发展基本情况

山东省地炼行业因20世纪六七十年代国家建设胜利油田、齐鲁石化带来的资源和技术而兴起，因山东省工业基础优势、沿海区位优势和市场优势而发展壮大，经长期发展形成了目前的规模和结构。2017年，全省地炼行业一次加工能力1.3亿吨/年，占全国地炼行业总产能的70%，占到全国炼化能力的17%。全省共有地炼企业40多家，主要分布在淄博、东营、潍坊、日照、临沂、德州、滨州、菏泽等8市，初步形成了鲁北环渤海湾、鲁中、鲁西南、日照临港四大产业聚集区的发展格局。

表1　山东省地炼行业产能前十位企业　（单位：万吨/年）

序号	单位名称	2015年	2016年	2017年
1	山东东明石化集团有限公司	1100	750	750
2	山东垦利石化集团有限公司	510	300	300
3	利津石油化工厂有限公司	600	350	350
4	东营市亚通石化有限公司	520	350	350
5	中化弘润石油化工有限公司	670	570	570

* 作者：孟祥宁、杨欣波、王鹏。

续表

序号	单位名称	2015年	2016年	2017年
6	山东汇丰石化集团有限公司	760	580	580
7	山东天弘化学有限公司	500	500	500
8	山东寿光鲁清石化有限公司	325	300	300
9	山东京博石油化工有限公司	580	350	350
10	东营齐润化工有限公司	300	220	220

(数据来源:山东省炼油化工协会)

(一)山东地炼发展正处于最佳机遇期

1.新旧动能转换为地炼发展提供新动能

2018年初,国务院批准建设山东新旧动能转换综合试验区,山东地炼迎来了发展新机遇。在山东新旧动能转换十强产业中,高端化工居于需要提升发展的五大传统产业之首。

2.地炼产业的政策环境不断改善

近年来,国家和山东省政府在环保、技术创新、油品升级、产业布局等多方面出台政策。详细规划了地炼产业的发展新路径、新目标,将淘汰落后产能与技术和产品升级相结合,将扩大规模与高端化、基地化、智能化、绿色化、国际化相结合,大力发展产业园区,积极发挥集聚效应和规模效应。

3.行业整合形成了发展新优势

为适应炼化产业规模化、集群化发展,山东地炼进行了新一轮行业整合。2017年9月,经山东省经信委批准同意,东明石化、山东清源集团等8家民营企业在济南发起成立山东炼化能源集团有限公司(以下简称"炼能集团"),注册资金900亿元人民币,炼油能力2000万吨。这一自下而上的产业大整合是地炼企业共同的诉求,具有强大的内生发展动力。整合后的炼能集团在产业发展、商业谈判和市场运营中的话语权更重,影响力更大,规模效益更好。

4.地炼产业市场环境空前向好

2015年以来,国家相继放开原油进口权、使用权和成品油出口权"三权"后,地炼企业的原料瓶颈被打破。目前,我省已有28家地炼企业获得进口原油使用资质。2017年,我国原油进口总额约4.2亿吨,我省地炼企业获得原油进口配额8000万吨以上,占到20%。

表 2　　部分山东地炼企业原油进口配额获批情况　　(单位:万吨)

地炼企业	2016 年进口原油使用配额	2017 年配额总量	进口允许量占比	2017 年第一批	2017 年第二批
山东东明石化集团有限公司	750	728	97.07%	657	71
山东天弘化学有限公司	440	406	92.27%	375	31
山东清源集团有限公司	404	404	100.00%	202	202
山东恒源石油化工股份有限公司	350	350	100.00%	175	175
利津石油化工厂有限公司	350	323	92.29%	312	11
山东金诚石化集团有限公司	300	300	100.00%	150	150
东营市亚通石化有限公司	276	264	95.65%	201	63
山东汇丰石化集团有限公司	416	263	63.22%	167	96

(数据来源:根据公开资料整理)

(二)山东地炼发展面临新挑战

一是国内炼油产能过剩。产能过剩成为中国炼油企业需要直面的新挑战。2017 年,中国炼油能力已达 7.7 亿吨/年,一次性原油加工能力仅次于美国,占全球炼力的 16%。近几年国内多个大型炼化项目过审开工,加上“十三五”期间炼油产能投放来临,未来几年中国炼油行业将迎来新一轮炼油产能高峰。二是成品油市场需求放缓。汽油消费增速进入平缓期,柴油消费市场持续萎缩,成品油需求结构发生了很大转变。从长远看,新能源对油品的替代不可逆转,这将对整个炼油行业形成很大冲击。三是市场销售网络发展受限。一直以来,地方炼厂产业链布局不完善,终端销售环节薄弱。大部分地炼企业的成品油不得不通过中石油、中石化的销售网络进行销售。在山东省境内,中石化、中石油分别拥有加油站 2600 余座、1000 余座,民营加油站约 6000 座,地方炼厂自有加油站仅 400 余座。除京博石化拥有约 200 座自营加油站外,东明石化、万通石化各拥有 70 座左右,其余几家地炼企业只有零星加油站。

二、对外开放为山东地炼发展增添新动能

(一)引进国际技术,延伸炼化产业链条,提升地炼企业核心竞争力

山东地炼企业通过与国际一流技术公司广泛合作,探索出引领石化行业调结构、转方式的转型升级之路。一是引进先进适用的生产技术。

东明石化引进美国UOP公司丙丁烷混合脱氢技术、荷兰利安德巴塞尔丁烷异构和高端聚丙烯技术、法国Axens汽油加氢技术等多项世界先进技术，实现了液化气等炼油副产资源的深度利用和高清洁油品的再升级，为东明石化由炼油向高端化工转型筑牢了根基。二是开展合作研发。利华益集团始终坚持在技术研发上开展国际合作，先后与美国GE、陶氏化学，英国戴维，法国液化气、阿克森斯，日本旭化成、高化学、宇部兴产等国际知名企业开展技术合作，打造出国内领先的炼化精细新材料一体化石化产业集群。

(二)嫁接国际资本，拓展成品油销售市场，构建地炼发展新格局

2015年，东明石化与卡塔尔投资发展集团和卡塔尔哈马德·本·苏海姆企业集团签署合作协议，以49%的股权融资50亿美元，合资开展加油站、加气站和国际原油及化工产品贸易业务。后因国际原油价格大幅下滑，卡塔尔方面投资资金出现问题暂缓了并购合作项目。2018年2月，与国际石油大亨英国石油公司签订并购协议，出让49%股权，合资建设覆盖山东、河北、河南等地区的加油站网络。合资企业成立后，将对山东地炼产业破除资金瓶颈、打破原料来源和产品销售两头受限的不平等格局起到很好的引领和推动作用。

(三)锁定国际原油资源，缔结战略合作伙伴关系，厚植地炼企业成长根基

虽然在国家放开原油进口资质后，一些地炼企业获得了原油进口权使用权，但国际原油采购仍然存在价格波动风险。2016年2月，国内16家地方炼油企业联合成立中国(独立炼厂)石油采购联盟。中国(独立炼厂)石油采购联盟由山东省炼油化工协会和山东东明石化集团有限公司倡议成立，旨在组织有进口原油配额的地炼企业建立集中采购进口原油平台，实现集中采购、一致谈判、统一价格、集中结算、集中贷款并按各自配额分量使用。

为促进我省炼化产业健康发展，按照厅领导指示要求，我处自年初开始积极筹划为地炼企业寻找战略合作伙伴，锁定国际原油资源，建立长期稳定的原油供应渠道。先后与中东主要产油国沙特、科威特、伊朗、伊拉克、阿联酋、阿曼等海湾国家驻华机构进行反复沟通联系推介，目前已与科威特石油公司、阿布扎比石油公司和阿曼石油公司等国际知名石油公司达成初步合作意向，并于4月16日组成地炼企业专门团组赴阿曼、科威特、阿联酋进行对接洽谈，围绕石油炼化和高端化工产业合作与三国石油公司进行了深度沟通，并在科威特期间与科威特石油公司(KPC)首席执行官就原油采购长约和合资成立多个石化项目达成合作意向。2018年7月于北京正式举行合作备忘录签约仪式。备忘录提出了包含以每月200万桶为目标的采购合约和参与山东省内超过价值1000万美元石化投资项目、参与配套技术设施及其他配套服务项目合作等重要合作内容。

三、我省地炼企业与海湾国家合作发展潜力巨大

一是从国家及省内发展战略定位上讲，海湾国家地处“21世纪海上丝绸之路”的交汇地带，是“一带一路”建设的“天然合作伙伴”，也是“一带一路”建设辐射亚欧非经济板块的核心区域，其中霍尔木兹海峡更是沟通大西洋和印度洋的纽带，具有十分重要的战略地位。我国进口原油主要依靠海洋运输，海上最重要的运输路线主要经过霍尔木兹海峡。据《中国原油进口运输通道安全研究》的数据，我国原油进口海上运输运量第一位的路线是：中东的波斯湾—霍尔木兹海峡—马六甲海峡—中国。

二是从资源禀赋上讲，海湾国家是全球最重要的能源输出地，号称“世界石油宝库”，目前海湾国家已探明石油储量约490多亿吨，石油储量约占全球的48%，天然气储量约占全球40%，其中，沙特阿拉伯、伊朗、伊拉克、科威特和阿联酋占全球原油探明储量比重较高，分别为15.6%、9.3%、9.0%、5.9%和5.7%。海湾国家主权基金坐拥巨额石油美元，主权财富基金总规模达2.3万亿美元，约占全球的36%。

三是从市场空间上讲，海湾国家是中国最重要的石油供给来源，中国是海湾国家第二大石油出口市场。其中沙特阿拉伯、伊拉克、伊朗分别是我国第一、第三、第五大原油供应商。2017年，中国从海湾国家进口原油580亿美元，山东自海湾进口原油34.9亿美元，占全国总量的6%，占全省原油进口总额的12.5%。

四是从原油品质上讲，海湾国家产出的原油多为含硫（或中硫）原油和高硫原油。中硫原油指的是含硫量在0.5%～2.0%，高硫原油的含硫量大于2.0%。山东地炼企业现有生产技术能够加工此类原油，实现成功脱硫并生产出含硫副产品。因此，从海湾国家进口原油更加有利于提高山东地炼的能效和油品质量。

四、对我省地炼行业及其开展国际合作的建议与措施

我省地炼行业面临着行业转型升级，市场形势急剧变化的新形势，与海湾国家的合作仍处于起步阶段，下一步行业需要持续提升核心竞争力，

更好地开展与海湾国家在多领域、深层次的国际合作。

(一)针对我省地炼行业自身加强与海湾国家合作建议

1. 进一步提高地炼行业集中度,推进行业集约化发展

虽然中国(独立炼厂)石油采购联盟的成立在一定程度上帮助省内炼化企业提高了原油采购话语权,炼能集团的成立也试图整合省内地炼资源,但是由于地炼企业存在布局分散、商品同质化严重、企业规模小等现象,这两者的作用合力仍旧欠缺。而提高地炼行业集中度更是有利于省内地炼企业实施园区化发展,有利于节约成本、合作研发、促进行业形成合力共谋出路,有利于地炼行业走出国门,谋求更深层次的国际合作。

2. 持续深化全方位多层次国际合作

7月份炼能集团与科威特石油公司(KPC)签署的MOU是开展全方位、多层次国际合作的有益尝试。虽有之前东明石化与英国石油公司的成功合作,天华益集团以及天弘化学在技术方面国际合作的成功典范,省内多数炼化企业“走出去”的步伐仍旧缓慢,欠缺多形式开展国际合作战略思维,缺少对接国际经贸合作的信息渠道。

(二)推进我省地炼行业与海湾国家合作下一步措施

下一步,西亚非洲处将紧紧围绕推进新旧动能转换打造高端化工产业的战略部署,加快培育地炼企业国际合作竞争新优势。重点做好以下几个方面的工作:

1. 精准对接地炼企业现实需求,跟踪落实重点项目成果

积极配合发改委、海关有关部门和厅内有关处室向国家有关部委争取地炼行业成品油出口相关政策。针对已达成的合作意向,积极跟踪服务,确保重点事项和项目加快进展,早日落地。指导协助发挥好省政府驻西亚非洲代表处工作职能,扎实做好信息服务、对接服务、政策服务等方面的工作。

2. 着力推动地炼行业发挥在新旧动能转换高端石化产业发展中的重要作用

积极配合有关部门、地市和园区,全面落实新旧动能转换重大工程高端化工产业相关政策措施和目标任务,积极引进国际先进技术和跨国公司投资项目,推动产业升级和结构调整,拓展化工产业链条,将地炼产业的传统优势转化为品牌优势和竞争优势,重塑“山东地炼”新形象。

3. 积极搭建“一带一路”国际合作交流平台,为地炼企业外资并购重组和国际产能合作提供精准服务

深入开发对接西亚非洲原油供应和基金财团客商,加大对国际石化

产业供求信息、项目信息、技术信息、政策信息的采集力度，精心谋划组织石化产业专题招商活动，引导山东地炼企业在技术人才引进、海内外园区开发建设、进出口贸易、航运物流、境外上市融资等多种方式上与西亚非洲地区国家开展经贸合作。

4. 以石油资源合作和工程项目合作为基础，推进山东与海湾地区全方位多领域合作

充分利用海湾国家主权基金优势，助推新旧动能转换重大工程实施。加强与省发改委、财政厅等相关部门密切配合，通力协作扩大招商引资力度，及时发布我省新旧动能转换重大工程重点招商项目信息，邀请海湾地区主权基金来我省考察项目，对接合作，做好来访团组接待工作，不断夯实合作基础。汇聚山东优势传统产业需求，将与海湾国家的双向合作领域向绿色化工、现代农业、现代金融、医养健康、文化创意和精品旅游等产业延展。

图书在版编目(CIP)数据

2018山东省商务发展调研报告/山东省商务厅，山东省商务发展研究院编. —济南：山东大学出版社，2019.7

ISBN 978-7-5607-6385-9

Ⅰ. ①2… Ⅱ. ①山… ②山… Ⅲ. ①贸易经济—经济发展—研究报告—山东—2018 Ⅳ. ①F727.52

中国版本图书馆CIP数据核字(2019)第152696号

策划编辑：杜永波　武迎新
责任编辑：武迎新
封面设计：张　荔

出版发行：山东大学出版社
　　社　址　山东省济南市山大南路20号
　　邮　编　250100
　　电　话　市场部(0531)88363008
经　　销：新华书店
印　　刷：济南新科印务有限公司
规　　格：700毫米×1000毫米　1/16
　　18.75印张　302千字
版　　次：2019年7月第1版
印　　次：2019年7月第1次印刷
定　　价：56.00元
